百村提升案例（上）

山西省扶贫开发办公室 ◇ 编

山西出版传媒集团　北岳文艺出版社

·太原·

图书在版编目(CIP)数据

百村提升案例:上下/山西省扶贫开发办公室编.
— 太原:北岳文艺出版社,2019.12(2020.4重印)
ISBN 978-7-5378-6115-1

Ⅰ.①百… Ⅱ.①山… Ⅲ.①农村–扶贫–案例–山西 Ⅳ.①F323.8

中国版本图书馆CIP数据核字(2019)第291257号

书名:百村提升案例(上下册)	策 划:续小强 马 峻	书籍设计:张永文
编者:山西省扶贫开发办公室	责任编辑:马 峻 关志英 吴国蓉	印装监制:郭 勇

出版发行:山西出版传媒集团·北岳文艺出版社
地址:山西省太原市并州南路57号 邮编:030012
电话:0351-5628696(发行部) 0351-5628688(总编室)
传真:0351-5628680
网址:http://www.bywy.com E-mail:bywycbs@163.com
经销商:新华书店
印刷装订:山西新华印业有限公司

开本:880mm×1230mm 1/16
字数:518千字 印张:35.25
版次:2019年12月第1版
印次:2020年4月山西第2次印刷
书号:ISBN 978-7-5378-6115-1
定价:98.00元(上下册)

本书版权为本社独家所有,未经本社同意不得转载、摘编或复制

《百村提升案例》
编写委员会

主　任
刘志杰

副主任
张玉宏　张建成　龚孟建　张伟勤

成　员
赵小英　宋坤政　马军侠　高耀东　杨晓华　姜晓武
赵俊超　叶明威　赵　刚　李良库　张临阳　李安庆
郭晋萍　张俊彦　郭　洪　樊彩英　李建忠　康宝林
白雪峰　高成富　杨志勇　陈林强　郭丰慧　安海润
段志岗　赵启明　孙延震　张宗泽

主　编
龚孟建

副主编
樊彩英　门永涛　张　晶

成　员
张　燚　可瑞文福　李斌

《百村提升案例》出版项目部

主　任

续小强

常务副主任

古卫红

副主任

刘卫红　贾晋仁　赵　瑞

成　员

马　峻　关志英　吴国蓉　陈　洋　陈学清
贾江涛　郭　勇　刘文飞　王朝军　左树涛
韩玉峰　曹雨一　刘思华　鄯宝红　庞咏平
谢　放　薄阳青　李依潞　席香妮　张永文

前　言

消除贫困、改善民生、逐步实现共同富裕，是社会主义的本质要求，是我们党的初心使命。为深入贯彻习近平总书记提出的"要实施贫困村提升工程"重要指示精神，解决贫困村基础设施滞后、公共服务落后、经济功能薄弱、人才持续流失、陈规陋习严重、基层组织力量薄弱等突出问题，山西省委省政府聚焦短板、创新机制、整合资源、集中投入、批次推进，对整村搬迁深度贫困村以外的建档立卡贫困村，实施整村提升工程，着力改善饮水、电网、道路、网络、住房等基础设施，提升基础教育、医疗卫生、社会保障、文化信息等公共服务水平，增强村集体经济、村级治理、乡风文明建设、内生动力激发等村级组织服务能力。

贫困村提升工程是山西省打赢脱贫攻坚战极其重要的载体和抓手。自2017年启动实施以来，全省上下积极发挥主观能动性，坚持"以户为基、以村为体、以县为战"的总基调，以解决制约贫困村发展短板，特别是"两不愁三保障"突出问题为切入点，以实现贫困人口稳定脱贫为目标，以完善贫困村基础设施建设为抓手，以打通贫困村脱贫攻坚政策落实"最后一公里"为重点，紧紧围绕"两不愁三保障"现行脱贫目标，合理确定建设标准和任务，因地制宜，分类施策，整体推进，使全省7000多个贫困村路通了、灯亮了、水净了，村容村貌焕然一新，老百姓看在眼里，暖在心上，既有效化解了贫与非贫的矛盾，又极大地提升了群众的获得感、幸福感和满意度。

"他山之石，可以攻玉。"为真实记录全省脱贫攻坚历程，全面反映贫困村提升工程实施成效，推广先进经验做法，促进市县间互相学习借鉴，补齐差距，山西省扶贫办在市县推荐的基础上，精选了120余篇贫困村提升工程推进过程中涌现出的可复制、可推广的典型案例，汇编形成《百村提升案例》，将山西省贫困村提升工程的故事多角度、全方位、立体式地展现出来：如大同市利用财政专项资金撬动社会资金用于提升工程，解决资金问题；长治市把"三容三貌"（村容村貌、户容户貌、民容民貌）标准化纳入贫困村达标退出标准，改善贫困村生产生活环境；晋中市出台《提升乡村治理能力二十五条（试行）》的办法，为乡村干部干事创业提供制度保障等等。希望本书能给有关部门和基层干部提供参考和借鉴。

山西省扶贫开发办公室
2019年12月

目录

第一章 市县贫困村提升工程案例

统筹衔接　力求实效
　　——大同市贫困村提升工程案例 ················· 3
贫困村"蝶变"美丽乡村
农民群众获得感幸福感全面提升
　　——太原市阳曲县贫困村提升工程案例 ············· 9
下足乡村提升"绣花"功夫
谱写脱贫攻坚华丽篇章
　　——大同市灵丘县贫困村提升工程案例 ············· 15
推进整村提升工程　增强人民幸福感
　　——忻州市保德县贫困村提升工程案例 ············· 20
"10+1"工程引领县乡村三级联动
　　——吕梁市方山县贫困村提升工程案例 ············· 25
五坚持　五着力
统筹推进贫困村提升工程建设
　　——晋中市和顺县贫困村提升工程案例 ············· 30

大力建设产业强百姓富家园美的小康新农村
　　——晋中市左权县贫困村提升工程案例……………… 36
一抓两促明路径　双创八改促提升
　　——长治市壶关县贫困村提升工程案例……………… 42
"三环并举"打好提升工程"攻坚战"
　　——晋城市阳城县贫困村提升工程案例……………… 48
美丽乡村的万荣答卷
　　——运城市万荣县贫困村提升工程案例……………… 54

第二章　整村提升工程案例

新建村脱贫致富的转型之路
　　——太原市娄烦县杜交曲镇新建村提升工程案例……… 61
开展"五化四整治"　建设宜居新农村
　　——大同市阳高县友宰镇坊城村提升工程案例………… 65
上马涧村变靓了
　　——大同市阳高县东小村镇上马涧村提升工程案例…… 69
孙家港村脱贫攻坚的成功实践
　　——大同市云州区峰峪乡孙家港村提升工程案例……… 73
提升工程带动古堡变迁
　　——大同市广灵县壶泉镇涧西村提升工程案例………… 77
小村大美　靓丽赵庄
　　——大同市广灵县壶泉镇赵庄村提升工程案例………… 81
刷新"颜值"　提升"气质"　扎实推进美丽乡村建设
　　——大同市灵丘县独峪乡花塔村提升工程案例………… 84
唐河岸边村庄美
　　——大同市灵丘县红石塄乡上、下沿河村提升工程案例
　　　………………………………………………………… 88

打好扶贫攻坚战　共同致富奔小康
　　——大同市浑源县王庄堡镇东庄村提升工程案例 …………… 92
多头并进　脱贫解困
　　——大同市云冈区西韩岭乡谢店村提升工程案例 ……………… 96
围绕优势特色　建设宜居乡村
　　——大同市左云县小京庄乡西碾头村提升工程案例 …………… 100
以人为本建新村　脱贫致富奔小康
　　——朔州市右玉县杀虎口风景名胜区杀虎口村提升工程案例
　　………………………………………………………………… 104
大力抓"两业"　夯实脱贫基
　　——朔州市平鲁区双碾乡大有坪村提升工程案例 ……………… 108
围绕经济抓党建　抓好党建促脱贫
　　——忻州市偏关县老营镇段家沟村提升工程案例 ……………… 112
凝心聚力战贫困　砥砺前行奔小康
　　——忻州市保德县冯家川乡龙驼沟村提升工程案例 …………… 116
因村制宜精准施策　多措并举稳步脱贫
　　——忻州市保德县南河沟乡李家湾村提升工程案例 …………… 120
强化党建引领　精准发力拔"穷根"
激发内生动力　脱贫小康不掉队
　　——忻州市岢岚县宋家沟乡宋家沟村提升工程案例 …………… 124
咱们村变漂亮啦！
　　——忻州市神池县八角镇圪坨庄村提升工程案例 ……………… 128
生态扶贫创"双赢"　因村施策促发展
　　——忻州市静乐县鹅城镇王端庄村提升工程案例 ……………… 131
"四轮驱动"打造美丽乡村
　　——忻州市代县上磨坊乡神涧村提升工程案例 ………………… 135
长城脚下小山村　整村提升变了样
　　——忻州市繁峙县神堂堡乡韩庄村提升工程案例 ……………… 139

产业就业助力脱贫 提升工程美化乡村
　　——忻州市五台山风景名胜区金岗库乡蛤蟆石村提升工程案例
　　　　···143

实施贫困提升 攻坚深度贫困
　　——吕梁市临县木瓜坪乡王家坪村提升工程案例 ·················147

穷山沟的新面貌
　　——吕梁市岚县社科乡冯周村提升工程案例 ·····················151

神来之笔 重塑新村面貌
　　——吕梁市中阳县下枣林乡神圪垯村提升工程案例 ···············155

强化党建引领 实现强村富民
　　——吕梁市离石区枣林乡彩家庄村提升工程案例 ·················159

夯实基础服务 提振脱贫信心
　　——吕梁市交口县桃红坡镇西交子村提升工程案例 ···············163

夯基础 引项目 重党建 树形象
　　——吕梁市汾阳市石庄镇东武堡村提升工程案例 ·················167

以"四强建设"推动贫困山区脱贫致富
　　——晋中市和顺县平松乡大夫岩村提升工程案例 ·················171

科学推进提升工程 齐心共建美丽乡村
　　——晋中市昔阳县沾尚镇新口上村提升工程案例 ·················175

多元主体引领脱贫 全民共享发展成果
　　——阳泉市郊区杨家庄乡庙岭村提升工程案例 ···················179

实施提升工程 助力脱贫攻坚
　　——阳泉市盂县西潘乡铜炉村提升工程案例 ·····················182

合力攻坚谋发展 南庄旧貌换新颜
　　——长治市平顺县阳高乡南庄村提升工程案例 ···················186

"三足鼎立"稳步疾驰奔小康
　　——长治市壶关县东井岭乡塔店村提升工程案例 ·················190

发展田园经济 走出富民路子
　　——长治市武乡县丰州镇魏家窑村提升工程案例 ……………194
党建引领促发展 产业撑起致富路
　　——晋城市沁水县张村乡瑶沟村提升工程案例 ……………198
坚持"三步走" 秦山绽新"秀"
　　——晋城市陵川县西河底镇秦山村提升工程案例 …………202
因地制宜抓提升 凝心聚力促脱贫
　　——晋城市陵川县潞城镇郊底村提升工程案例 ……………207
"一主两辅三贴心" 好日子越来越有奔头
　　——晋城市泽州县晋庙铺镇北罗西村提升工程案例 ………211
昔日穷山村 今朝大变样
　　——晋城市阳城县董封乡人参埫村提升工程案例 …………215
党建引领 旅游带动 打好东征脱贫攻坚战
　　——临汾市永和县阁底乡东征村提升工程案例 ……………219
走进上留村 展开美丽乡村新画卷
　　——临汾市隰县龙泉镇上留村提升工程案例 ………………223
以梨乡之名 圆振兴之梦
　　——临汾市隰县城南乡路家峪村提升工程案例 ……………227
产业大发展 旧村换新颜
　　——临汾市吉县屯里镇太度村提升工程案例 ………………231
脱贫新起点 美丽再出发
　　——临汾市汾西县永安镇后加楼村提升工程案例 …………235
黎掌村"变形记"
　　——临汾市蒲县黑龙关镇黎掌村提升工程案例 ……………239
"五抓五保"全方位提高脱贫质量
　　——临汾市翼城县南梁镇兴岭村提升工程案例 ……………244
"农旅结合"实现脱贫梦
　　——运城市万荣县万泉乡北涧村提升工程案例 ……………248

第三章 农村饮水安全巩固提升案例

"三道保险"破解农村用水困局
　　——忻州市河曲县农村饮水安全巩固提升案例 ……………… 255
虽然高处不胜"旱"　仍保饮水最安全
　　——晋城市陵川县农村饮水安全巩固提升案例 ……………… 260
以水为基拔"穷根"
　　——运城市万荣县农村饮水安全巩固提升案例 ……………… 264
引进幸福水　惠泽百姓家
　　——忻州市繁峙县光裕堡乡富家庄村农村饮水安全巩固提升案例
　　…………………………………………………………………… 268
实施饮水安全工程　拓展产业发展空间
　　——晋中市和顺县横岭镇翟家庄村农村饮水安全巩固提升案例
　　…………………………………………………………………… 272

第四章 农村医疗卫生保障案例

没有全民健康　就没有全面小康
　　——太原市阳曲县农村医疗卫生保障案例 ………………… 277
聚焦深度贫困　筑牢兜底防线
　　——吕梁市临县农村医疗卫生保障案例 …………………… 281
八个"一站式"　打赢医疗保障硬仗
　　——吕梁市岚县农村医疗卫生保障案例 …………………… 285
强化医疗服务能力　创新医疗帮扶机制
在提升贫困群众医疗保障水平上见实效
　　——晋中市平遥县农村医疗卫生保障案例 ………………… 289

构筑群众生命健康防线　提升村级卫生保健功能
　　——忻州市忻府区三交镇小塔习村农村医疗卫生保障案例 …… 293
让村民少跑路少花钱
　　——运城市河津市僧楼镇张家堡村农村医疗卫生保障案例 …… 297

第五章　农村基础教育提升案例

一所专门的扶贫学校
　　——太原市阳曲县农村基础教育提升案例 ………………… 303
多措并举提升基础教育
　　——吕梁市岚县农村基础教育提升案例 ………………… 307
坚持"七个到位"　不让一个孩子因家庭困难而失学
　　——阳泉市平定县农村基础教育提升案例 ………………… 310
"三个加强"助力乡村教育发展
　　——晋中市昔阳县孔氏乡泉口村农村基础教育提升案例 ……… 315
提升基础教育　助力教育扶贫
　　——晋中市寿阳县西洛镇西洛村农村基础教育提升案例 …… 319

第六章　农村危房改造案例

脱贫攻坚从"危房清零"开始
　　——大同市灵丘县农村危房改造案例 …………………… 325
安得广厦千万间
　　——长治市沁县农村危房改造案例 ……………………… 330
危房改造暖人心　乡村旧貌变新颜
　　——长治市壶关县农村危房改造案例 …………………… 334
安居就是最基础的民生
　　——晋中市昔阳县孔氏乡农村危房改造案例 …………… 338

以危房改造为精准扶贫突破口
　　——晋中市左权县麻田镇郭家峪村农村危房改造案例 …………342

第七章　农村道路建设提升工程案例

路通山乡咫尺近　车进万户幸福来
　　——长治市农村道路建设提升工程案例 ………………………347
最美的风景在"路"上
　　——吕梁市兴县农村道路建设提升工程案例 …………………352
让"四好农村路"成为惠民幸福路
　　——临汾市安泽县农村道路建设提升工程案例 ………………355
一步到位建设"四好农村路"
　　——运城市平陆县圣人涧镇营村农村道路建设提升工程案例 …359

第八章　农村电网改造案例

播撒"光明"　照亮脱贫路
　　——晋中市左权县农村电网改造案例 …………………………365
以电为媒聚能量　精准施策扶真贫
　　——晋城市阳城县农村电网改造案例 …………………………369
绿色能源效益好　脱贫攻坚动力足
　　——晋城市高平市寺庄镇芦家峪村农村电网改造案例 ………373

第九章　农村环境整治案例

开展环境整治　建设美丽乡村
　　——太原市娄烦县农村环境整治案例 …………………………379

环境更优美　生活更健康
　　——吕梁市柳林县留誉镇柳家沟村农村环境整治案例 …………383
环境得治理　村庄得提升
　　——晋中市和顺县李阳镇上石勒村农村环境整治案例 …………386
脱贫攻坚改善人居环境　贫困山村旧貌喜换新颜
　　——晋中市灵石县南关镇吴庄村农村环境整治案例 ……………389
初心不改总关情　一抹风景入画来
　　——运城市夏县禹王乡西赵村农村环境整治案例 ………………393
治污建广场　点燃新希望
　　——运城市新绛县横桥乡史家崖村农村环境整治案例 …………397

第十章　农村产业扶贫发展案例

"五大模式"走出资产收益富民路
　　——大同市灵丘县农村产业扶贫发展案例 ………………………403
改革创新再突破　畜牧建设再发力
　　——忻州市偏关县农村产业扶贫发展案例 ………………………408
立足脱贫攻坚根本　发展特色产业项目
　　——太原市娄烦县娄烦镇向阳村农村产业扶贫发展案例 ………412
发展红色旅游　助力脱贫攻坚
　　——太原市阳曲县侯村乡店子底村农村产业扶贫发展案例 ……416
打造古长城　文旅开发第一村
　　——大同市天镇县逯家湾镇李二口村农村产业扶贫发展案例 …420
强力脱贫攻坚　建设美丽乡村
　　——忻州市原平市南白乡下西岗村农村产业扶贫发展案例 ……423
整合资源建设未来乡村　引领农民共创美好生活
　　——晋城市阳城县横河镇牛心温村农村产业扶贫发展案例 ……427

一个贫困村的华丽"蝶变"
　　——晋城市阳城县河北镇河北村农村产业扶贫发展案例 ………431
小木耳　大产业　致富路
　　——运城市垣曲县英言乡关庙村农村产业扶贫发展案例 ………434

第十一章　壮大村集体经济案例

俺县的合作总社，真能！
　　——吕梁市兴县壮大村集体经济案例 ………………………441
因村施策　探索创新
　　——运城市闻喜县壮大村集体经济案例 ……………………444
合作社助推贫困村提升
　　——忻州市宁武县东寨镇坝沟湾村壮大村集体经济案例 ………448
一张蓝图绘到底　山村实现小康梦
　　——晋中市左权县龙泉乡连壁村壮大村集体经济案例 …………452
抓党建　强产业　固基础　壮大村集体经济
　　——阳泉市盂县上社镇外独头村壮大村集体经济案例 …………456
壮大柿子产业　发展一方经济
　　——运城市夏县祁家河乡西北庄村壮大村集体经济案例 ………460
发挥"四优势"　演绎新下丁
　　——运城市闻喜县神柏乡下丁村壮大村集体经济案例 …………464

第十二章　提升村级治理水平案例

激活乡村"末梢神经"　打造治理"鲜活样本"
以《二十五条》率先探索加强乡村治理新路径
　　——晋中市提升村级治理水平案例 ……………………………471

强党建　筑核心

　　——吕梁市临县提升村级治理水平案例 …………………… 476

解码七墩村之"七变"

　　——大同市阳高县罗文皂镇七墩村提升村级治理水平案例 …… 481

党建引领是乡村振兴之魂

　　——大同市广灵县斗泉乡南岳庄村提升村级治理水平案例 …… 485

加强基层组织建设　提高村庄治理水平

　　——忻州市神池县龙泉镇荣庄子村提升村级治理水平案例 …… 489

提升治理水平　助力脱贫攻坚

　　——晋中市昔阳县沾尚镇瑶村提升村级治理水平案例 ………… 494

第十三章　农村乡风文明建设案例

"道德银行"：为"精神贫困补钙"

　　——临汾市蒲县农村乡风文明建设案例 ………………………… 501

鼓声阵阵催人奋　多彩文化助脱贫

　　——阳泉市平定县岔口乡红岩岭村农村乡风文明建设案例 …… 505

激发文化活力　助力脱贫攻坚

　　——运城市夏县禹王乡中秦村农村乡风文明建设案例 ………… 509

完善村规民约　助力乡村发展

　　——运城市稷山县太阳乡下王尹村农村乡风文明建设案例 …… 513

第十四章　激发内生动力案例

铆足精气神　立志拔"穷根"

　　——太原市阳曲县激发内生动力案例 …………………………… 519

志智同扶　精准施策

　　——忻州市河曲县激发内生动力案例 …………………………… 523

弱鸟也可先飞　至贫也能先富

　　——晋城市沁水县土沃乡岭东村激发内生动力案例 …………527

扶贫扶志又扶智　多管齐下百业兴

　　——晋城市泽州县犁川镇八良掌村激发内生动力案例 …………531

桃花红　产业兴　脱贫灵

　　——运城市垣曲县皋落乡岭回村激发内生动力案例 …………535

第一章

市县贫困村提升工程案例

统筹衔接　力求实效
——大同市贫困村提升工程案例

近年来，大同市按照习近平总书记"要实施贫困村提升工程"重要指示精神，全市围绕提升村容村貌、户容户貌，加强水、电、路、气、网等基础设施和提升公共服务水平，着力推进贫困村提升工程，在组织领导、资金投入、工程推进、宣传带动等方面动真格、出实招，不断改善农村民生领域历史欠账较多，城乡基本公共服务和收入水平差距仍然较大的落后局面，有力推动脱贫攻坚与乡村振兴有机结合、相互促进，为乡村振兴奠定坚实基础。

压实主体责任，层层落实抓提升

大同市委、市政府坚持以脱贫攻坚统揽经济社会发展全局，对照乡村振兴总要求，全面布局贫困村提升工作，突出一把手责任制，坚持"一把手抓，抓一把手"。市县两级由党政一把手挂帅脱贫攻坚指挥部，切实把主体责任扛在肩上，坚持一月一调度、一周一例会、一月一研判、一月一推进、一月一考核、一月一通报、一月一奖惩"七个一"工作机制，以"真抓实干、严督重奖"不折不扣落实贫困村提升各项工作。为压实各级各部门的责任,组织186个市直单位、34位联点领导和帮扶县区、乡镇进行"责任双签"。市县党政一把手就乡村环境提升等多项攻坚任务同签责任状,使脱贫攻坚的政治性更加凸显,使"军令状"意识更加强化。特别是2018年8月8日召开全市贫困村提升广灵现场会,省委常委、市委书记张吉福,省扶贫办党组书记、主任刘志杰,市委副书记、市长武宏文等省市领导现场参加,通过总结分析、典型引路、实地推动,进一步推动全市贫困村提升工作高效有序开展。

　　大同市坚持从实抓考核、从紧抓督导、从严抓问责,不断强化机制建设,将贫困村提升工程工作成效列入对各级、各部门的绩效考核内容,不断完善考核办法,加大考核权重,对农村垃圾治理、"厕所革命"等各项工作任务进展完成情况,资金落实及管理使用情况、乡村环境提升工程效果等实行定期督查考核,对贫困村提升成效显著的县区进行奖励,对推进不力的进行批评约谈,实现推动贫困村提升工作责任上肩、行动上前、做事上心。

广灵县壶泉镇涧西村街景

浑源县千佛岭乡杨家庄村乡村提质工程现场

建立市级包县区领导督导脱贫攻坚重点工作的督战机制，组织督查巡查组，深入乡村督查巡查，将制约贫困村发展的短板作为切入点，结合贫困村提升总体要求，就贫困村提升各项重点工作列出问题清单，发出督战命令，限期整改落实。通过督查和巡查，及时发现和总结出基层贫困村提升工作的好经验、好做法、好典型，同时对进度缓慢、工作拖沓等情况多次进行通报、约谈、问责。通过严督实导，确保贫困村提升各项政策规定不折不扣精准落实。

舍得真金白银，确保任务真推进

为着力实施好贫困村提升这项系统性工程，全市不断加强金融支持，拿出真金白银，实招硬招。在财力十分吃紧的情况下，于2018年投入10亿元资金用于贫困村提升工程，同时撬动县区资金近38亿，开展贫困村环境综合整治，推进绿化、亮化、美化、净化和街道整齐工程，加强贫困村

阳高县古城镇道贤村广场

污水和垃圾治理，确保"残垣断壁、污水乱泼、垃圾乱倒、粪土乱堆、杂草乱垛、畜禽乱跑"等突出问题得到有效解决，村容村貌得到彻底改善。各贫困县区变冬闲为冬忙，开展了以乡村环境整治和易地扶贫搬迁土地复垦为主要内容的脱贫攻坚"冬季行动"。2018年，全市共完成工程资金25.3亿，完成了102个示范村建设任务，贫困村提升走在了全省的前列。同时，大同市不断加快推进党委领导、政府主导、市场发力、社会参与的大扶贫格局，撬动社会资金参与到贫困村提升工程建设中，打造多渠道、多样化投入，多层次、多主体参与的良好格局。组织引导社会各方力量以贫困村为帮扶主体和实施单元，促进全域性、普遍性、全覆盖的基础设施建设布局不断完善，助推贫困村提升工程。

坚持科学规划，分类施策搞开发

大同市将贫困村提升工程与乡村振兴战略紧密结合，坚持规划先行，把贫困村提升工程纳入《大同市乡村环境提升工程2018年工作方案》。在贫困村提升工程实施过程中，牢固树立尊重自然、保护田园风貌、保护传统村落民居的理念。坚持实事求是、量力而行，尊重群众意愿，坚持因地制宜、不搞"一刀切"。紧密结合乡村振兴战略,大力推广"星级"村创建模式,按照三星村(脱贫退出村)、四星村(美丽乡村)、五星村(旅游示范村)的不同标准因地制宜开展贫困村提升工程。不断以点带面,放大示范效应,打造美丽乡村。广灵县壶泉镇涧西村开展生活垃圾就地分类减量和资源化利用的探索和实践,为发展民俗旅游打下坚实基础;灵丘县坚持"生态旅游+有机农业"模式,发展生态旅游,将原来的贫困村逐步变为宜居宜游的美丽乡村。通过持续改善贫困村人居环境,一大批贫困村走上了地方特色鲜明、基础设施完备、公共服务日渐完善、特色产业兴旺、乡风和谐美好、党组织坚强有力的乡村振兴之路。

引导群众参与,共建文明新家园

全市通过举办"农民夜校""文化大院"等方式,把党的扶贫政策、"好家风、好家规"等中华传统美德传递到村民中间,加深群众对贫困村

美丽乡村——灵丘县红石塄乡下北泉村

提升工程的认识和了解；引导制定《村规民约》，通过民主管理培养村民良好行为习惯；开展移风易俗活动，选树一批文明村镇和星级文明户，推广"星级评比"等做法，修订完善村规民约，发挥村民议事会、道德评议会、红白理事会、禁毒禁赌会等群众组织作用，教育引导贫困群众践行社会主义荣辱观，弘扬传统美德、树立文明新风，不断发挥媒体宣传示范指引作用，表彰树立云州区周士庄镇西羊坊村陈国良等38名自立自强、勤劳致富的典型人物，用身边的事教育身边的人，让贫困群众打消不能脱贫致富的疑虑，增添致富信心。有针对性地加强实用技术培训，实现就业一人、脱贫一户，激发有劳动能力的贫困人口"有志想做、有事可做、有技会做、有钱能做、有人帮做"的内生动力。同时，为深入开展扶志、扶智、扶德教育活动，在全市推广云州区扶贫"爱心超市"典型做法，通过建立"以奖代补、多劳多得"的脱贫正向奖励机制，持续吸收贫困户参与到贫困村提升工程中，实现建设美丽家园和增加个人收入"双赢"，扭转贫困群众的"等、靠、要"思想，激发村民的主人翁精神，提升贫困群众获得感和幸福感，让贫困群众感受到主场色彩、主角地位，为进一步实施乡村振兴战略强化精神支撑营造良好氛围。

贫困村"蝶变"美丽乡村
农民群众获得感幸福感全面提升
——太原市阳曲县贫困村提升工程案例

阳曲县史称"三晋首邑",总面积2070平方公里,辖4镇6乡124个行政村,总人口15万,农村人口11.8万,属省级贫困县,有41个贫困村,建档立卡贫困户8830户贫困人口20822人。近年来,阳曲县瞄准制约贫困

东黄水镇吉家岗村贫困户幸福感全面提升

村发展短板，把贫困村提升与美丽乡村建设有机结合，大力实施农村环境综合整治、投融资14.6亿元，着力改善贫困村"水、电、路、气、网、排、场、家、绿、暖"十大基础设施，建成南留南、录咕咀、店子底等32个美丽乡村示范村，2018年底41个贫困村全部退出，贫困发生率降至0.37%，为实施乡村振兴战略夯实了基础、筑牢了根基。

完善制度规划，推进"美丽乡村"建设

按照习近平总书记"中国要强农业必须强，中国要美农村必须美，中国要富农民必须富"的思想，阳曲县先后制定了"改变农民传统生活方式和生产方式，变贫困村为小康村，贫困户为万元户"的"两改两变"计划；以"两不愁三保障"为底线，编制了《旅游发展总体规划》《全域旅游扶贫规划》《农村"四好"公路布局规划》等各类发展规划；出台了《关于加快推进贫困村提升工程的实施方案》，实施了脱贫攻坚、美丽乡村、农民增收达万元等20项重点工程868个具体项目。

黄寨镇录古咀村文化广场

阳曲县羊驼养殖产业

实施"五大工程一大行动",补齐基础设施短板

阳曲县委、县政府不断加大公共财政向农村倾斜的力度,着力改善农村生产生活环境。一是实施饮水安全工程。投资1217万元,彻底解决10个乡镇、41个村(包括23个贫困村)1.2万人的饮水安全问题,建成各类农村饮水安全工程268处。二是实施电网改造工程。全面实施"新农村、新电力、新服务"农电发展战略,采取一系列组织、安全、技术等措施,实现123个行政村和自然村电力全覆盖。三是实施村级公路工程。构建起"五纵三横二环多辐射"农村公路路网格局,行政村通村公路硬化率达到100%,开设公交线路40条,具备条件的123个行政村实现通客车全覆盖。四是实施网络覆盖工程。推进全县"宽带中国"建设,光纤宽带通达123个行政村,4G网络实现全覆盖。五是实施危房改造工程。重点解决建档立卡户、分散供养五保户、低保户、贫困残疾人家庭四类基本居住安全问

题。此外，阳曲县还开展了环境整治行动。全面治理农村垃圾、生活污水、农业污染等问题，整治面积66.5万平方米，累计完成农村改厕14000户，构建起"村收集、乡转运、县处理"垃圾治理一体化机制。

加强社会保障，提升公共服务水平

阳曲县全面落实教育、医疗、易地扶贫搬迁、社保兜底等政策，确保贫困群众"学有所教、病有所医、住有所居、老有所养、弱有所扶、乐有所享"。一是教育扶贫拔"穷根"。建成九年义务教育寄宿制阳曲首邑学校，建筑面积9000多平方米，配备教职员工86人，50多个山村的472名贫困家庭子女享受到公平优质教育，有效阻断贫困代际传递。二是医疗改革保健康。投入1700万元，新建改造提升10个乡镇卫生院、117个村级卫生室，将医疗改革延伸到村一级，提档升级村卫生室，下派村医，初步形成县、乡、村医疗卫生机构一体化、现代化、信息化管理新模式。实施"三保险三救助"、健康"双签约"全覆盖，有效解决贫困群众"支出型贫困"问题，成为被国务院办公厅通报表扬的2017年公立医院综合改革成效较为明显的市县之一。三是帮扶救助消盲点。2017年为建档立卡贫困户发放农村低保、大病救助、残疾补贴、临时救助等各类救助金1300万元，2019年农村低保从4440元提高到5160元，2600名贫困群众受益；资助中小学校、职高、高中841名贫困学生41.51万元；实施"雨露计划"，359名贫困学生享受到83.8万元补助。四是文化信息添活力。开展"德孝文化进乡村"专题讨论80期、文化惠民和送戏下乡200余场，每年免费放映电影1400余场。推出"首邑田园"电商公共品牌，"三农"综合服务智能中心正式运行，完成品牌设计及小杂粮、干果、工艺品等11个大类目注册，40个村级电商扶贫体验店服务网点完成改造升级，90家村级体验店签约，直接链接农户1000余户。

集聚农村新动能,强化基层组织服务能力

村集体经济作支撑。创新资产收益扶贫模式,实现光伏电站全覆盖,累计发电3115.8万度,收益2325.09万元,惠及全县116个村集体,带动4000余人实现增收;20个村与县扶贫产业公司、太原市农合盛农业开发有限公司签订"折股量化"协议,投入扶贫资金770万元,分红80万元;60个村与山西桦桂、山西喜跃发、阳曲七峰山、永丰禽业等12家优质企业实施"借本还息"项目,投入扶贫资金5600万元,收益463.6万元。

全力推进"一村一品一主体"。种植经济林8500亩,新增设施蔬菜1437亩,中药材种植1.2万亩,推广富硒谷子1万亩,实施百万羊、千万鸡、百万猪、万头牛"百千百万"畜牧养殖工程,培育桦桂、宝迪等现代农业龙头企业,强化"公司+贫困户"利益联结,形成"种养加"三产融

重走支前路,聆听支前故事

合、"仔猪寄养""三金促脱贫"等模式，带动2376名贫困人口增收3000元以上。

村级治理强带动。推行以村党组织为先锋、村民议事会为议事主体、村民委员会为执行主体、村务监督委员会为监督主体的村级治理模式，强化基层党建与村级治理深度融合。整合村"两委"阵地、村民活动场所、卫生室、日间照料中心等场所，投资2080万元进行村民之家建设，投资720余万元用于"三基建设"，确保群众活动有场所、办事有地方、议事有组织。

实施"农村本土人才回归工程"。126名本土优秀人才选任回村，打造了一支"不走的扶贫工作队"，举办"第一书记和驻村工作队培训班""村级脱贫致富带头人培训班"和"农村领头雁"等，开展"千名干部进村入户大走访""五讲""献爱心送温暖"活动，全面提升群众满意度。

乡风文明促和谐。依托村民议事会、道德评议会等群众组织移风易俗，制定环境整治标准和制度113项，完善村规民约113条，引导农村家庭能人树立正确的思想观念，深入开展"星级文明户""五好家庭"创建活动，组织寻找"最美家庭""诚信阳曲人"等活动，全县涌现出国家级文明村2个，省级文明乡镇1个、文明村6个，市级文明乡镇8个、文明村21个。

周末学堂增动力。2016年5月创造性搭建"周末学堂"平台，全县344个基层党支部，开展"周末学堂"4681次，"周周一小时，人人都学习"，党员干部参与8700余人次，群众参与10.1万人次，既成为传递党的声音和政策的重要平台，也成为增强贫困群众基本素质和致富能力的重要渠道。

下足乡村提升"绣花"功夫
谱写脱贫攻坚华丽篇章

——大同市灵丘县贫困村提升工程案例

2017年6月23日,习近平总书记在山西主持深度贫困地区脱贫攻坚座谈会上强调指出"要重点解决深度贫困地区公共服务、基础设施以及基本医疗有保障的问题"。一年多来,灵丘县时刻牢记总书记殷殷嘱托,在决战决胜脱贫攻坚征程中,充分发扬伟大的"平型关"精神,紧紧把贫困村提升和脱贫摘帽一体谋划、统筹推进,贫困村提升工作取得了突破性成就,贫困乡村和贫困群众自我发展能力全面增强。

一体谋划、分层推进,以"大建设"带动"大提升"

以户为基、"九大行动"强筋骨。围绕实现"两不愁三保障"现行脱贫标准,灵丘县整合各方资源、集中多方力量,紧紧瞄准基础设施和公共服务"两大短板",实施了六大基础设施和三大公共服务提升行动。一是投资7亿多元实施了"舒坦路""甘甜水""便捷讯""敞亮电""安居房""方便行"等工程,仅2018年就新修农村公路432.2公里,安全饮水134处,通网59个村,彻底解决了基础设施"最后一公里"的问题。二是按照

"一个不落、一个不少"的原则,着力实施了教育扶贫、健康扶贫、社会保障行动,切实保证了贫困群众学有所助、病有所医、困有所济。

以村为体、"三点发力"固本元。一是分类推进提颜值。大力实施了"星级村"创建计划,重点围绕党建引领、基础设施、带富能力、公共服务等主要内容,把全县255个行政村分别按照三星脱贫达标村、四星美丽宜居村、五星旅游示范村的标准进行打造。二是多措并举增活力。按照"转变群众观念、改变生活习惯、弘扬正向风气"的工作思路,把贫困群众精神脱贫深度融入贫困村提升中,每半年组织一次"脱贫攻坚图片展"、举办一届农民趣味运动会、编排一场"脱贫攻坚"主题晚会,让群众看到变化、凝聚力量、激发斗志。以增强创业本领为目标,定期开展"庭院式"政策宣讲、"田间式"技能培训、"奖励式"典型评选等,让群众了解政策、提升能力、看到目标。三是创新方式抓治理。瞄准"治理有效"的发展方向,实施了"零就业"贫困家庭就业援助计划,以公益岗位的方式,在行政村设置保洁员、调解员、安保员、巡查员、护林员等10大类2200个岗位,在有效提升农村治理水平的同时,稳步拓展了群众就业渠道。

红石崖乡上沿河村村民议事

武灵镇庄头村村标

以县为战、"一条主线"促发展。以"建设面向京津冀雄地区宜居宜业宜游山水特色城镇"为主线,立局部、谋长远,在贫困村提升中深度融入灵丘"红、古、绿"本色,坚持"一张图纸管全盘",先后围绕建设一条生态旅游带的发展路径,打造出平型关红色旅游区、小寨红色景观,"长城脚下存孝故里"、关沟村"长城"文化,空中草原休闲度假、花塔自然风光和山水北泉生态景观等一批兼具农庄、民宿、观光休闲农业区等具有影响力的乡村旅游扶贫项目,贫困村整体颜值和县域发展动能实现同步跃升。

集中资源、创新方法,以"强机制"催生"强实效"

建立战略体系。灵丘县充分发挥规划的顶层设计作用,强化"四梁八柱",制定了"1+9+2"贫困村中长期战略规划体系。"1"是一套整体设计规划,"9"是九本详细规划,"2"是两个实施方案。通过科学合理、规划长远、目标明确的规划体系,将贫困村提升纳入脱贫攻坚整体规划,与乡村振兴、全域旅游相结合,并将此项工作向前延伸、向深拓展,为实施乡村振兴战略提前打下牢固基础。

筹措资金力量。整合各类财政涉农资金,形成"多个渠道引水、一个龙头放水"的资金投入格局。一是整合财政资金。对县财政涉农资金进行充分整合,加大投入权重,集中投向贫困村提升工程。二是撬动金融资金。结合全县全域旅游发展规划,争取国开行、农发行贷款和债券资金2.8亿元,全部投入贫困村基础设施建设。三是吸收社会资金。深入开展"百企帮百村"社会扶贫专项行动,借助"扶贫超市"网络平台,广泛动员爱心企业、社会组织投资乡村提升基础设施建设。

优化管理办法。灵丘县建立了"切块到乡、统筹使用、方案报审、集体议定、住建管理、纪委监督"的"二十四字"全链条管理办法,充分考虑赋予乡镇一定的资金调整权限,并有效提高群众和"三支队伍"的参与度以及行业部门和执纪部门的监督效能。同时,也让县领导在贫困村提升中当好"一线指挥员",推行了县级领导包乡联村责任制,保进度、保质量、保完成,一包到底。实行项目日常调度、联席办公会议等工作机制,一周一调度、一旬一研判、一月一通报,强力加快工程进度。

赵北乡草滩村赵北菜园

党建引领、合力帮扶,以"好组织"推进"好发展"

夯实基础强引领。重点开展"三个好"行动。一是打造"一个好班子",拓宽贫困村"两委"主干选任渠道,经济能人和致富带头人占比达到60%以上。二是制定"一条好思路",全面围绕培育特色产业、夯实基础设施、改善乡村环境、完善公共服务、加强生态治理等方面的建设,将党组织建设和脱贫攻坚相结合,一手抓党建、一手抓扶贫,实现双促进、双提升。三是建立"一套好机制"。坚持落实"四议两公开""一事一议"等工作制度,进一步健全和完善听取民意、集中民智、凝聚共识的民主决策机制20多项,让党组织真正站到脱贫攻坚"前台",居于扶贫开发"一线"。

结对帮扶促提升。紧紧扭住"结对帮扶"总抓手,大力开展"532"帮扶行动,形成"党员+贫困户"的扶贫带动模式,第一书记联系5户贫困户,村干部联系3户贫困户,一般党员联系2户贫困户,在资金、技术、信息、人才等方面开展具体帮扶,助推乡村明显提升。

全员参与改容貌。以"组织一次全面清扫、实施一些具体帮扶、组建一支清洁队伍、开展一次爱心捐助"活动为载体,在2018年底利用两个月时间部署开展了提升"村容村貌、户容户貌、精神面貌"专项行动,使全县各村街巷达到"六无三要"、庭院达到"四无两有一硬化"、居室达到"三有八要"、个人达到"两要两无"的标准,实现"街巷庭院干净、农户居室明净、群众卫生洁净",全方位提升农村生活环境。

推进整村提升工程　增强人民幸福感
——忻州市保德县贫困村提升工程案例

全面实施贫困村整村提升工程是中央、省市安排部署的攻坚任务，也是贫困地区群众的迫切需求。为此，保德县在规划实施、组织建设、制度保障方面进行了一系列的探索和实践，走出了一条不同寻常的新路。

扎扎实实搞调研　认认真真编规划

为了全盘谋划和安排好贫困村提升工作，保德县安排部署县乡村三级干部开展了贫困村提升大调研活动，根据实际列出调研课题，特别是全县35名副县级以上领导干部分别认领1个调研课题，撰写了切合实际的调研报告。2018年4月公开招标山西省城乡规划设计研究院编制《保德县贫困村提升工程规划及实施方案》，编制了1个县规划和140个分村实施方案。县里以脱贫攻坚总指挥部牵头，组织发改、人社、交通、民政、卫计、水利、农委、住建、教育、扶贫等10多个与扶贫工作密切相关的部门及其他部门的业务骨干，组成了编制研讨小组，提取了全县所有贫困村的资料，为方案编制提供了翔实的素材。

通盘指挥压责任　全员上手不松劲

为了解决力量不足和责任不实的问题，贫困村提升工作由县脱贫攻坚总指挥部全盘指挥、统一调度，将责任全面压实。县里安排35名县级领导分别包联13个乡镇。全面落实分管扶贫和分管行业负责人"双组长制"；充分压实乡镇党委和政府承担本行政区域内贫困村提升的主体责任；331个行政村成立脱贫责任组，遵循"一切为了扶贫、一切围绕扶贫、一切服从扶贫、一切服务扶贫"四个一切原则，将乡镇包片领导、包村干部、村"两委"主干、第一书记、驻村工作队员、驻村扶贫协管员编组开展工作，对脱贫工作成效承担直接责任，形成层层落实责任、层层传导压力、层层狠抓落实的工作格局。

土崖塔乡至南河沟乡"幸福大道"

提升资金有保障　督查督导助力强

为了解决贫困村提升工程融资难的问题,保德县成立了多个融资平台,整合各类资金,一切扶贫资金向贫困村、贫困户倾斜。截至2019年10月底,全县一共从不同渠道筹集资金10.93亿元用于贫困村提升工程。其中解决饮水安全提升投入资金1.05亿元,农村电网改造投入资金1亿元,县乡村公路提质升级投入资金4.77亿元,人居环境整治投入资金2.91亿元,发展产业项目投入资金1.2亿元。同时县委组建了县脱贫攻坚督察局,抽调60多人的大督查队伍,针对贫困村提升开展专项督查,对不作为、慢作为者,一律依纪处理。同时,将贫困村提升工作纳入年度脱贫攻坚考核内容,按期完不成任务者,一票否决。

杨家湾镇故城村户容户貌综合整治工程见成效

冯家川乡龙驼沟村文化活动室

对标对表抓提升　高质高效促发展

为全面改善农村人居环境，保德县提出了"五覆盖"目标。实施改造308.6公里通村公路，为有条件的地方全部开通客运班车，使群众的出行有了保障；实施了331处饮水工程，从提升水质、水量、供水保证率、方便程度达标率等4个方面彻底解决全县的安全饮水问题，行政村安全饮水实现全覆盖；行政村和具备条件的自然村通动力电，实现了331个村全覆盖；134个村宽带网络工程使全县行政村通互联网实现全覆盖；新建成的139个文化活动场地和新建改建的122个文化活动室使行政村综合性文化活动场所（地）实现全覆盖。统筹贫困村与非贫困村建设，10个建筑特色风貌村、27个美丽乡村、34个示范村以及全县各村的村容村貌、户容户貌综合整治工程全面完成；按照"五要五洁净"要求全面整治，260个村13201户开工整治，整治房屋26586间。全县贫困户危改工程全面竣工，贫困户居住条件得到全面改善。

"五个保障"全落实　生活水平大提升

经认真排查，将符合条件的9591名特困人员和低保对象识别为扶贫对象，低保线提升到3586元以上，农村居民的最低生活有了保障；城乡居民养老保险参保率达到97.4%，超过全省平均水平，城乡居民养老有了保障；城乡居民医疗保险参保率达到96.59%，超过全省平均水平，贫困户看病能在县各定点医院享受"一站式"服务，城乡居民看病有了保障；331个行政村标准卫生室实现了全覆盖，村医进驻服务阵地，农村居民卫生服务有了保障；适龄儿童入园率达到94.6%，贫困村九年义务教育无因贫辍学，义务教育有了全面保障。

基层党建抓在手　集体经济大跨越

贫困村全部实现了产业"五有"，全县331个行政村集体经济收入全部破零，包括158个贫困村的323个村集体经济收入达到3万元以上，216个村集体经济收入达到5万元以上，集体经济不断壮大；组织开展党员设岗定责、党员"四诺"和"脱贫攻坚五带头六争当"等活动，集中整顿16个软弱涣散农村基层党组织，按照"5方面34个有"的建设和使用标准，打造46个农村示范党组织，村级治理水平显著提升；各乡镇成立了红白理事会、孝善理事会，形成孝善激励长效机制，全县7514名70岁以上农村老年人全部领到了尊老敬老孝善激励金（每人500元），乡风文明扎实推进；精神扶贫26条措施强力推进，全面弘扬真善美，传播正能量，让贫困户"知贫奋进、以富为荣"，贫困户脱贫内生动力进一步激发，贫困户获得感、幸福感得到了进一步提高。

"10+1"工程引领县乡村三级联动
——吕梁市方山县贫困村提升工程案例

多年来，方山县农村基础设施薄弱，公共服务水平较低，民生事业欠账较多，村通公路年久失修，农村文化卫生场所缺失，东西两山群众饮水困难，村容村貌陈旧破败。面对脱贫"摘帽"的重任，该县紧紧抓住省

马坊镇里其村村名牌

北武当镇韩庄村文化墙

委、省政府出台贫困村提升的政策机遇,将其作为脱贫摘帽的起步工程、改善民生的第一工程、改变农村面貌的翻身工程,县、乡、村三级联动全力推进,取得了较好成效。

周密谋划部署　加强顶层设计

基础设施薄弱的根本原因是财政困难、投入不足。为了解决工程建设资金,方山县委、县政府组织职能部门多次调研论证,探索出了政府+社会资本合作(特许经营)投融资模式,截至2017年12月,方山县自筹资金5300万元,向国开行争取到政策性扶贫贷款2.1亿元。对照贫困退出指标,经过核查摸底和分析研判,确定了农村基础设施建设提升"10+1"工程,并将贫困村提升工程的范围拓展到全县所有行政村。"10"即:一路(进村路)、一场(文化广场及设施)、一塔(水塔)、一园(幼儿园)、一厕(公厕)、一牌(村名牌)、一室(文化活动室)、一所(村卫生所)、一墙(文化墙)、一池(垃圾池),并配备文化、体育、医疗等器材和设备。"1"即村容村貌、院容院貌的美化、绿化、亮化、净化等综合性一体化环境整治工程。

强化组织领导　统筹合力联动

方山县成立了贫困村提升工程领导组,下设综合协调、工程管理、资金监管、督查检查4个小组,负责项目规划、工程设计,质量监督、技术指导和工程验收。工程管理组下设4个小组,发挥行业技术优势,不间断深入各项目村,从图纸设计、建设管理、工程验收等方面全程管理指导,对不符合建设标准的责令立即进行整改。出台农村基础设施建设工程管理、资金管理、督查检查和考核验收4个管理办法和10个分项目建设标准,工程管理小组负责对169个行政村已完成工程和采购设施设备逐村进行严格验收。为确保工程质量进度,采取"县监管、乡统筹、村实施"的办法,由县职能部门制定质量标准监督实施,由乡镇统筹安排"10+1"工程,将具体任务落实到村委组织实施。建设单位和乡、村两级组织贫困劳动力投工投劳,尽可能增加贫困户的工资性收入,参与工程建设的贫困劳动力达到1500余人次,人均工资收入达到8000元。

积翠乡孔家庄村进村路

典型示范先行　由点及面推进

将积翠乡作为试点先行先试，克服原材料采购困难以及村"两委"换届等因素的影响，用时100天就全部完工。通过试点先行，在全县各个乡镇全面推开。各乡镇陆续召开动员大会，出台实施方案。为了确保在植树季完成村庄绿化工程，动员中央、省、市、县各结对帮扶单位开展了义务植树活动，单位挖坑，村民栽树，节约了建设成本。县委、县政府组织各乡镇及相关部门负责人、专业技术人员，对7个乡镇"10+1"工程进展情况进行了现场观摩评比和一条龙排队，按照30万元、20万元、10万元三个档次进行了奖补，排名倒数的乡镇党委书记做了表态。经过县乡村三级通力协作，辛苦奋战，全县"10+1"工程基本完成，验收合格率达到100%。

开展卫生整治　打造宜居环境

将环境整治工作确立为贫困村提升工程的重要组成部分，按照"城区提升品位、北部生态环保、南部绿化硬化、城乡整体推进"的总体思路，制定了市容市貌、村容村貌、院容院貌、户容户貌整治方案和标准，采取"财政补助一块、贷款解决一块、企业捐赠一块、镇村自筹一块"的方式，筹资7200万元，以沿209国道的5个整治点和全县21个行政村为示范带动，由点到线及面推进各村环境卫生综合整治，乡镇面貌大为改观，村居院落干净整洁，户容户貌焕然一新。

创新工作思路　破解工作难题

瞄准完成脱贫"摘帽"目标，将农村危房改造和贫困村村通公路完善纳入了贫困村提升工程。为了破解危房改造"先建房、后验收、再付款，群众无力垫资建设"的难题，采取"统一建设分配和因户分类施策"相结合的模式，从统筹整合资金中先行安排30%的预付款，调动了群众建房的积极性。全县976户D级危房户新建工程全部竣工，具备入住条件。对标村通公路新的验收标准，通过安装防护栏、增设错车道、加设排水沟等提升改造办法，对全县115公里的村通公路进行了完善提质。

五坚持　五着力
统筹推进贫困村提升工程建设
——晋中市和顺县贫困村提升工程案例

2018年10月17日，和顺县在政府文化广场举办了大型脱贫攻坚展览，一张张精美的图片，一声声欢歌的赞叹，173个贫困村脱贫战场上的一幅幅生动画卷、一个个奋斗故事，无不在告诉人们和顺县脱贫"摘帽"的十四项指标已经完成，乡村基础设施发生了翻天覆地的变化，公共服务得到了极大提升，贫困户有了稳定的收入来源……

以县为战，坚持建设新农村和突出地方特色相结合
着力解决好贫困村提升的规划设计

和顺县位于太行山之巅，清漳河上游，全县面积2250平方公里，辖5镇5乡，共14.4万人，属国家级贫困县，2014年全县有建档立卡村266个，其中贫困村173个，是一个典型的地广人稀、村多户少的山区贫困县。2016年以前全县的贫困村虽多数实施了两个五覆盖，但村容村貌破陋不整洁，规划无秩序，乱搭乱建随处可见，户容户貌脏、乱、差。面对这一现状，和顺县委、县政府多次召开会议研究如何实施贫困村提升工程，改变

和顺县英明塑料扶贫加工厂

贫困村面貌,几经讨论,最终提出了"坚持五结合搞好五件事"的贫困村提升思路,即:新农村建设与地方特色相结合,搞好贫困村提升的规划设计;拆违治乱与基础设施建设相结合,搞好贫困村提升村容村貌;开展"五洁净、六要六有"与激发内生动力相结合,搞好贫困户户容户貌;财政统筹整合与社会力量帮扶相结合,解决好贫困村提升的资金保障;做大做强产业项目与乡村振兴相结合,搞好贫困村的可持续发展。围绕这一思路,制定了《和顺县贫困村提升规划》,并按照尊重民意搞好规划设计的原则,因村而宜,彰显地方特色、民俗文化、历史沉积,不搞"一刀切",不搞"高大空",同时还将每个村的规划设计公布于众,让大家提出意见、谈看法,让规划设计获得老百姓认可,为贫困村提升工程实施奠定了坚实的群众基础。

以村为体,坚持拆违治乱与基础设施建设相结合
着力改变贫困村的村容村貌

和顺县委、县政府抓住全省开展农村环境整治这一契机,将拆违治乱与贫困村提升工程有机结合起来,借势解决了农村违法乱建问题。173个贫困村总投资1.47亿元,拆除违建1212处28.16万平方米,腾退土地72.36

新型职业农民培训

万平方米，清理垃圾74.3万立方，因地制宜打造了44个样板示范村、121个标准村，同时按照拆建并重的原则实施了四类基础设施项目288个。一是围绕乡村文化实施村容村貌提质工程。在石勒故乡李阳镇、石拐会议纪念地横岭镇、牛郎织女发源地松烟镇等村实施了文化彩绘工程，彩绘墙壁47万平方米，文化墙63万平方米，3D动漫墙画2.3万平方米。二是围绕生活所需实施基础设施建设工程。266个建档立卡村兴修道路546公里，硬化街道364万平方米，新建文化党建广场63个，解决互联网信号56个村，打井28眼，兴修水利设施238处，绿化507万平方米，村村有了休闲广场和文化乐园。三是围绕生产设施实施基础配套改善工程。全县共批复修河堤项目198个，修排水渠20万米，修桥305座，安装路灯560盏，新建公厕20个，铺设下水管道6000米，生产生活设施的改善使全县的农村发生了翻天覆地的变化。

以户为基，坚持开展五洁净六要六有与激发内生动力相结合 着力解决好贫困村的户容户貌

为充分体现贫困户在脱贫攻坚中的精神面貌，和顺县委、县政府始终

坚持既扶"钱袋子",更扶"脑袋子"的思路,让贫困户参与到贫困村提升工程中,变"要我脱贫"为"我要脱贫"。

一是以户摸底,广泛发动,制定实施细则。按照"五洁净、六要六有"标准,对全县18088户贫困户进行了摸底调查,分类建档,全面推进此项工作。二是以点带面,主动参与,形成整治合力。各级帮扶单位、驻村工作队、第一书记积极深入农户,讲政策、明道理、做示范、解难题,与贫困户打成一片,建院墙、修厕所、清扫卫生、粉刷墙壁,开展了一场轰轰烈烈的贫困户革除陋习革命。特别是和顺县妇联组织的贫困妇女看谁家干净,看谁家男人勤快的"比一比"活动,刺激了贫困户的尊严,产生了巨大的影响。三是多方筹资,奖惩分明,确保工作顺利。采取"农户自筹一点,社会捐赠一点,工作队资助一点,政府补贴一点"的办法,共筹集资金2200万元,解决了"五洁净、六要六有"的资金问题,共为1346户修建了厕所,垒院墙35.7万平方米,安大门3506个,为户脱贫、村退出提供了优美的环境,市级考核验收抽取的152个贫困村中,148个村达到优

和顺电子商务创业园电商产品展示

和顺农牧业发展前景广阔

秀，占贫困村97.3%。

突出特色，坚持做大做强产业项目与乡村振兴相结合 着力推进贫困村的可持续发展

产业发展是脱贫攻坚的根本所在，项目建设是脱贫攻坚的有力引擎。近年来，和顺县始终坚持"一村一品一主体"全力推进贫困村产业全覆盖，从根本上解决老百姓的增收问题，为实现贫困村振兴奠定了坚实基础。一是加大项目建设力度，强增收。2015年以来，全县共投入产业项目建设9.68亿元，建设农业、畜牧、林业、旅游、光伏等扶贫产业项目885个，覆盖266个建档立卡村，带动18088个贫困户49239个贫困人口，人均增收960元。二是加大政策落实力度，保增收。全县投资1.5亿建设了53.537兆瓦光伏扶贫电站，覆盖173个贫困村，光伏收益通过二次分配，使4309户户均获得3000元的收益。三是加大资产收益扶贫力度，促增收。2018年该县推行实施扶贫资金项目折股量化到贫困村，实现资产收益分红，全年共折股量化资金1亿元，折股量化到43个企业，受益户人

均增收300元。

多方筹资，坚持财政统筹整合与社会力量帮扶相结合 着力解决好贫困村提升的资金保障

脱贫"摘帽"关键是人、支撑是钱。为打胜打赢脱贫攻坚这场硬仗，和顺县委、县政府集全县之力，聚八方之财，投入到这场战役中。2016年以来全县累计投入脱贫资金15.19亿元，为脱贫攻坚提供了强有力的支撑。在政策上制定了《和顺县2018年统筹整合使用财政资金实施精准扶贫调整方案》，做到了应整尽整，2017年整合23479万元，2018年整合30452.09万元；在渠道上做到了多管齐下，财政投入保底线，社会力量强助推，三年共引进脱贫攻坚项目1597个，民营资金投入脱贫攻坚1.7亿元；落实扶贫小额信贷政策，撬动金融资金2.1亿元。在管理上出台了一系列管理办法，积极开展扶贫领域不正之风专项治理，确保扶贫资金在阳光下运行，提高扶贫资金使用效益。

牛川乡岭南村光伏电站

大力建设产业强百姓富家园美的小康新农村
——晋中市左权县贫困村提升工程案例

左权县是闻名全国的革命老区，也是国家扶贫开发工作重点县。全县辖10个乡镇、1个城区管委会、1个省级示范区，203个行政村，总人口16万，总面积2028平方公里，其中耕地面积24万亩，有"八山一水一分田"之称。2016年进入脱贫攻坚期以来，左权县委、县政府坚决贯彻落实习近平总书记关于扶贫工作重要论述和视察山西重要讲话精神，坚持以户为基理念，下足"绣花"功夫，将2014年建档立卡贫困村129个、贫困户18920户、贫困人口49586人，减少至贫困村2个、贫困户220户贫困人口421人，贫困发生率0.32%。2019年4月，经山西省人民政府批准，退出贫困县。

明确怎么干

左权县坚持问题导向、民生导向，结合该县财力实际、地域特点，从村庄规划、基础设施、生态环境、公共服务、村庄整治、经济发展、乡风文明、基层组织、长效管理等9个方面，对贫困村进行整体规划，本着"稳住千人村就稳住全县农村大头"的思路，把全县29个千人村提升工程

桐峪镇下武村党建广场

作为重中之重来突破。2016年，以"治坡"为重点，在千人以上村又铺开了产业扶贫"八普及一创建"，普及了科技示范基地、造地整地、电子商务、光伏发电、农机大户、家庭农场、劳务网点、金融网点，创建了精准扶贫新模式，总投资达3.7亿元。两轮"八普及一创建"，受益农村人口4万余人，占全县农村常住人口近一半。2017年，左权县实施了精准脱贫完善提质"八普及一创建"工程，在千人以上村和贫困重点村普及农民培训学校、驻村帮扶工作室、科普教育基地、园林示范村建设、污水处理、安全饮水提质工程、地下排水管网建设、集体经济破零活动，创建"一村一品一主体"新路径，安排总投资1900余万元。还创建了省级卫生村185个、市级卫生村203个，省级宜居示范村4个、市级宜居示范村16个、县级宜居示范村32个。与此同时，从2019年到2021年实施"四化联动"，即基础设施建设标准化、产业结构调整制度化、乡村治理体系堡垒化、农村资源激活市场化，持续推进八普及，分类分层推进美丽乡村建设，提升10个乡镇所在地特色村镇品位、拓展24个千人以上村功能、完善66个500人以上村标准，到2021年底，全县将建成百处太行秀美乡村，其中千人以上

左权核桃喜获丰收

村34个、500人以上村66个,形成"1个县城+10个特色集镇+100个秀美乡村"的城乡融合发展新格局。

确定谁来干

一是因地制宜。做好项目前期规划,做到易建则建、易扩则扩、易留则留、易迁则迁,坚决杜绝"翻烙饼",保证项目的科学性、合理性、持久性。一方面,与巩固两轮"五个全覆盖"成果、办好"五件实事"相结合。本着"缺什么、补什么"的原则,进一步做好巩固完善工作,反对另起炉灶、盲目上项。县委书记、县长以上率下,亲自带领前期调研组,对千人村进行全面摸排,精准敲定了每个村的实施内容,做到了尽力而为、量力而行。另一方面,与有效利用现有资产资源相结合。积极培育新产业、新业态,利用"生态+""电商+""旅游+"等模式,大力发展乡村休闲旅游、电商、生态庄园经济等新兴产业,激活产业扶贫新动力。2019

年上半年，光伏收益1877.35万元，惠及人口10782人。建设114个村级电子商务服务店，15个乡村旅游重点村，建设6个精品庄园、9个精品采摘区，通过发展"新型产业+"扶贫模式，带动贫困人口脱贫，实现贫困村集体经济破零，有效促进贫困村整体提升。

二是整合力量。完善组织机构，解决"由谁干"的问题。左权县委、县政府成立了贫困村提升工程工作领导组，由县长担任组长，县委副书记及各副县长为副组长，28个相关单位负责人为成员，统筹谋划、协调指导和推动督导，整合部门资金，解决"钱从哪里来"的问题。按照"渠道不变、用途不变、集中投入、各负其责、各记其功、形成合力"的原则，整合涉农资金，科学统筹，捆绑使用，确保有效资金发挥最大效益。

三是严格管控。具体做到了"四个严"：一是严把建设标准。制定出台了民生改善"八普及一创建"工程建设指导意见，明确具体建设标准。二是严把工程投资。科学确定项目的投资额度，严格对照项目分配资金，确保有限的资金用在刀刃上。三是严把进度安排。按照目标任务要求，制定项目推进时间表和路线图，确保项目按时间节点推进。四是严把质量验

石匣乡柳林村造林工程

龙泉乡西瑶村新建设的篮球场

收。按照时间节点,定期对项目质量、标准等进行验收评审。比如组建了光伏电站工程验收组,由县扶贫办、质量监督局、中小企业局等部门组成,对村级光伏电站进行验收,保证了工程质量安全。

今后怎么办

一是财政兜底,保持工程的公益性、普惠性。左权县财政按工程特点,每年切出相应专项资金分类予以保障。比如老年日间照料中心运行费用相对较高,采取集体筹一点、个人交一点、政府补一点、社会捐一点的办法解决,县财政每年对千人村的日间照料中心补助5万元,千人以下村补助3万元,用于午餐补助。

二是多元运行,确保工程持久发力。公建公办,浴室全部由村委会投资管理,县财政根据规定给予建设奖补。管理人员尽可能选用村"两委"人员兼任,减少管理岗位,节约开支。浴室按3—5元收取洗澡费用,用于管理人员工资补贴和水电费支出。桐滩村村民洗浴费5元，外来客人10元，既保证了村民的优惠服务，还增加了浴室收入。民办公助，引进民营投资和管理，鼓励有条件的个人经办经营，县财政给予基础设施设备配套扶持。正式运营后，委托参与建设的农户进行日常经营和管理，在保证村民按规定（财政补贴部分全额印制澡票优惠券分发给村民，抵顶部分洗澡费用）受益的基础上，鼓励优劳优酬、多劳多得。拐儿村公共浴室扩大服务范围，购置洗衣机，增设洗衣服务，吸引了外地务工人员，增加了运行收入。

三是考核监管，倒逼管理质量上台阶。一手抓监管机制，强化对后续工程的统一管理。县级主管部门明确一名副职，具体负责工程后续管理工作监督指导、管理人员相关业务培训等。乡镇明确分管副职监管责任，开展日常检查和监督指导。村级通过定人员、定岗位、定补贴、定职责、定奖惩"五定"来加强管理，确保工程长期安全运行。一手抓考核机制，通过奖惩兑现提高管理积极性。把贫困村提升工程纳入全县目标责任制考核内容，建立评价机制，考核结果与奖补资金分配、项目安排挂钩。主管部门制定相应的考核管理办法，比如民政部门将日间照料中心运行情况列为乡镇民政工作重要考核内容，文化部门对农家书屋的管理使用情况设置统一的考核标准，半年一查、年终一评，奖惩兑现。

辽阳镇东沟村养殖产业

一抓两促明路径　双创八改促提升
——长治市壶关县贫困村提升工程案例

壶关县地处山西省东南部、太行山东南端，国土面积1013平方公里，辖5镇7乡1个经济开发区，387个行政村，总人口30万，其中农业人口26.4万，是国家扶贫开发重点县。2014年全县共有贫困村285个，建档立卡贫困户33119户79515人，贫困体量山西第三、长治第一。

脱贫攻坚战打响以来，壶关县坚持抓党建促脱贫攻坚促乡村振兴（一抓两促），大力推进"双创八改"活动，全力实施贫困村提升工程，取得显著成效。2017年9月4日，李克强总理亲临壶关调研，对脱贫攻坚、健康扶贫工作给予充分肯定。2018年脱贫攻坚成效考核壶关位于全省第一方阵。

五龙山乡刘寨村设施农业助农增收

石坡乡南平头坞村村容村貌

坚持目标导向　强化标准促提升

全县强化"两不愁三保障"突出问题的解决，确保"一超过"真超过，"两不愁"真不愁，"三保障"真保障。一是在创收增收上做文章，鼓励贫困群众就业务工、鼓励子女孝亲敬老；对于低保、残疾、特困等弱势群体，除政策兜底保障外，还从全县光伏收益中予以倾斜，贫困户实现持续增收、稳定脱贫，确保了"吃不愁、穿不愁"。二是在教育保障上尽全力，全面落实"两免一补""雨露计划"、控辍保学等教育惠民政策，出台"52132"中高考奖励政策，实现贫困户子女从学前教育到大学资助的全覆盖，有效解决了因学致贫、贫困代际传递问题。三是在医疗保障上用真招，认真落实"三保险三减免三救助""136、985+100%、521+残具"健康扶贫政策，全方位化解"支出型"贫困，贫困群众"大病小病都不怕、三三政策来保障"。四是在住房安全上下工夫，对全县所有农村住户住房进行全

长治县孝亲敬老活动

面排查，易地移民搬迁47个村1742户5284人，危房改造3855户。

坚持党建引领　强基固本促提升

一是强堡垒，把整治软弱涣散党支部作为重点，采取村村联建、村企共建、上下共建等不同形式，建立了8个联合党总支或党支部，30个软弱涣散党支部晋位升级。二是选能人，鼓励返乡大学生、退伍军人、致富能手、在外务工经商人员回村参加竞选，全县共有80余名本土人才回村任职，选派9名优秀年轻机关干部担任村党组织书记。三是治乡村，全面落实"四议两公开"，创新推行"六化"机制，健全了自治、法治、德治相结合的乡村治理体系，实现了对乡村干部的规范约束和能力提升。四是增动力，坚持扶贫同扶志扶智扶德相结合，引导贫困群众斩断"精神贫困"，拔掉"思想穷根"，实现了"要我脱贫"到"我要脱贫"的转变。

坚持产业带动　强筋壮骨促提升

壶关县坚持近抓就业、远抓产业,引导能人大户和贫困户因地制宜发展"四色"品牌产业,走出了一条多元化产业扶贫新路径。一是旱地西红柿红色牌。全县旱地西红柿种植面积达到5万亩,亩均增收15000元,实现了"户均一亩西红柿、亩均增收一万五"。二是生态扶贫绿色牌。实施"6个1"生态扶贫工程,通过退耕还林、种植经济林、种植中药材、发展乡村旅游、安置生态管护员、开展造林绿化带动贫困户增收,绿水青山真正成为脱贫致富的金山银山。三是光伏发电蓝色牌。共建成光伏扶贫电站73.6兆瓦,实现了132个贫困村村级电站和其他村集中电站光伏收益全覆盖,带动8000余名贫困人口增收。四是创业就业本色牌。加强技能培训,创建"壶关工匠""壶关矿工""壶关保安"品牌,近2万贫困户实现了"一人就业、全家脱贫"。同时,大力发展花卉、食用菌、养殖、电商等产业,全县85%的贫困村集体经济年收入达到5万元以上,实现了"村村有特色产业、户户有增收项目、人人有致富门路"。

坚持全面规范　双创八改促提升

壶关县制定出台了《关于开展"一抓两促"创建"六好红旗村"和"六好示范户"的实施方案》和《关于推进贫困户"八改八要"达标工作的实施意见》,涵盖了贫困村退出14项标准、贫困户脱贫6项标准以及贫困村提升三大类十四个方面的工作任务。"双创六好"即:创建"六好红旗村"(党建引领好、产业发展好、脱贫成效好、人居环境好、乡风文明好、社会治理好)和"六好示范户"(住房饮水好、教育医疗好、户容户貌好、遵纪守法好、主动脱贫好、习惯风气好)。"八改八要"即:改水,饮水要达标;改电,用电要方便;改路,出行要通畅;改房,住房要安全;改院,庭院要整洁;改厨,厨房要干净;改厕,厕所要卫生;改圈,圈舍要规范。全县共投入资金30885.59万元，实施饮水安全309处、农村电网工程提升97个村、改造房屋6775户、整改院落21347户、改造农村厕所14681个、新建改建通村通户公路420公里、改造圈舍2852个、改造厨房4681个，涌现出了"太阳花海"西堡村、"彩色村庄"南平头坞村、"凤凰山庄"岭东村等一批美丽乡村，群众的获得感、幸福感、满意度明显提升。

坚持保障投入　整合资金促提升

近年来，壶关县累计投入资金40828.29万元，坚持"乡村规划、县级指导，乡村申报、县级审批，乡村实施、县级验收"的原则，统筹整合各类扶贫资金，补齐基础设施和公共服务短板，实现了"八个全保障、四个全覆盖"，即：修路资金全保障、饮水资金全保障、卫生室建设资金全保障、文化广场及文化活动室建设资金全保障、教育扶贫资金全保障、健康扶贫资金全保障、社保兜底资金全保障、危房改造资金全保障。贫困村、非贫困村产业扶持资金全覆盖；贫困村、非贫困村工作队帮扶资金全覆盖（3万元/村/年）；村容村貌、户容户貌改造资金全覆盖；贫困户、非贫困户"八改八要"改造资金全覆盖。

坚持严格奖惩　激励鞭策促提升

壶关县始终把选好、管好、用好干部作为打赢脱贫攻坚战的关键举措，精心选派帮扶力量，全县共派驻国家、省、市、县工作队388支，工作队员1270名，第一书记288名，帮扶责任人1万余名，实现了结对帮扶全覆盖。县委制定出台了"515"工作法：驻村帮扶一周五天；主干帮扶一天五户；主干责任一五分担；党员干部一帮五户；帮扶责任人为贫困户办实事1—5件（或献爱心100—500元），解决了帮扶干部干好干坏一个样、奖罚不明推诿干，干与不干一个样、责任不清扯皮干的问题。出台

龙泉镇小山南村食用菌种植大棚

"四个三"的管理办法,即"三下":扶贫人员住下来、党员关系转下来、扶贫心思沉下来;"三查":查考勤、查记录、查业绩;"三考":村里以天考勤、乡里以季考核、县里以年考评;"三奖惩":干得好的重奖、重用和干的差的问责召回。2018年以来,累计从脱贫攻坚一线提拔重用干部146人。县里成立了6个脱贫攻坚督查考核组,实行流动红旗激励、黄牌警告问责机制,先后对12个村、5支工作队、5名第一书记和10个帮扶单位给予黄牌警告,对工作不力的3名工作队长、第一书记进行了召回退回,对入选"六好红旗村"的给予奖励。

"三环并举"打好提升工程"攻坚战"

——晋城市阳城县贫困村提升工程案例

近年来,阳城县深入贯彻落实习近平总书记"要实施贫困村提升工程,培育壮大集体经济,完善基础设施,打通脱贫攻坚政策落实'最后一公里'"重要指示精神,坚持贫困村提升工程"产业兴旺""环境改善""基础设施"一起谋划、三环并举、全力攻坚,使贫困村逐渐富起来、美

次营镇农户养蚕现场

起来、靓起来。到2018年，全县15个贫困村先后高质量全部退出，巩固提升工程为打通政策落实"最后一公里"发挥了积极作用。

"一企包一村"引领"产业兴旺"攻坚战

早在2017年，阳城县委、县政府就对企业包村、产业扶贫高度重视，采取三项举措，全面启动了"一企包一村，一村兴一业"产业扶贫行动。一是深入调研，高位推动。县四大班子带队调研，县政府制定出台了《关于开展企业帮扶贫困村产业扶贫行动的实施意见》，组织召开了动员大会，县长史小林做动员报告。二是实时跟进，传导压力。2018年1月和3月连续两次召开工作推进汇报会，点名通报了问题单位。三是发现问题，警示约谈。对进展缓慢、投入不到位等问题，分管副县长分别和有关企业负责人和主管部门负责人进行了约谈。由于领导重视，措施得力，有力地推动了企业包村、产业扶贫行动，全县20个规模以上企业帮扶20个重点涉贫村，实现了全县15个贫困村都有对接的帮扶企业、村村都有确定的产业项

伏岩煤业扶持建设麻娄坪甜蜜蜜土蜂谷

蟒河镇麻娄坪村土蜂养殖基地

目。到目前，20个规模企业累计完成投资1734万元，并通过"企业+合作经济组织+贫困户""企业+贫困户"等模式，扶持发展特色种植、规模养猪、土蜂养殖、乡村旅游、光伏发电、山茱萸加工等产业项目，目前14个村的产业项目完工，牛心温村、枪杆村的旅游扶贫、麻娄坪村的土蜂养殖、辉泉村的山茱萸加工、六甲村的荆巴编制等一大批产业项目初见成效。

同时，持续发展杂粮、蚕桑、中药材、土蜂、红辣椒五大特色农业产业，种植杂粮每亩补贴300元，覆盖了100%的涉贫乡镇、98%的涉贫村和70%以上的贫困户；聚焦太行板块积极打造旅游扶贫重点村，在全省第一、二批评选的300个旅游扶贫示范村中，牛心温村、枪杆村、人参埌村、下桑林村、辉泉村等5个贫困村榜上有名，有效带动辐射了本村及周边贫困人口增收脱贫；先后实施两轮"百村光伏"工程，惠及103个涉贫村，总装机4263千瓦，全县近八成的涉贫村受益；2019年县级财政投入扶贫资金700万元，重点用于120个非贫困村的涉贫村产业发展。通过重点聚力、多方发力、持续用力，产业扶贫基本实现了全面覆盖、多点开花，已经成为村集体经济增收和贫困群众致富的强劲引擎。

"四化""五改"大打"环境改善"攻坚战

阳城县把宜居宜业、生态优先的原则摆在重要位置，想群众所想，急群众所急，解群众所困，以村为体，以户为基，积极开展贫困村环境综合整治三年攻坚行动，主要项目有绿化、亮化、美化、净化以及改水、改厕、改厨、改圈、改气等"四化""五改"工程，基本实现了从脏乱差到美起来再到靓起来的华丽"蝶变"。2018年，债务性扶贫资金905万元全部用于15个贫困村，粉刷墙面1.3万余平方米，新建公厕6个，垃圾池10余个，村内垃圾实现了定时定人清扫、定点投放、及时清运、集中填埋；2019年，县级财政安排专项扶贫资金600万元，继续投向15个贫困村，重点实施以冬季采暖、垃圾污水治理、环境整治、厕所革命为主的人居环境改善项目。通过"四化""五改"，极大地改善了村容村貌、户容户貌，提升了精神风貌。

阳城县在大打环境改善攻坚战过程中，注重以贫困群众为主体，广泛

横河镇牛心温村村内环境整治工程施工中

饮水安全受益户

吸纳贫困劳动力参与，既增加了贫困户的收入，又增强了贫困户的自信心，大大激发了贫困户的内生动力。东冶镇枪杆村组织全村60多名男女贫困劳动力投身到环境整治中，不仅人均增收4000多元，许多贫困户还利用中午和晚上休息时间主动把自己家门外乱放的杂物清理得干干净净，说"不能给村里的好环境丢了脸"。

部门合力打好"基础设施"攻坚战

阳城县坚持目标导向、问题导向，以贫困村退出标准为靶向，统筹协调水利、电力、交通、工信等部门，大打一场"基础设施"提升巩固攻坚战。一是实施贫困村饮水安全巩固提升工程。2018年到2019年，全县先后投入165万元，用于14个贫困村的饮水安全提升工程，以铺设提水引水管道、维修蓄水池、铺设村内管网等为主要建设内容，同时加强饮用水水源地保护、备用水源建设和水质监测工作，确保贫困村群众喝上了符合地方安全饮水标准的饮用水。二是实施农村电网改造工程、光伏电站并网工程。2018年投资875万元，把涉贫乡镇、涉贫村作为主战场，扎实推进电力扶贫，基本完成了贫困村电网升级改造，贫困村生产生活用电得到全面保障，动力电覆盖率达到100%。三是实施窄路基路面拓宽工程、农村公路安全生命防护工程以及建制村通硬化路工程，加快"四好农村路"建设，基本实现了贫困建制村100%通硬化路、通客车。

  阳城县的目标是：到2020年，实现每个贫困村有基本完备的基础设施、有基本完善的公共服务，有稳定增收的特色产业、有文明和谐的美好乡风、有坚强有力的村级党组织。

美丽乡村的万荣答卷
——运城市万荣县贫困村提升工程案例

"贫困村脱贫之日就是实现全面小康之时"这是万荣县在脱贫攻坚战役中叫响的口号。2017年以来，在脱贫攻坚的战场上，万荣县以"巩固提升、创新引领、全面小康"为工作主线，把贫困村提升工程与全县的美丽乡村建设同步规划、同步安排，全力提升贫困村基础设施，走出了一条贫困村建设的"万荣之路"。

竞争立项引领带动

在贫困村提升工程与全县美丽乡村建设示范村的确定上，万荣县由财政部门牵头，乡镇先行推选，成员单位联合，对每个乡镇推选的3个提名村通过现场勘察淘汰一批，对入围的行政村组织公开演讲答辩，然后，通过自筹资金核查、干部违规违纪行为查询等综合考评，层层筛选，优中选优，确定出示范村。

公开才能公正。演讲答辩必须由村"两委"主干演讲、村民代表参与，邀请人大代表、政协委员、领导组成员单位"一把手"及相关专家作为评委。演讲答辩会的现场进行村民电话连线、微信平台互动、网络现场直播，营造全民参与、全民建设、全民监督、全民管理、全民共享的建设氛围。2018年，全县31个村的竞争演讲答辩会，共有4852条网友留言，1.5万次网络转发，69万次网络点击，41万次微信投票，8万人次同步在线收看，美丽乡村建设的社会关注度再创新高。

"竞争性用财的机制为乡村两级干部提供'引力'和'动力'，让干部干事有平台、创业有机会，在全社会引起强烈震动。"万荣县财政局局长孙永安说。

2016年12月21日，万荣县举办了首批美丽乡村建设公开竞争演讲答辩会，经过激烈角逐，包括建档立卡贫困村——西村乡永利村在内的13个村成功胜出。2017年开春后，永利村开始实施项目建设，从此插上了腾飞的翅膀，一跃成为全县百姓向往的幸福村。2017年之前的永利村，普通、平凡、主路崎岖蜿蜒，废弃了二十多年的学校杂草丛生、垃圾遍地……现在的永利村，铺设了排水管道，结束了污水横流的历史，废弃学校加固改造成了村级活动中心，主干道命名为"幸福大道"，家家有标识，户户有家训，"家在永利，和赢天下"的观念已经深入人心。该村还成立了一个农机专业合作社，吸收扶贫资金和社会资本共同参与，明确了利益分配办

汉薛镇南景村核心价值观宣传

法，不仅实现了贫困户和村集体的双赢，还服务了全村群众，走出了一条集体经济破零的新路子。

在试点示范村的引领带动下，首批美丽乡村建设起点高、效果好，受到干部群众广泛赞扬。2018年，万荣县在岔门口村、龙行村、荆淮村、漫峪口村等建档立卡贫困村实施贫困村提升工程与美丽乡村建设同步并行。2019年，该县继续加大力度，将全县剩余的57个贫困村统一规划，按照"幸福美丽村、特色产业村、生态宜居村、特色文化村"建设目标，分类打造，整体提升，利用两年时间建设完成，确保全面小康路上一个不掉队。

资金使用"四轮驱动"

作为贫困县，财力不足是限制万荣县发展的最大问题。没有充裕的资金保障，再宏伟的设计都将成为无本之木、无源之水。在资金筹措上，万荣县委、县政府大刀阔斧、敢为人先，彻底改变以前"撒胡椒面"的资金分配方式，统筹整合"一事一议"奖补资金、历年项目结余资金、各类专项资金和社会资本投入，实现四轮驱动、集中作战、攻坚脱贫，形成多元化的投入机制，用有限的政府资金撬动更多的社会力量。三年来，全县整

闻名全国的万荣县西村乡永利村

汉薛镇南景村万亩桃园

合各类财政资金2.2亿元，全部投入美丽乡村建设和贫困村提升工程中，同时撬动社会资本2.5亿元，财政资金的效益实现了最大化，形成贫困村提升工程与美丽乡村建设同步并行的"万荣模式"。

王显乡范家村是一个有3000多人的大村，苹果是村里的主导产业。为了改善村容村貌、支持美丽乡村建设，该村党支部书记兼村委主任范世锁向村民发出了捐资倡议。倡议书发出后，全体村民以及在外工作人员和企业家纷纷慷慨解囊，少则50元，多则上万元。短短几天时间，大家就捐出了40多万元，有力保障了工程顺利实施。人民群众的大力支持，为贫困村提升工程与美丽乡村建设奠定了成功的基石。

项目建设"五用联合"

"把乡村建设得像城市一样美丽，让农民像生活在城市一样幸福。"这是万荣县贫困村提升工程的目标。在建设上拒绝外表光鲜，不搞大拆大建，注重功能实用，推出了"五用"举措，让美丽乡村实现"百花齐放春满园"。

针对在路、水、电、污、厕等方面存在的突出短板，万荣县用绿化提升，见缝插绿，把乡村的大小巷道变成一个街路通畅、花红柳绿的大游园,生态宜居、生机盎然,让乡村像城市一样整洁舒适宜人。用亮化装点,将城市的夜景搬到乡村,让乡村的夜晚灯火辉煌、多姿多彩。用排水提质,以海绵城市的理念解决乡村排水和排污的问题,结束了乡村厨卫排水靠倒、厕所靠抽、污水雨水乱流的历史;推进厕所革命,现代化厨卫、水冲式厕所进入千家万户;配置乡村环境卫生清扫车,提升生活品质,在彻底解决乡村两级排水、排污及垃圾清理问题上,最终集中连片建设统一的垃圾、污水处理站,实现乡村两级垃圾、污水的区域性集中处理和循环利用。用产业发力,大力推进"一村一品"特色产业和设施农业、功能性农业,培育新型职业农民,根植持久致富的基础,让乡村成为现代农耕文明的大舞台。用文化引领,实施德治、法治、自治相结合,大力弘扬社会主义核心价值观,大力开展新时代文明实践活动,见贤思齐,评先奖优,让村民的精神和素养充满正能量,不仅"风景美",而且"风尚美"。

万荣县三年来的实践,解决了乡村许多长期想解决而没有解决的难题,办成了许多过去想办而没有办成的大事。基础设施提升后的贫困村,道路笔直畅通,巷道变游园,夜景城市化,"厨房革命"和"厕所革命"持续发酵,产业兴旺发展、文化沁人心脾,污水雨水有序排放,环境、生活、人文三美同步。群众从怀疑到参与,从支持到点赞,提建议的、捐资金的、腾旧宅的、当志愿者的,不一而足,美丽乡村不再是政府部门的独角戏,而变成全社会共同参与的大合唱。

第二章

整村提升工程案例

新建村脱贫致富的转型之路
——太原市娄烦县杜交曲镇新建村提升工程案例

娄烦新建村隶属太原市娄烦县杜交曲镇，地处汾河沿岸，距县城22公里，全村占地面积950亩，其中耕地271亩，林地679亩。2014年全村共有99户248人，其中建档立卡贫困户23户72人，贫困发生率29.03%。2016

新建村全地形车观光项目

新建村粉条厂项目

年底实现整村脱贫。

在杜交曲镇新建村,无论男女老少,提起村里这几年的变化,无不竖起大拇指,"是党的政策好,新建村现在真是大变样。""驻村工作队人老实、肯吃苦、年纪轻、想法多、路子广,我们很支持。""我们村以后肯定是城里人的香饽饽。"……四年多的时间,新建村老百姓对村里的改变是有口皆碑,创新的思路和方法为新建村的脱贫致富和乡村振兴做出了积极的贡献,帮助新建村在转型的道路上挣脱枷锁、稳步前行。

紧跟中央形势　探索创新模式

习近平总书记提到的"积极引导社会力量广泛参与"和"激发内在活力",是新建村在脱贫攻坚工作中始终践行和努力的方向。为此,新建村积极创办微信公众号"精准扶贫新建村",将村的概况、存在的问题、潜在的优势、帮扶的需求等信息通过微信公众号发布。在实践中充分挖掘贫困户信息库、社会力量信息库的数据，将帮扶需求和社会力量用工需求、公益计划等信息进行组合配对，打通贫困人口与社会帮扶力量之间的阻隔。

坚持问题导向　创新解决方法

通过扶贫模式创新，新建村陆续完成了人畜饮水工程、图书阅览室、小型家庭合作养殖等项目，但是在项目实施过程中，又遇到了援建资金比例差异带来的非议、合作养殖收益分配意见不统一、产业扶贫既总揽又包揽分身乏术等新问题和新矛盾。为进一步激发村民的内生动力，避免在帮扶项目推进过程中可能出现的理念不统一、理解不透彻甚至是扶贫领域腐败问题，新建村推行了"党内观察员"工作机制，在加强村"两委"班子建设的同时，引导村民思想观念更新，做到了党建促脱贫、引领促发展。

完善产业支撑　助力乡村振兴

为保留和保护传统窑洞结构，使窑洞更加古色古香，新建村在集体产

新建村废弃院落改造项目（农家休闲小院）

业发展的进程中,以废弃院落改造项目实现了集体经济破零,既满足了房屋所有人修缮祖屋的愿望,又实现了在合约期内为村集体经济增收的目标,同时保留、保护了土窑洞这一独特的汉族民居形式,可以说一举三得,达到"以院生钱""用钱赚钱"的目的,形成了独特的"乡村小院经济"。

同时,新建村对废弃的小学校也进行了改造。于2018年11月建设成粉条和粗粮加工厂,充分利用环境、区位的优势,将传统工艺与现代技术相结合,生产无矾、零添加的优质马铃薯粉条,为进一步实现产业结构调整和壮大集体经济做出贡献。

为进一步规范村集体资产经营管理和壮大村集体经济,促进各项产业与市场有序对接,新建村注册成立了"娄烦县新建村旅游开发有限公司",以现有集体产业为基础,配套全地形车、皮划艇、农业采摘等休闲娱乐项目,逐步发展成为以"生态旅游""娱乐观光""拓展训练""极限运动体验"为一体的特色小镇。

开展"五化四整治" 建设宜居新农村
——大同市阳高县友宰镇坊城村提升工程案例

坊城村隶属大同市阳高县友宰镇，位于阳高县境南部，地处六棱山脚下，拥有耕地3400亩，林地面积1750亩，盛产玉米以及谷、黍、绿豆等小杂粮。2014年坊城村共有人口435户917人，其中建档立卡贫困户158户381人，贫困发生率为41.55%。2018年实现整村脱贫，并被阳高县确定为

坊城村进村路

市级乡村环境提升工程试点村。

坊城村提升工程累计完成投资325.78万元,通过开展"道路硬化""立面靓化""村庄亮化""村庄绿化""街道净化"的"五化"工程,共硬化主街道2800平方米、巷道9000平方米、铺路面砖2100平方米,新建围墙356米、维修围墙4100米,新建文化墙69平方米,安装太阳能路灯20盏,新栽树木50株,清理"四堆"垃圾510吨,清除小广告60条;通过开展"四整治"工程,加固土房护坡2000平方米,铺埋人畜饮水管网1.7公里,解决人畜饮水水源截潜流1处,维修村级卫生室1处,实施危房改造1户,村容村貌焕然一新。

早动手,做到质量进度兼顾

2018年3月,坊城村被确定为市级乡村环境提升工程试点村以后,友宰镇党委、镇政府高度重视,在阳高县有关部门的大力支持下,积极发动组织该村干部群众及早动手,全面铺开坊城村提升工程,着力打造美丽宜居样板村、示范村。整个工程采取"大兵团"作战的方式,日出动人力50

坊城村街边一角

人次，车辆20车次，快速推进，同时严格施工程序，严把施工质量，历时三个月左右全部完工。

重特色，坚持新风古貌并重

坊城村依山而建，是一个有着五百多年历史的古老村落，村里至今保存有晋北特色四合院落多处。坊城村坚持突出特色，保留村落原貌，按照实用美观经济的原则，大力推进提质工程，使整治后的坊城村既保持了古村落的鲜明特色和整体风貌，又彰显了新农村的时代气息。

聚民意，实现干部群众同心

坊城村推进乡村提质工程始终坚持以人民为中心的发展思想，从解决群众最直接、最关注、最急迫的问题入手，满足群众求美、求新、求幸福的愿望，促进广大群众积极参与，主动配合。工程伊始，友宰镇党政班子领导干部全员出动，分头入户走访该村老干部、老党员、老教师和致富带头人、贫困户，广泛征求不同阶层的意见建议，同时通过召开干部群众座谈会，增进干部群众交流沟通，努力达成思想共识，不断完善提升工程规划，奠定了坚实的思想基础和群众基础。施工过程中，实行干部包联服务项目推进机制，随时听取村民意见，及时吸纳整改，确保将农村提升工程打造成民心工程。

"种文化"，促进村风村貌相融

坊城村注重将完善基础设施与提升文化内涵结合起来，在村主街道建设了69平方米的文化墙，大力弘扬社会主义核心价值观和中华传统道德文化，潜移默化地教化群众，使文化墙成为坊城村的一道亮丽风景。同时充分发挥村务监督委员会的作用，及时把县乡决策部署宣传到群众中去，及时调解施工过程中可能发生的矛盾。

抓统筹，推动生产生活并进

针对庭院养殖多、人畜混居的实际情况，坊城村采取针对性措施实现了人畜分离。帮助养牛大户魏茂利新建养牛场1处，为23户一般养殖户建起了化粪池，砌筑了人畜隔离墙或隔离网，实现了人居环境、产业发展"双提升"；并兼顾经济、生态、社会三个效益，在村周边地块栽植仁用杏73亩，进行林下套种，发展黄芪32亩。

田园供给开新景，老宅遗韵存古风。古老的山村坊城，在习近平新时代中国特色社会主义伟大思想的指引下，依托贫困村提升工程实现了村容村貌大变样、治理水平大提升、产业发展大突破，正不断迸发出新的生机和活力！

上马涧村变靓了
——大同市阳高县东小村镇上马涧村提升工程案例

上马涧村隶属大同市阳高县东小村镇，全村共有耕地面积1735亩，林地面积430亩，以运输业和杏树产业为主。2014年上马涧村共有人口218户470人，其中建档立卡贫困户67户136人，贫困发生率为28.94%。2016年底实现整体脱贫。

走进上马涧村，纵横交错的柏油路干净整洁、道路两旁绿树成荫，花

上马涧村主街道

草葱绿,房屋街道整齐,放眼望去一个整洁清新、繁荣和谐、现代文明与田园风光相互交融的美丽乡村呈现眼前。上马涧村的改变缘于2018年东小村镇实施的乡村环境提升工程。东小村镇党委、镇政府认真落实中央及省市县的总体部署,坚持"实事求是、因地制宜,分类指导、一村一策,点面结合、统筹实施,突出特色、传承文化,六改两治、五化一整,乡规民约、自我服务"六条原则,把实施乡村环境提升工程和脱贫攻坚有机结合起来,积极争取县里乡村环境提升工程项目资金,统筹做好村里的基础设施和公共服务建设,推进干净、整洁、美丽、宜居乡村建设进程,切实改变群众生产生活环境。

规划建设描蓝图

上马涧村按照统一规划、因地制宜、适度超前的原则,结合村情实际,以"三横四纵"规划新村庄,将该村划分为住宅区、生活休闲区、农作物种植区以及以项目建设为主的工业区。同时在村庄环境提升上,制定了具体的操作性强的建设规划和内容。

上马涧村文化墙

上马涧村迁村纪念碑

六大工程抓提升

按照抓重点、补短板、强弱项的要求,积极争取乡村两级资金,实施道路硬化、环境整治、亮化、绿化、广场建设、氟改水六大工程。全村共硬化村主街道2.5公里、巷道2.6公里,铺设路沿面包砖21000平方米;新建照壁1处;新建文化墙300平方米,粉刷墙体11000平方米;维修村委会1处;清理"四堆"360方,拆除院外旱厕30处;在主街道两侧安装太阳能路灯30盏;栽植油松、垂柳等树种3800株,完成了主街道、村庄四旁、庭院、学校以及新建村委会的绿化;在村西南新建一个占地12亩的景点公园,在景点公园内建设占地500平方米的休闲广场1处,新建篮球场一处;从乡集中供水站到该村铺设供水管道2100米,彻底解决了困扰该村几代人饮用高氟水的难题。村容村貌变美了,提升了群众的获得感、安全感、幸福感。

长效机制做保障

村庄变得干净整洁了，上马涧村委会又通过建立完善相关机制来解决长期管护保障的问题。村里设有专门的清洁人员，负责定期清洁；同时制定完善了村规民约；通过发放资料、悬挂标语、大喇叭等方式宣传倡导文明、健康的生活方式，引导群众培养"爱我村庄、护我家园"的良好习惯。

"过去村里村外、犄角旮旯的柴堆、粪堆、垃圾堆到处都是，现如今都不见了，路上变干净了，整个村也打扮得漂亮了，出去遛个弯，散散步，心里很舒畅。"东小村镇上马涧村村民孙庭永高兴地说。

如今上马涧村村容村貌焕然一新，上马涧村真正变靓了。

孙家港村脱贫攻坚的成功实践
——大同市云州区峰峪乡孙家港村提升工程案例

孙家港村隶属大同市云州区峰峪乡，全村耕地面积3910亩，其中水浇地2800亩，以黄花菜种植为主导产业。2014年孙家港村共有人口341户724人，其中建档立卡贫困户146户321人，贫困发生率为44.34%。2017

孙家港村门楼

年人均纯收入达到7300元,实现整村脱贫。

当人们走进孙家港村,无论如何也不敢相信这是一个贫困村。宽阔的主街道似花园,像画展,树木黄绿相间格外美丽,花池鲜花盛开,花坛耀眼点缀,两侧墙壁红白色宣传版面犹如一幅幅精美壁画,两排带有宣传挂版的路灯,色彩艳丽,美如画卷,条条巷道干净整洁,户户房屋规整一致。每个村民脸上都挂满了美满幸福的笑容。从高处望去,一排排整齐划一的红瓦房,一株株苍翠茂盛的围村树,透着幸福祥和。

纲举目张　执本末从

孙家港村没有把脱贫攻坚单纯地当作村委会的事,而是更注重村民的合力行动;没有把脱贫攻坚看成是单纯的硬件建设,而是更注重村民思想观念的革陋扬新;没有把脱贫攻坚看作是几次对村民的"演讲",而是更注重坚持不懈地培育村民转变思想的新理念。为此,村民夜校活动、村民大会、村民代表会议等各种场合,他们都坚持讲基础设施改善、讲农村产业发展、讲环境整治保护……每当村民在红白理事厅办事,村干部总要亲临现场,借村民在此聚集之机,对脱贫攻坚"老调重弹"。他们还把对孩

孙家港村文化墙

孙家港村街道

童的教育放在重要位置,村干部多次分头入户面见孩童,与家长一起对孩子嘱咐教育。他们坚持四五年教育引导不停歇,大力弘扬国人深重的人文情怀和热爱故土的乡村情结,深刻阐释新时代赋予乡村振兴的责任重托和义务承担,着力培育文明乡风、良好家风、淳朴民风。村民追求美好生活,实现人与自然和谐共生愿景日渐强烈,创建宜居美丽富裕家园这个功在当代利在千秋事业的重大意义,不断深入人心。脱贫攻坚、共同富裕,已成为全体村民的思想共识和行动自觉。

领导表率 群众跟随

每项工作的开展推进,干部的决心和信心如何,群众看得最清,可以说是群众的"晴雨表""风向标",直接影响和决定着群众的重视程度和行为取向。对此,孙家港村的干部领悟颇深。为彰显一种前所未有的工作重视程度,营造一种高调热烈的工作氛围,充分表达干部脱贫攻坚工作的坚定决心,孙家港村的干部首先从自身做起,身体力行做表率,亲力亲为树榜样。三支队伍十名干部带领党员坚持经常性入户走访村民,带头种黄花、搞养殖业；他们以身作则，率先在自家土地上、庭院中做出示范，多次组织群众入地、入户观摩干部因产业调整、环境改善发生的变化。他们把这种"表率"一统到底，也展示了村里要一抓到底的决心和信心。这种高调热烈、严肃认真的工作氛围，有力提升了群众对脱贫攻坚的重视程度和行动热情。正所谓："人不率，则不从；身不先，则不信。"

规则先行　管理轻松

脱贫攻坚的如期实现，最重要的是要改变人们陈旧落后的思想观念，形成稳定增收的长效机制。为真正实现村风文明、村民富裕、村貌优美，孙家港村在广泛吸纳群众意见的基础上提出：庭院、室内保持干净整洁；杜绝家禽出院上街；家畜出归绕行规定路线；污水倾倒不出自家院落；生活垃圾力求袋装送储；废渣灰土运送固定地点；严禁"乱搭建、乱张贴、乱堆放"等违规不良行为；不得私自将用作产业发展的帮扶资金及生产资料挪作他用；将丧失劳动能力的贫困户吸纳到村社一体化合作社中，保证不丢一户、不落一人，实现共同富裕；大家的事情，大家一起商量，不搞一言堂、小圈子。他们还将这些行为规范纳入"村规民约"，使村民行为有遵循，干部管理工作有目标。

2017年孙家港村实现整村脱贫。一个村容亮丽、生态宜居、乡风文明、村民富裕、治理有效的新兴孙家港，在云州大地登场亮相，成为一颗璀璨明珠。

提升工程带动古堡变迁
——大同市广灵县壶泉镇涧西村提升工程案例

涧西村位于广灵县城北7公里，因在木槽涧河之西得名。全村占地面积1671亩，其中耕地1471亩。2014年涧西村共有人口162户421人，其中建档立卡贫困户70户190人，贫困发生率为45.13%。2018年底实现整村脱贫。

近年来，涧西村根据自身资源禀赋、文化底蕴、发展现状等情况，按照"乡村振兴"的总体要求，提出了突出"五色"定位，着力打造古村落田园综合体式乡村振兴的发展思路。

挖优势，增强"特色"产业

依托明清古民居建筑群，整合优势资源，涧西村按照"旅游+"的发展模式，全力培强"特色"旅游业。一是利用大同市文物局投资的1450万元修缮了5处清代古民居院落，全力叫响涧西村晋北古堡名片，发展晋北古堡风情游项目；二是发挥技术传承人的优势，对有1500多年烧窑史的郑家窑窑厂进行修复，积极打造涧西黑瓷非遗体验游名片，发展黑瓷文化传承体验游项目。三是通过"公司+基地+农户"的产业化模式，与荞缘公司开展合作,流转土地1365亩,规模化种植枸杞、玫瑰、百合、菊花等药用花卉,打造集生态观光于一体的千亩花卉园区,发展药用花卉观赏生态游项目。

抓基础,建设"绿色"家园

涧西村集中实施了以"污水、垃圾、街巷、庭院、景区"为重点的环境提升工程,全力建设"绿色"家园。实施了垃圾分类处理工程,做到了自来水入户,污水入地;在村庄外投建生态养殖小区,实现人畜分离;投资183万元完成了村民住房风貌改造、村级文化活动场所建设等工程;投资300万元修建、完善了村内道路及供排水系统;投资230万元完成了全村电网改造、强弱电配套建设;投资550万元规划建设了窑厂体验区、旅游体验区、停车场、公厕、农家乐和景观绿化等配套设施。全村基础设施档次显著提升,"绿色"家园建设成效明显。

淳乡风,弘扬"本色"文化

涧西村出台了《红白事简办制度》,有效扼制了农村红白事大操大办

涧西村古陶瓷厂

涧西村进村道路

等现象；深入开展了"晒家规、亮家训""好公婆""好儿媳""当代孝子"、党员星级评比等活动，推动文明新风入乡村、进农家；组建了广场舞、健身操、唱红歌等文艺队伍，丰富了群众文化生活；在主要街道、显著位置粉刷和张贴以"乡风文明"为主要内容的宣传标语、宣传画，营造浓厚的文化氛围；建设了"茂德堂村史馆"，利用文字、实物、照片等手段，展现本村发展变化，"本色"文化得到进一步弘扬。

建机制，彰显"暖色"治理

通过建立党建引领新机制，打造党建服务站，设置"去向牌"，推行"全岗通"制度，出台《村务管理制度》等，涧西村基层党支部政治引领作用得以有效发挥。通过建立环境卫生管理长效机制，鼓励社会资本参与人居环境建设，成立专业保洁员队伍，确保村容村貌干净整洁。通过建立新业态管理机制，按照"有事多商量、有事好商量、众人的事众人商量"的原则，统一管理全村资源，充分发挥群众的主体作用，实现了全民共建共治共享，和谐和顺和善的"暖色"治理。

促增收，共享"金色"生活

多措并举治贫，确保全村群众享受"金色"生活。一是注入扶贫资金260多万元发展资产收益项目3个，63名贫困群众人均每年可获得收益1700元。二是对全村1365亩土地进行集中流转，全村农户除户均每年获得6386元的租金收益外，还可到农业企业工作，确保农民增收有保障。三是发展村级光伏电站，带动建档立卡贫困户39户63人实现增收。四是深入开展金融、就业、教育、健康扶贫行动，小额贷款、植树护林、春蕾计划、"双签约"等政策全面落实，确保群众学有所教、劳有所得、病有所医、住有所居、困有所帮、残有所助。

涧西村村民活动广场

小村大美　靓丽赵庄
——大同市广灵县壶泉镇赵庄村提升工程案例

赵庄村位于广灵县城北5公里。全村占地面积2250亩，其中耕地面积1396.69亩，林地面积470.64亩。2014年赵庄村共有人口121户352人，其中建档立卡贫困户30户80人，贫困发生率为22.73%。2017年底实现整村脱贫。

近年来，村"两委"从全村实际出发，一方面谋划产业求发展，一方面改善环境搞提升，使农民收入、村容村貌及群众的精神面貌都发生了深刻变化。

小村大产业，巩固脱贫成果

以前的赵庄村，农民除了种田，基本没有其他收入来源，今日的赵庄村，通过产业优化升级，全村的经济发展和脱贫致富有了可靠保证。村"两委"根据本村实际，将养殖业作为主打产业发展，取得了较好的成效。目前全村羊的饲养量超过了1500只。他们与山西新大象养殖公司合作，建成了年出产生猪3200头的养猪场一座，现在存栏数达到了1300头，仅此两项，预计户均增收5100元以上。为了实现畜禽粪便的循环利用，他们又多方筹集资金，建起了10座日光温室大棚，种植瓜果蔬菜，使全村建档立卡贫困户全部受益。

小村大手笔，提升村容村貌

走进赵庄村，映入人们眼帘的是宽阔洁净的柏油路、充满温情的文化墙、风貌一致的砖瓦房……一幅新农村的景象扑面而来，所有这些都是乡村环境提升工程带来的变化。其实，通过前几年的不断努力，赵庄村的环境整治也取得了一定成效。但随着养殖业的发展，又带来了新的问题，羊圈遍布全村各个角落，粪便随处排放，特别是到了夏季，每天臭味熏天，蚊蝇乱飞，村民出门无法落脚。

怎么办？

产业发展与环境改善绝不能顾此失彼，只有两者协调发展才是乡村振兴的必由之路。于是，乡村两级组织几经商讨，决定将全村羊群集中到村外养殖，实现人畜分离，彻底解决人居环境恶化问题。就这样，他们借助乡村环境提升工程的东风，投资上百万元在村东建起了占地10亩可饲养

硬化、绿化、亮化后的赵庄村主街道

赵庄村文化活动广场

2000只家畜的规模养殖场，村民的羊群被集中在统一的场所进行饲养，人畜分离变成现实。除此之外，他们通过危房改造工程，新建房屋152间，维修房屋73户，整修破旧院落14座。新建文体广场1568平方米，生态公园4680平方米，新砌围墙501米，彩绘文化墙138平方米，铺设沥青路面9482平方米，安装太阳能路灯51盏，植树1780株，同时，农村厕改迈出了可喜的步伐，生活垃圾也实现了分类处理。

小村大视野，倡导文明风尚

赵庄村发挥党建的引领作用，他们创新建设教育基地，加强基层文化建设，重修了农家书屋，开办了新时代农民讲习所，有效地迎合了广大村民多层次、多方面的精神文化需求。为了满足农民求知、求乐、求富的要求，党支部多次邀请专业人士，从实际、实用、实效的原则出发，进行了种植、养殖专业培训，还开展了广场舞、健身操等培训，受到了广大农民的普遍欢迎。为了倡导移风易俗的文明新风，村里成立了红白理事会，修建了红白事餐厅，规范引导村民节俭办红白事。通过开展孝老爱亲、脱贫致富、卫生清洁、节俭办事文明户评选活动，评出12户"文明家庭"予以表彰。

刷新"颜值" 提升"气质"
扎实推进美丽乡村建设
——大同市灵丘县独峪乡花塔村提升工程案例

花塔村位于灵丘县西南山区,地处晋冀三县(灵丘、繁峙、阜平)交界,是晋北海拔最低、无霜期最长的地方。全村总面积1.24万亩,其中耕地面积420亩,林地面积2000亩。经济作物主要有核桃、花椒,养殖业以

花塔村景观

花塔村公共浴室

山羊为主。2014年花塔村共有人口137户336人，其中建档立卡贫困户67户154人，贫困发生率为45.83%。2018年底人均可支配收入达到5000元，实现整村脱贫。

近几年来，花塔村以乡村提升建设为切入点，把美丽乡村建设作为小康社会的有力抓手，做到了规划有特色，安居有方案，文化有历史，产业有支撑，环保有力度，管护有保障，文明有新貌，发展有高度。

以党建为引领，打造美丽乡村"形象美"

花塔村里各项工作都分工到每一名党员干部，使所有党员干部身上有责任、肩上压担子，所有村情民事都有落实。每月组织活动日召集全体党员理论学习、讨论工作，不断提升党员干部的政策理论水平和社会实践能力，每年召开两次村干部述职会，每年进行一次"优秀共产党员"评选，切实营造了党员干部当典型、争先进的干事创业氛围，提升了支

花塔村一景

部的战斗力和凝聚力，树立了党员在群众中的良好形象。干群关系不断改善，历史矛盾不断消化，多年来未有过上访事件，真正地赢得了老百姓的拥护和爱戴。

以创新为基点，打造美丽乡村"持久美"

花塔村成立了村提升工作领导小组，根据村情实际，立足本村区位优势、资源禀赋、产业特色、历史文化、民俗风情等要素，根据花塔生态民俗景区规划，进一步对传统村落进行总体布局，环境特色保护，研究制定乡村提升实施方案和工作计划，规划以"世外桃源、花塔人家"为主题，尊重农村传统生产生活方式，将花塔规划打造为"一带、一心、四区、多节点"的特色乡村旅游度假村落。"一带"即以贯穿整个村庄的大沙河为亲水游憩带；"一心"即以花塔村庄为核心，通过对乡土农耕文化的挖掘，建设美丽宜居村，发展乡村旅游，带动村民增收致富；"四区"即"生态采摘区、乡村慢生活体验区、旅游活动区、度假休闲区"，真正做到"留得住青山绿水，记得住乡愁"。

以绿色为主调，打造美丽乡村"生态美"

围绕休闲农业与乡村旅游，花塔村先后修建了凉亭、景观坝、长廊、软吊桥、采摘园等设施。实施了花塔景区提档升级项目，栽植各类水果树、花卉338亩，建"四季花海月季园"10亩；新建停车场5万平方米，仿古建筑游客接待中心1座；建设长40米的跨河吊桥1座；新建"神蛙"广场4000平方米；新建卫生室、公共浴室各1座；村内主街道安装仿古路灯120盏，安装生态护栏1000米；游客接待中心建木围挡200米；红沙岭隧道硬化850米；108国道至红沙岭隧道口铺柏油路1500米；修建栈道1200米。加快美丽宜居宜游乡村建设，提升了景区的旅游品质。

以产业为根本，打造美丽乡村"生活美"

以优化环境为核心，以发展产业为根本，立足自然生态优势，以休闲农业资源为基础，以促进产业结构调整、增加农民收入为目的，结合现代农业和美丽乡村建设，加强了对休闲、餐饮、娱乐、观光、体验等为一体的休闲农业的建设和改造，推动传统农业向多元化、精品化、市场化、集约化的现代农业转变，努力打造花塔休闲农业与乡村旅游品牌。现在花塔村年接待游客5万人次，年旅游收入130万元，乡村旅游从业人员60多人，乡村旅游业已成为花塔村的支柱产业。

唐河岸边村庄美

——大同市灵丘县红石塄乡上、下沿河村提升工程案例

上、下沿河村地处灵丘县北部,距县城20公里。两村面积34816亩,其中耕地面积1121亩、林地面积20259亩。主要种植作物有玉米、马铃薯、谷子和豆子等,养殖业以养羊为主。2014年上沿河村共有人口154户386人,其中建档立卡贫困户72户184人,贫困发生率为47.67%;下沿河村共有人口164户389人,其中建档立卡贫困户66户169人,贫困发生率为43.44%。2016年底上沿河村实现整村脱贫,2017年底下沿河村实现整

下沿河村户容户貌

上沿河村村容村貌

村脱贫。

在实施乡村提升工程中,上、下沿河村按照"水清、岸绿、田美、路硬、村洁"的要求,投入近1000万元,加强基础建设、强化环境配套设施,力求把乡村提升工程建成百姓心坎上的民生工程。

高端规划,打造美丽乡村

在实施乡村提升工程中,上、下沿河村坚持规划先行,以规划定思路,突出亮点,打造特色。聘请了在乡村建设领域有丰富经验的台湾著名建筑师谢英俊及其团队进行整体规划设计,规划围绕总体定位,以建设"健康""有机""绿色"的唐河峡谷为核心目标,以片区旅游化为理念规划村庄,重点从生态保护、文化传承、产业融合、设施完备、空间优化、环境提升六个方面,为村民生产生活和乡村旅游发展创造了一个内涵丰富、和谐健康、生活品质俱佳的乡村环境,形成了具有自身特色的美丽乡村。

软硬兼施,提升乡村品质

在乡村提升过程中,这两个村软硬兼施,双管齐下,不仅抓硬件的建

下沿河村《村规民约》

设,更注重"软"件的培植。两村党员干部每人手里拿着一张规划图,挨家挨户走访农民,向他们详细讲解村里将来的发展规划,引导大家转变观念,积极参与其中,为建设美丽家乡献计出力。思想通了,人心齐了,工作也就顺了,乡村提升工程大刀阔斧地展开了。

一是整治环境卫生。对公共空间内乱堆乱放的闲杂废弃物品、堆粪、柴火、建筑材料等进行统一清理归置;对村内影响环境的牲畜养殖点进行统一迁移。

二是改善建筑风貌,以灰、白、黄为村庄建筑主色调,突出历史文脉特色,体现老村的历史厚重感;对风貌不协调的建筑,改良传统建筑材料,对其外观进行适当整治;拆除无任何利用价值的破败危房、废弃栏厕、残垣断壁等,乱搭乱建、乱堆乱放、乱挂乱贴等现象全部进行整治。

三是完善硬件设施,采用石板、鹅卵石、旧青瓦等当地乡土材料,对村内步道进行提升改造;打通村庄内部没有连通的道路,建设集中和分散停车场地,增设污水处理系统,建设粪尿分集公共厕所。

四是加强生态保护,对唐河河床内的耕地进行平整,再根据实际位置进行林草结合复原;制定水体保护蓝线,严禁向唐河两岸倾倒垃圾,保护水体环境。

加大投入，美化乡村环境

两村共投入1000多万元，用于推进基础设施建设，不断优化村民生产生活条件。两村对村内道路进行了修缮，铺设沥青路面2.5公里，人行道路3500平方米；改造部分院墙3200立方米，公共节点改造1500平方米，改造桥梁2座，建入口挡墙景观两处，沿河垃圾挡墙1150立方米，节点角落美化4000平方米。在给排水工程方面，建设村内污水收集管网，实现污水全收集。新建垃圾转运站2座，安装路灯47盏，对群众房前屋后菜地整治3000平方米，村内绿化900平方米，道路绿化900米，临街墙头绿化3200米。新建公共卫生厕所6座，两村还联建了公共浴池、污水处理站和愿景馆。

"现在路平了、灯亮了，大街小巷也干净了，村里要啥有啥，挺好的。"上沿河村70岁的谭守英老大娘高兴地说。同样的幸福洋溢在每个村民的脸上，上沿河村73岁建档立卡贫困户王兴国，一边收割着自家种的小白菜，一边乐呵呵地说："党的政策好，不仅让俺们脱了贫，还建了这么好的环境，俺们的日子越来越好过了。"

打好扶贫攻坚战 共同致富奔小康
——大同市浑源县王庄堡镇东庄村提升工程案例

东庄村位于浑源县南45公里处,属于南山地区,距王庄堡镇政府6公里左右,全村土地面积6.61平方公里,其中耕地面积548亩。主要种植作物有玉米、土豆、谷子等小杂粮。2014年东庄村共有人口109户249人,其中建档立卡贫困户50户129人,贫困发生率为51.81%。2017年整村脱贫。

村容村貌提升后新东庄村进村路

东庄村传统编织布艺手工作坊员工纳制鞋垫

以思想扶贫为根,把干部群众精气神鼓起来

驻村干部开始驻村时,为了尽快了解村里情况,几乎走遍了每户百姓家,尝遍了每户村民家的土豆烩白菜,他们也经常在自己的宿舍里炒菜做饭,请村里的五保户、老党员来吃饭。村支部书记老靳说:"驻村干部们与群众打成一片,我们村的组织凝聚力也强了。"驻村干部们还经常利用农闲时间,通过微信平台、座谈等形式,组织村"两委"班子成员进行理论学习,及时将党的惠民政策和农业相关知识宣传到群众,并按照"六大行动"要求制定了全村发展规划和五年脱贫计划,全村各项工作逐步走向规范化、制度化、科学化。

以基础扶贫为本,使群众生产生活条件好起来

2016年5月,东庄村争取到了69户、178间危旧房改造工程,新建14

户，改造55户。村民的屋顶大多都盖上了红瓦，更换了窗户，村容村貌焕然一新；7月，投资17万元实施后街街巷硬化提标工程，硬化路面4100平方米，方便了村民的出行。9月，投资12.356万元，实施人畜饮水工程，解决了东庄村历年缺水的问题，户户通了自来水；2017年9月，投资36万元实施前街街巷硬化、美化工程，硬化街巷2000平方米、新建了大花池、景观墙，小广场硬化提标并安装了健身器材，新建了1000平方米文化墙和400平方米长城墙，东庄的村容村貌发生了巨大的变化。2018年9月中旬，东庄村又沟通协调资金25万元，实施农村环境提升工程，整理残垣断壁墙，新建文化墙，打造村标志建筑，进一步改善东庄村人居环境。

以产业扶贫为重，让群众生活富起来

2017年3月，东庄村创办了"东庄传统编织布艺手工作坊"，以手工鞋垫和"十二生肖"布艺娃娃为主打产品，采取"作坊经济"与"炕头经济"相结合的经营模式，在村内搭建扶贫车间，将生产作坊搬到了农户炕头，带动村内妇女就近就业的同时，还不耽误地里的农活，从建厂到现在已经实现销售收入9000余元，12家贫困户实现了增收。脱贫户武秀兰说："以前我做的鞋垫一直都是自家人用，不赚钱，在驻村干部的带动下，自家的东西也能卖出好价钱，一年还能贴补2000多元家用。"

东庄村坡广地薄，适合发展经济林，驻村干部和村"两委"班子在帮扶单位的支持下，多次到河北省易县和涞源县调研、考察，通过相关数据比对分析，发现东庄村的立地条件非常适合栽种核桃树。于是2017年3月底，东庄村军民共建核桃实验基地成立，栽种优种核桃20亩，共计600株，当年20亩优质核桃80%挂果。2018年4月，发展军民共建核桃示范园区220余亩，共栽种优质核桃苗7600株。通过调整产业结构，提高了村民收入，全村户均2亩，通过种植优质核桃，年人均增收1000余元。

"东庄大队""东庄人家"门面店集中展示和销售东庄村农特产品

以文旅扶贫为翼,带贫困群众飞起来

2017年8月,东庄村入驻浑源县旅游商贸一条街,两间门店分别命名为"东庄大队"和"东庄人家"。两家门店以"土色土香"为主格调,配以土炕、黑白电视机、老式收音机等20世纪七八十年代农村生活场景,真实再现了当年村级党组织和村民的日常生活面貌。国庆长假期间,东庄村抓住旅游"黄金周"这一契机,在浑源县旅游商贸一条街举行了首届"浑州大集、幸福东庄"脱贫攻坚农特产品、摄影展示文化周,吸引了全县30多家小微商户参展,展出根雕、笼箩、剪纸、布艺、面塑、铜器、泥塑等农特产品150多种,同时展出了脱贫攻坚摄影作品100多幅。

目前,东庄村种植核桃树、发展养殖业、兴办手工作坊、兴建化肥厂,通过县、乡、村和帮扶单位的共同努力,这个全县脱贫攻坚最难啃的"硬骨头"被打造成了一个生机勃发、多产业叠加的"新东庄"。

多头并进 脱贫解困
——大同市云冈区西韩岭乡谢店村提升工程案例

谢店村位于大同市东南20公里处，桑干河、御河交汇处。全村面积9000亩，其中耕地面积5000余亩，林地2800亩。2014年谢店村共有人口216户509人，其中建档立卡贫困户182户424人，贫困发生率为83.3%。2016年实现整村脱贫。

增强"造血"功能促脱贫

一直以来，谢店村产业结构单一，主导产业是玉米和杂粮，加上旱地种植，土地瘠薄，广种薄收，导致贫困户增收受限。为破解这一难题，时任云冈区委书记的任希杰作为包村领导与村"两委"班子、村民代表一起分析村里致贫原因，在充分调研和征求民意的基础上，依托种植等优势，确定了以玉米种植、蔬菜瓜果类种植、奶牛养殖作为谢店村的产业脱贫发展方向。

在玉米种植方面，谢店村新增了3000亩水浇地，同时实施了土地整改项目，使玉米单产大幅提高。贫困户张威原先就是村里的种粮大户，由于以前都是旱地，玉米产量并不高，自从村里引进新项目后，张威成了真正的产粮大户，80亩玉米产量由每亩100公斤上升到500公斤，仅种植玉米一项，年收入就增加了6.4万元，一举摘掉了贫困的帽子。

在蔬菜瓜果类种植方面，村"两委"为鼓励贫困户加大种植力度，积极争取24.5万元扶贫资金，为贫困户免费提供优良蔬菜、瓜果秧苗，实现蔬菜、瓜果种植规模达280亩，人均增加收入1300多元。

在奶牛养殖方面，由云冈区农委协调，谢店村引进了天和牧业有限公司，并投资扶贫专项资金165.3万元，集中养殖奶牛116头。从2016年开始，连续10年，每头奶牛每年可获红利2000元，每年共计收入可达23.2万元，分红到户和村集体。同时，该公司每年还向谢店村收购10万多元青玉米秸秆，与贫困户建立订单农业关系。在企业用工上优先雇用贫困农民，使谢店村建档立卡贫困人员，年人均收入增加438元，村集体增收4.46万元。

在各级各部门和贫困群众的共同努力下，谢店村实现了产业结构的多元调整，全村的粮经比由2014年的9∶1，调整到2018年的4∶6，通过产业发展实现了"输血"式扶贫到"造血"式扶贫的转变。

谢店村支部大楼

谢店村村内街道

能人引领助力促脱贫

2014年以前,谢店村地偏人穷纠纷多,为改变贫穷现状,西韩岭乡党委、政府本着"选准人、配强人、用能人"的标准,请回了在外经商办企业取得了成功的王有作担任谢店村党支部书记兼村委会主任。回村后,他先是整顿涣散的村"两委"班子,把流落在外的村干部请回村,给权压责,建立奖惩机制,同时村"两委"围绕"把党员培养成骨干、把骨干培养成党员"的目标,把年纪轻、懂科技、会经营的高素质人才选配到村"两委"班子中,选出了一批致富带富能力强的农村党员干部。通过他们的示范引领,谢店村的脱贫攻坚变成了实实在在的惠民工程。同时村"两委"干部主动作为,一方面与云冈区农、林、水、国土等部门联系对接,积极争取项目资金,累计筹集资金达到1900多万元;另一方面为村民排忧解难，凝聚村心民心，得到了村民认可。全村的共同努力让谢店村四年来发生了翻天覆地的变化，从以前的贫困村一举成为云冈区有名的富裕村、美丽村。

提升公共服务促脱贫

谢店村通过提升公共服务能力让贫困村、贫困户的整体面貌得到改变，2016年新修老年日间照料中心、澡堂、超市，新建2000平方米的活动广场，路面硬化、排水管网、路灯、监控全覆盖，方便了村民的日常生活和出行安全；通过更换村医加强了基本公共卫生服务能力，建成村级合格卫生室一个，拥有执业医师1名，全村参加基本医疗保险率100%；养老保险参保率100%，达到应保尽保。如今的谢店村公共服务全面提升，呈现出祥和、文明、知礼、友善的美好景象。

围绕优势特色 建设宜居乡村
——大同市左云县小京庄乡西碾头村提升工程案例

西碾头村位于左云县西南部,距县城15公里。全村总面积13065亩,其中耕地面积4827多亩、林地面积4479.9亩、草地面积2769.3亩。主要种植作物有莜麦、谷黍、豆类、胡麻、油菜、马铃薯等,养殖业以养羊、养牛为主。2014年西碾头村共有人口170户386人,其中建档立卡贫困户72户115人,贫困发生率为29.79%。2016年底实现整村脱贫。

突出产业创新 铺筑富民通道

西碾头村发挥耕地平坦、面积广阔的优势,采取公司加农户的模式,大力发展苦荞种植,与左云县"雁门清高"食品有限公司协调对接,签订了《苦荞订购合约》,并在化肥、种子方面获得企业支持,全村种植连片苦荞4000亩,亩均增收200元,共增收80多万元。同时抓住全县发展光伏扶贫补贴政策优势,大力发展光伏产业,全村28户贫困户实施了分布式屋顶光伏扶贫项目,共84千瓦,户均3千瓦,每户贫困户年收入可增加6000元。这两项富民产业,为村民铺筑了一条持续稳定的致富通道。

西碾头村拱形桥、文化墙

紧扣惠民理念　建设幸福家园

2018年，西碾头村被左云县政府确定为"贫困村环境提升工程示范村"之一，村"两委"紧紧抓住实施乡村环境提升工程的有利契机，科学谋划，及早部署，于当年5月即开工建设，共投资347.9万元，启动了道路硬化、村容美化、街巷亮化、生态绿化、民俗文化、基础完善、排水环保、饮水提质"八大"提升工程，铺设污水排放管道930米，硬化村内道路650米，拆除残垣断壁2860平方米，整治墙体500平方米，粉刷墙面200平方米，建彩绘墙50平方米，整理村内地基500平方米，新修排水渠道400米，清运垃圾680立方米。实施了西碾头村自来水升级改造和辛家窑自然村饮水解困，落实了村内污水整治工程，全力打造以基础提质、环境提升、生态改善为主要内容的生态民俗文化新农村。

体现民俗特点　打造人文乡村

2017年西碾头村在村文化广场安装了电视大屏，后来又落实了一系列管理制度，坚持每天早、晚定时播放，成为村民了解时政、休闲娱乐的主渠道和好去处。

西碾头村紧邻云京路，是县城通往小京庄乡和全县最大的煤炭生产基地的重要通道，具有发展乡村旅游业得天独厚的自然优势和地理优势。该村在提升工程中，把突出民俗特点作为重要理念，建设了具有左云南乡居住特色的石碹窑洞，开辟了以乡村特色餐饮、居住为主的民俗旅游项目。把西碾头村打造成为民俗文化突出，现代气息浓厚的人文特色乡村，推动了旅游业的快速发展。

西碾头村特色养殖

西碾头村街心凉亭

改善生态环境　打造青山绿水

西碾头村在实施环境提升工程的过程中，始终坚持把改善生态环境放在突出位置，牢固确立"绿水青山就是金山银山"的发展理念，花大力气实施了村东500亩荒山绿化工程，栽植了松柏杨柳等林木和山桃、榆叶梅等景观树木，新建凉亭1座，铺设了林间小道，对村内所有街巷进行了全绿化。乡、村两级还实施了云京路通道绿化工程，道路两侧各栽松树5行、杨树5行，初步形成了"百里长廊一条线，林灌立体连成片"的壮丽景观，为促进乡村生态旅游发展奠定了基础。

乡村提升建奇功，特色宜居展新貌。在党的脱贫攻坚政策指引下，在乡村提升工程助力推动下，曾经贫穷落后的西碾头村走上了一条产业兴旺、生态宜居、乡风文明、治理有效、生活富裕的和谐幸福之路，步入文明富裕的小康坦途。

以人为本建新村　脱贫致富奔小康
——朔州市右玉县杀虎口风景名胜区杀虎口村提升工程案例

杀虎口村位于右玉县北端，是山西、内蒙古两省区的右玉、和林格尔、凉城三县的交界处，距县城35公里。全村占地面积16046亩，其中耕地面积3293亩，林地面积7833亩。2014年全村共有397户892人，其中建档立卡贫困户80户144人，贫困发生率16.14%。2017年实现整村脱贫，2018年人均纯收入达到8700元。

近年来该村先后获得省级"生态文明村"；市级"先进基层党组织""巾帼示范村""新农村建设先进村""平安村""山西最美旅游村"；县级"五好党支部""先进集体""山西省首批100家3A级乡村旅游示范村"等荣誉称号。

党建引领脱贫　旅游产业先行

杀虎口村党支部按照"扶贫先扶智"和"授人以渔"的工作思路，瞄准旅游产业发展的需求和贫困群众转移就业的需要，依托"杀虎口"这一品牌旅游资源，大胆创新，主动由传统种养业向旅游服务业转型发展。在杀虎口风景名胜区党委、管委会的直接领导下，中铁十二局、朔州市发改委、市供销社驻村工作队的指导帮助下，由杀虎口村党支部书记、村委会主任杨再茂等党员发起，全村76户贫困户140名贫困人口全部参与，于2017年6月率先成立了朔州市杀虎口村生态旅游专业合作社。合作社下设物业服务、农家乐发展、旅游观光、财物管理等四个部门，以此为依托培育乡村旅游产业，并将其作为全村整体脱贫的重要抓手，积极推进各项工作。2018年杀虎口村生态旅游专业合作社为全村51名贫困户每人分红1000元，集体经济收益14万余元，形成了集体经济稳定的收入渠道和发展壮大的有效路径。

强化特色旅游　打造本土特色

特色是旅游产品的核心竞争力，在杀虎口村乡村旅游规划中，一是突出原汁原味的乡村特色，避免乡村城镇化和商业化。服务设施设计追求朴素、自然、协调的基本原则；日常餐饮提供和旅游项目贴近的农家生活，满足游客"吃农家饭、住农家屋、干农家活、享农家乐"的消费需求；创

杀虎口村林下养殖园区

杀虎口村杏花旅游节场景

办了专项特色餐饮、特色住宿、特色观光、特色休闲、特色商品、特色娱乐、特色种养业等多项特色旅游产业。二是不生搬硬套。村"两委"和工作队对杀虎口村乡村资源优势及风土人情进行了认真的调查和研究，在学习借鉴他人的基础上，选择了适合本村的旅游项目，挖掘出了右玉县的本土特色，用本土特色赢得了市场。

能人大户带动　多方合力攻坚

经过党支部的不懈努力和合作社阶段性持续推进，杀虎口村建立了由党员带头、村民参与的网格式工作机制，充分发挥了村民主体作用，推动农民加强自我教育、自我管理、自我服务、自我监督，基层群众自治水平明显提升；同时从改变人居环境入手，高标准建立了卫浴一体式卫生厕所，24小时热水供应，为村民解决了以前洗澡难的问题，村民从里到外展现出新的风貌；建立领导挂点、单位包村、结对帮扶等工作机制，扶贫工作开展以来,来自中铁十二局、朔州市发改委、电网右玉公司、右玉县旅游局、县林场、杀虎口风景名胜区等广大扶贫工作队员,真正把农村当家园、把农民当亲人,服务于一线,树立了党和政府在群众中的良好形象,群众的获得感、幸福感不断提升。

大力抓"两业" 夯实脱贫基

——朔州市平鲁区双碾乡大有坪村提升工程案例

大有坪村位于县城西北13公里处，全村面积20.5平方公里，其中耕地面积1571亩，林地面积11000亩。主要种植农作物土豆、黑豆、莜麦、玉米，少量胡麻、谷物等，养殖业以猪、羊为主。2014年全村在册人口267

光伏扶贫走进贫困户

美化新家园

户773人,其中建档立卡贫困户115户278人,贫困发生率35.96%,村集体经济为零。2017年实现整村脱贫。

近年来,随着精准扶贫工作的步步深入,在区、乡两级党委、政府的直接领导下,村"两委"和驻村工作队聚力脱贫,走出了一条产业振兴推动脱贫致富的路子。

人居环境大改善

沉积多年的脏乱差环境和乱建乱堆乱放现象越来越成为村民与村"两委"成员共同的"心头病",只是由于经费紧张迟迟得不到解决。

2017年在平鲁区农村环境集中整治专项行动中,大有坪村党支部书记于增团结带领"两委"成员抢抓机遇、勇挑重担、率先行动,用不到一个月时间集中动用装机台班40个,拆迁清理垃圾120车,整修断壁残垣630平方米,累计争取上级奖补资金144万元,对全村120多户庭院进行了维修清理与集中粉刷,美观整洁的新农村重新回到了村民的面前。

大有坪村畜牧业

为进一步改善人民群众生产生活条件,提升基础设施水平,村党支部累计争取市级扶贫资金150万元,对全村所有街巷道路进行了铺油硬化,一改以前泥泞洼坑道路现状。

脱贫产业大发展

2017年,针对大有坪村劳动力严重不足,传统耕作单打独斗收益低下等现状,平鲁区双碾乡领导、驻村工作队队员、村"两委"成员及村民代表反复商议,决定主要依靠三项产业助推脱贫增收:一是依靠养殖企业托管养羊贫困户收益分红;二是采用联产联销办法集中连片种植统一作物;三是采用分户式或集中式安装光伏发电装置。通过以上三项产业当年实现人均年纯收入5188元,同时实现了1.32万元的集体经济收入。

2018年,按照联产联销的办法,23户参与共投资11万元集中连片种植玉米500亩,实现年产玉米41.2万斤,户均收益1.5万元,人均纯收入增加到5535元。村集体累计投资56万元建成70千瓦光伏发电装置,并网发电可实现年收入8万多元。

村风民风大变化

随着人居环境的改善、产业项目的扩展、就业岗位的新增,"爱心超市"和红白理事会的成立运行,妇女手工艺培训的常态推进,群众文化活动的日益丰富,昔日里从不发言的乡贤开始说话发声了,闲人懒人逐渐不见了,邻里婆媳闹别扭也少见了,稳定和谐的新农村重新回来了,2017年大有平村被中央文明委授予"全国文明村"光荣称号。

大有平村的干部群众以自身顽强、坚韧、朴实的精神,在脱贫攻坚道路上走出了成功的一步。村民激动地说:"党的扶贫政策好,我们一定幸福不忘党恩,为改变贫困的面貌,要立志,而且要立大志,以最大的热情和最大的贡献去报答党和政府的似海深情,为建设自己的美丽家乡做出全部努力!"

围绕经济抓党建　抓好党建促脱贫
——忻州市偏关县老营镇段家沟村提升工程案例

段家沟村位于偏关县东北50公里处，境内与教儿垴、柏杨岭相邻，辖黄草梁、崖庄窝两个自然村。全村总面积8平方公里，其中耕地面积1650亩，林地面积1800亩，人均耕地面积10亩。2014年全村共有73户204人，其中建档立卡贫困人口为39户83人，贫困发生率为40.67%。2016年实现

段家沟村活动室

整村脱贫。

聚焦深度贫困　落实深度举措

近年,由于粮价疲软,严重挫伤了农民的种粮积极性;因为缺水,抑制了产业发展的空间,导致收入匮乏经济落后。面对窘境,如何让段家沟村走上发展的"康庄"大道?村"两委"、第一书记、驻村工作队认识到:"围绕经济抓党建,抓好党建促发展"是全面拓展党的建设和党的事业的新要求;"坚决攻下深度贫困堡垒,打赢脱贫攻坚这场硬仗中的硬仗。"是2017年习近平总书记在晋西北岢岚考察时的殷切希望,也是党的庄严承诺;因此段家沟村也将攻克深度贫困作为自己的奋斗方向,并采取了多项举措来实现这一目标。

搭好金桥易过河　配套成龙效率高

自2016年开始,段家沟村以"文明创建"为契机,通过着力实施"脏、乱、差"为重点的村容村貌整治,唤起民意,激发斗志。

段家沟村村容村貌

段家沟村养殖场一角

村里集中实施农村环境到村到户综合治理。一是进行窑面整治。保留民风民俗，突出本地特色。二是进行村道硬化、亮化、美化，一次性消除旧村负面形象，实现新农村新气象。三是建广场、搭舞台、修公厕，活动室、卫生室、图书馆村级设施一应俱全。

段家沟村容村貌整治工作深刻体现了党和政府改变自然的能力、破解贫困的决心，充分调动了段家沟贫困群众的积极性和主动性，激发了村庄活力，是贫困户立志、立智的精神举措，坚定了脱贫信心，为打赢脱贫攻坚战奠定了"精神"基础。

风正好加力　创新争新高

产业发展是村级集体经济的"造血"系统。段家沟村充分发挥村支部"领头雁"的作用，积极推进农业产业化联合经营模式。2018年投资120万元，占地15亩，建起了养殖场基地，完成了段家沟主体产业建设，实现了股本增收、股金分红、资源转化资产"三个"增收和经济效益（年集体经济效益达20万元）、社会效益（产业带动贫困户60户，受益137人，消化村内劳动力5个）、生态效益（实现人畜分离，环境有效改善，形成人与自然和谐发展新格局）"三个"效益。

那得山泉清如许　因有源头活水来

习近平总书记多次强调，只要有信心，黄土变成金。段家沟村在工作推进中，充分发挥党支部的主体作用，灵活应用政策，盘活存量资源，打出了"创新、生态、共享"组合拳，以资源换资本，以资本促产业，实现资本滚动，打赢了"脱贫攻坚"翻身仗。

凝心聚力战贫困　砥砺前行奔小康
——忻州市保德县冯家川乡龙驼沟村提升工程案例

龙驼沟村位于保德县冯家川乡南部，周边与吕梁地区兴县6个村接壤，全村面积4.5平方公里，其中耕地面积2065亩。2014年共有235户804人，其中建档立卡贫困人口102户292人，贫困发生率为36.32%。2018年实现整村脱贫。

龙驼沟村位置偏僻、基础落后，百姓深居大山腹地，只能依靠传统农耕维持生计，经年累月，贫困在这里扎根。"我们一定要如期脱贫，决不能拖了国家的后腿。"这是包乡的保德县领导、县委常委、政法委书记刘竞才立下的铮铮誓言。

着力解决"两不愁三保障"问题

"龙驼沟，瞎石沟，清清的泉水向外流"，该村的山泉水远近闻名，可是村里只有一口老泉眼，雨天为洪水覆盖，冬季围绕在冰凌的中心，村里的老人只能看泉解渴。2017年政府为百姓新建了6处集中供水点，实现了村民用水全覆盖。"之前都是挑水喝，现在方便了，电闸一合，清澈的泉水哗哗地流进水缸里。"说起通水的事，村民刘本凤像过节一般高兴，笑

龙驼沟村新修建的村道

得合不拢嘴。

地广穷人多,水虽能解渴,但不能治"饿"。生态帮扶、政策兜底、教育帮扶纷纷而至。退耕还林1253亩涉及贫困户83户,每户平均增收3000元;光伏收益分配集体增收25万元以上,户均增收2500元以上;红枣提质增效600亩,获益农户80余户;红枣保底1元收购,惠及全体村民;资产性收益受益农户58户,户均增收1000元以上;贫困户中领取"五保""低保"金合计51户;看病有"136"政策;在林遮峪小学就读的孩子交通客运车免费接送;针对年老体弱的"五保户"孤寡老人,村里为他们集中修建了"公租房"。"我家房子是六十年前修的,年久了住着十分危险。感谢党和政府的好政策,帮我改造了房顶、院坝,粉刷了院墙,现在房子住起来安全多了。"看着焕然一新的房子,老支书张继昌满意地说。全村老小"两不愁三保障"基本实现。

龙驼沟村供水点

着力改善人居环境

钱袋子鼓了,菜篮子丰富了,精神文化活动多样了,居住环境自然不能落后。过去村委会的办公室年久失修,遇到重大事项决策讨论的时候,支书、主任索性就让大伙集中到山脚的石崖下开会。如今不仅有了焕然一新的办公室,还新建了2座合计1500平方米的广场,配备了健身器材、文化宣传墙、凉亭、公共厕所、公共浴室、村卫生室、智能化太阳能路灯。"以前耕种完也没个好去处,现在可好了,农闲时候还能一起下下棋、打打牌,可以洗热水澡、还可以在广场上看电影,特别是新建的村级卫生室,常储备着一些日常药品,村医还定期给老人量血压,身体的一些小病也不用出远门了。"村民张西为高兴地说。

着力激发内生动力

为了激发广大群众的精神脱贫意识，帮扶单位山西焦煤集团斥资5万余元，选购了40余种与村民生产生活息息相关的物品，开办了"爱心超市"，通过环境卫生评比、遵守村规民约、积极参加集体活动等考核方式，利用爱心积分免费兑换超市物品，不仅激发了贫困户的内生动力，还方便了他们的日常生产生活需要。"我这个月获得了40积分，兑换了一把镰刀，一双胶鞋，下个月我争取拿满分，换一壶油。"贫困户张二利激动地说。

2017年龙驼沟被评为人居环境改善示范村，2018年龙驼沟村被评为市级文明村。

曾经，这里的山丘，满是萧瑟，这里的田野，也唉声叹气。2014年以来，这个地处大山深处的小山村迎着"精准扶贫"的和畅惠风，历时五年，在县、乡两级领导、干部包户、单位帮扶、"第一书记"、驻村工作队的全方位覆盖下，通过项目和资金向该村聚焦，使该村村容村貌、基础设施建设发生了翻天覆地的变化，2018年顺利实现村退出，户达标。曾来该村调研的省扶贫办副主任郎作仕听到龙驼沟脱贫的消息，进村到户，看硬件、询近况，感叹道"只要我们拿出龙驼沟脱贫的勇气，这世上就没有办不成的事"。

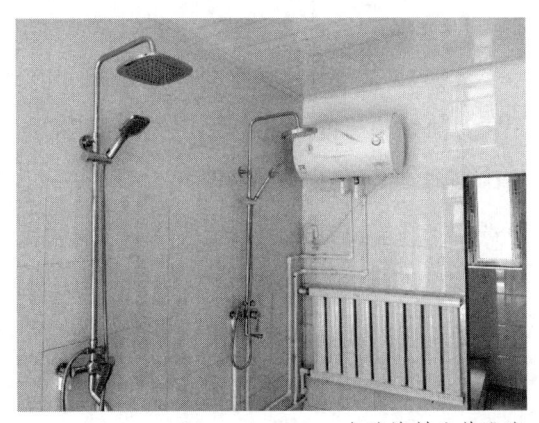

龙驼沟村公共浴室

因村制宜精准施策　多措并举稳步脱贫
——忻州市保德县南河沟乡李家湾村提升工程案例

李家湾村位于保德县城南面48公里处，全村面积2平方公里，其中耕地面积768.2亩，退耕还林面积431.8亩，地形沟壑纵横，主要以传统农作物种植为主。2014年共有85户235人，其中建档立卡贫困户31户79人，贫困发生率为33.6%。年人均纯收入不足1500元，村集体经济收入为零。经过近5年的脱贫帮扶，2018年底人均纯收入5300元，村集体经济突破10万元，实现了整村脱贫"摘帽"。

党建引领　精神脱贫

2014年李家湾村共有党员6人，平均年龄65周岁以上，村"两委"班子3人，文化程度较低、思想僵化保守，严重制约了村庄发展。鉴于此，在南河沟乡党委政府的领导下，李家湾村抓住第十届村委换届的契机，重新选举了村党支部书记，配齐了村"两委"班子、培养了新党员、补足了精神"钙"、转变了旧观念。特别是2017年4月李家湾村被确定为保德县委书记温建军的帮扶联系点以来，他经常进村入户了解民情体察民意，与村"两委"和工作队员共同商讨脱贫大计，不断鼓励和引导贫困群众要借助国家政策通过自身努力脱贫。同时驻村工作队会不定期对国家的政策、法规、种植养殖实用技能等关于村民切身利益的知识进行宣讲培训，搭建起与村民的交流平台，激发了广大干部群众的内生动力，为整村脱贫打下了坚实的思想基础。

多措并举　产业脱贫

李家湾村属纯农业村，靠天吃饭、增收乏力、集体经济停滞不前。2014年以来，村"两委"抓住保德县各项扶贫政策之机，新建200千瓦村级光伏电站一处，促进村集体经济年均增收8万元左右。在村15户贫困户新建户用光伏，户均年增收1000元；新建小杂粮加工厂1处，经过粗加工精包装，主销本村及周边村的小米、绿豆、藜麦等特色农产品，提供了部分就业岗位，解决了农民农产品销售难题，同时为村集体经济年均增收2万元左右；在驻村工作队的扶持下，成立养牛专业合作社1个，为每户贫困户提供一头西门塔尔种牛犊。采取贫困户自养与合作社代养相结合的方

李家湾村村级光伏电站

改造前的李家湾村委办公场所

式经营,其中自养能促进贫困户年均增收5000元,代养能促进贫困户年均增收1000元;借助省科协科技助力扶贫,为在村居住村民每户提供26只五黑鸡苗,发展庭院散养经济,不但为村民补充了健康营养,多余的鸡蛋省科协以每颗2元的价格回购,户年均增收3000元。

通过各种帮扶措施,因村因户精准施策,李家湾村实现了户有增收产业,村有支柱产业,确保了贫困户的收入稳定。

政策落地　整村提升

李家湾村居住环境、基础设施、环境卫生等条件相对较差。脱贫攻坚以来,村"两委"、第一书记与驻村工作队通过多方努力,借助全县各项扶贫政策,一是新建了120平方米的村级组织活动场所,满足了村级"两委"组织的日常活动和扶贫队伍阵地的需求。二是新建60平方米村级卫生室,配备了2名村医轮流驻村,方便了村民的日常医疗服务。三是新建了500平方米文娱活动广场,绘制了48平方米孝德文化墙,配置16米长木制休闲文化长廊1处,配备了体育器材,新修公厕1个,成立了"爱心超市",为村民的精神文化生活和体育锻炼提供了场地。四是新建了20平方米的村民公共澡堂一间,工作日为村民全天候开放免费洗澡;五是对1.2公里通村道路进行了扩宽和铺油。六是道路绿化植树1960余株,村庄绿化4000余株,保护了生态美化了村民的人居环境。七是新建挡墙、护坡2100余米,解决了村民的出行难问题。八是自来水入户20户,结束了村民过去肩挑背扛吃水难的历史。九是积极动员在村居住村民进行户容户貌改造23户,改造旱厕15户,改造整村全覆盖,极大地提升了村庄面貌,改善了居住环境。十是改造160千伏安动力电源变压器1台,满足了村民常用农机器具对电力的需求,积极争取移动通信部门的支持,架设了信号塔和通信线路,实现了移动无线宽带网络整村全覆盖,方便了村民的通话和上网需求。

　　近几年,李家湾村在保德县、南河沟乡两级政府的正确指导下,在驻村帮扶单位以及村"两委"的共同努力下,在社会各界的关心和支持下,脱贫攻坚各项工作取得了明显成效,村庄面貌焕然一新,集体经济从无到有,产业发展循序渐进,基础设施不断完善,村民生活水平和幸福指数逐步提升。

改造后的李家湾村级组织活动场所

强化党建引领　精准发力拔"穷根"
激发内生动力　脱贫小康不掉队
——忻州市岢岚县宋家沟乡宋家沟村提升工程案例

宋家沟村地处岢岚县城东13公里处,是岢岚县的东大门,全村土地面积9738亩,其中耕地2300亩,林地6865.5亩。2014年共有246户548人,其中建档立卡贫困户69户183人,贫困发生率为33.39%。2017年实现整村脱贫。

2017年6月21日,习近平总书记视察山西来到岢岚县宋家沟村,对岢岚县易地搬迁的做法和成效给予了充分肯定,发出号召"请乡亲们同党中央一起,撸起袖子加油干!"

规划先行建新村　群众住上好房子

宋家沟村坚持"立足脱贫、着眼小康、特色风貌、有效落地"的原则,实施了易地扶贫搬迁、基础设施提升、公共服务完善、特色风貌整治"四位一体"美丽乡村建设,实现了搬迁安置和旧村提升的同步与统一。在建设过程中,坚持规划、设计、招标、施工、管理"五统一"做法,尽可能使用本土材料和拆旧材料,最大化保留了村子原有的建筑特色,新建移民安置房265间5300平方米，翻新改造旧房屋206户，将安置房平方米造价控制在1200元以内，实现搬迁户无自筹拎包入住，最大限度节省了工期、减轻了贫困户负担、提升了群众满意度。现在的宋家沟新村不仅建筑特色鲜明、公共服务配套齐全、基础设施完善，而且成为忻州市唯一的国家3A级景区乡村旅游点。

产业扶贫促增收　群众过上好日子

一是深化产业开发。围绕大棚、小杂粮、土豆、沙棘、蘑菇、经济林等特色产业，构建"企业+合作社+贫困户"利益联结机制，维修62座蔬菜大棚，联结鲁忻蔬菜专业合作社，带动15户贫困户增收，年户均增收1万元；依托国有林场、育苗大户建设340亩育苗基地，发展经济林5000余亩；引导山西薯宴食品有限公司、岢岚祥熙农牧养殖有限公司带动47户贫困户增收，户均年增收4000元；扶持宋家沟功能食品有限公司带动18户农户采摘沙棘果增收，户均年增收3000元；组建蔬菜、造林、苗圃、养殖等专业合作社，共带动农户34户，户均年增收2.2万元；建起连心惠农互助专业合作社，吸收48户村民入股，共筹集发展资金123万元，三年共分

宋家沟村爱民客栈

宋家沟村手工艺作坊

红11万余元；实施光伏扶贫联结121户农户，年分红1000元，通过金融扶贫联结47户农户，年分红4000元。

二是拓展就业门路。依托省总工会扶贫工作队新型职业农民培训站，累计培训贫困户4次168人次；以妇女手工制作和厨师培训2项为主打品牌，加大劳动力培训力度，带动12户贫困户在内的农户户均年增收1100元；开办"扶贫车间"，引进箱包厂带动30户贫困户，预计年增收8000元；增设公益性岗位，新增保洁员10名，月工资800元，雇用5名治安巡逻员，月工资400元；通过山西薯宴、正心园、新大象、祥熙农牧等企业带动，直接解决50户贫困户劳动就业。

党建引领增动力　发展走上新路子

坚持扶贫与扶志、扶智、扶能、扶德相结合，致力在贫困群众转变脱贫观念和激发内生动力上下功夫。

一是强化党建引领。随着美丽乡村建设和集中安置的全面完成，宋家沟村户籍人口增至390户813人，村党支部吸纳新搬迁户12名党员重组党支部，将搬迁户编入5个村民小组，通过党支部引领，帮助搬迁户快速融入新村生活。坚持扶贫与扶志、扶智、扶能、扶德相结合,以"领头雁""固定党日""扶贫故事会"为载体,积极开展"三送三促三培三带"服务行动,建立"爱心超市"、设立孝善基金、制定生产奖补、洁家净院奖补和劳务输出奖补办法,开展"岢岚好人""三好家庭""好公婆、好儿媳、好儿女""双心双实"评选活动,选树好典型,传递正能量,将困难群众脱贫致富的积极性、主动性和创造性被最大限度地激发出来。

二是闯出发展新路。编制了乡村旅游专项规划、景区发展总体规划,健全了旅游管理、服务、宣传相关制度,2017年以来,村内配套建设了停车场、游客接待中心、标识标牌系统,建起集体食堂、澡堂、演出舞台等设施,成立宋家沟乡村旅游合作社,组织2批次30多名村民到外地考察,引进岢岚天成旅游文化公司带动建起电商、实体店、农家乐12家,打造民宿客栈26户57间,带动户均年增收3500元。2018年以来,积极开办农产品加工作坊,开发本地特色的旅游商品、特色小吃、传统技艺手工艺品并进行非遗展演,成功举办两届"6·21"宋家沟乡村旅游季,共接待游客47万人次,创收240万余元。2019年,被山西省人民政府评为"山西省首批百家乡村旅游示范村"、被国家文化旅游局评为"全国乡村旅游重点村"。

宋家沟村旅游文化节活动

咱们村变漂亮啦！
——忻州市神池县八角镇圪坨庄村提升工程案例

圪坨庄村地处神池县北部，距县城40公里。全村辖区面积11623亩，其中耕地面积6962亩，林地面积2753亩。主要种植作物有玉米、马铃薯、莜麦、谷子和豆子等，养殖业以养羊为主。2014年圪坨庄村共有119户308人，其中建档立卡贫困户76户120人，贫困发生率为38.96%。2018年

圪坨庄村村容村貌

圪坨庄村文化墙

底,在村"两委"、驻村扶贫工作队和全村群众的共同努力下,圪坨庄村实现整村脱贫。

加强基础设施建设　提升公共服务水平

乡村提升工程开展以来,为进一步改善村容村貌、提高人居环境,圪坨庄村新建了120立方米蓄水池1座、6立方米水房1间,铺设供水管线2900米,自来水管线户户接通,饮用水水质、供水量用水方便程度和供水保证率均达标,符合地方安全饮水标准;完成了5户10人的危房改造工程,全村所有住房经住建部门鉴定,全部达到B级以上,完成老旧窑洞改造62户180间;改造了老旧电线线路,更换了2台变压器,村民生产生活用电有了安全保障;街道硬化面积达到了14000平方米,家家户户通了水泥路,方便了群众的出行,还新建了文化广场,翻新了古牌楼,村容村貌焕然一新。

强化环境卫生整治　丰富百姓文化生活

为进一步提高贫困群众生活质量，圪坨庄村结合城乡环境卫生整治工作，对村容村貌、户容户貌进行了全方位整治，建立了环境卫生整治机构，制定了工作方案，完善了考核奖惩办法。在精神文明建设方面，圪坨庄村结合自身实际，向神池县其他村学习，每周一、周五开展"夜学"活动，向村民宣传介绍扶贫政策；由电视台的播音员现场为群众宣讲各种扶贫政策，播报神池新闻，以及农牧业方面、大棚种植方面的信息；还在公示栏张贴电视台制作的全县扶贫相关部门的政策解读；通过开展一系列活动不断丰富百姓的文化生活。

激发群众内生动力　争当脱贫致富标兵

为激发贫困群众内生动力，圪坨庄村从吃苦耐劳、讲究卫生、远离灾患、重视教育、勤俭节约、移风易俗、诚实守信、遵纪守法等八个方面，分年度分别对贫困对象进行"自主脱贫光荣户""圪坨庄好人"评选，并对评选出的村民进行表彰授牌。这一活动既培养了村民的新风正气，又激发了他们的内生动力，有效地推进了脱贫攻坚工作。通过一系列正面引导，全村逐步形成了爱老、敬老、养老的良好民风、村风。

生态扶贫创"双赢" 因村施策促发展
——忻州市静乐县鹅城镇王端庄村提升工程案例

王端庄村属贫困村,地处汾河以西,距县城5公里。全村村域面积10800亩,其中耕地2155亩,林地6097亩。2014年全村共有292户816人,其中建档立卡贫困户为107户383人,贫困发生率为46.93%。2017年底实现整村退出。

王端庄村农家小院

王端庄村文化活动广场

因村施策，提高人均收入

王端庄万亩生态经济林工程是静乐县实施的生态造林精品工程，工程总面积10025亩，总投资800万元，2017年完成4530亩，2018年完成5495亩，全部工程由7个脱贫攻坚造林专业合作社完成，贫困户通过退耕补助、劳务收入和管护收入实现稳定脱贫。在实施生态造林精品工程的过程中，王端庄村注重精品绿化与一般造林相结合，重点抓好精品绿化，项目推广集流整地技术，提高造林成活率，工程实行了全面集流整地，应用大穴鱼鳞坑"品"字形整地技术，经济林应用沿等高线水平沟整地技术，有效地、最大程度地集流了天然降水，提高了造林成活率；同时应用了大容器苗脱袋造林技术，多树种块状混交造林技术，全面提升了工程建设质量。

工程区退耕2530亩，涉及198户742人，项目实施第一年人均收入达到1705元，其中建档立卡贫困户105户360人，贫困户退耕1527亩，人均收入2120元；7个脱贫攻坚造林专业合作社在实施工程过程中，共吸收建档立卡贫困户77户317人，年人均劳务收入12000元，使建档立卡贫困户实现稳定脱贫。

贫困户吕润怀给自己算了一笔账，退耕还林30.5亩，补偿收入15250元，加上参与植树造林挣下5000元、护林员每年收入6000元，这一年下来就挣下26000多元。

特色整治，建设美丽乡村

依托生态建设，王端庄村结合特色风貌整治工作，围绕构建"山、水、田、林、园"的思路建设，投资近千万元，先后出动挖掘机等大型机械789台次，投工926个，集中清理建筑垃圾等2700吨，拆除简易茅厕15处。对313省道沿线两侧排水沟渠约2000米进行了维修加固、疏浚处理，住户连接处全部覆盖水泥板。313省道西侧、宁静铁路东侧坡面进行层次景观绿化140亩；对主要街巷采取拆违建绿、见缝插绿、种植补绿的方针，主要栽植国槐、垂柳、云杉等720株。新建占地面积3.2亩，集健身、娱乐、休闲于一体的文化广场；新建2处标志文化墙；新建公厕3座；新建围墙、围栏6200平方米，并对其进行了以水泥抹面、自然勾缝、喷涂粉刷

王端庄村村级活动室

为稻草黄的立面整治；就地取材，铺设青石板人行通道4300平方米；先期重点选择11户，打造为集特色建筑、绿色菜园、桃李满园，颇具地方特色的农家小院。

智志双扶，激发内生动力

王端庄村万亩造林工程和特色风貌整治，给全村脱贫攻坚工作注入了活力，家乡的生态环境发生了很大的变化，部分贫困户也在生态治理中增加了收入，在特色风貌整治中有了更多的获得感。但是治贫先治愚，扶贫先扶志，只有双管齐下才能提振贫困人口的精气神，只有把扶志和扶智结合起来，激发广大贫困群众的内生动力，靠自己的双手建设美丽富饶的村庄，才是实施实现乡村富裕的唯一途径。

贫困户王海俊有加工豆腐的经验和技艺，但无启动资金，豆腐生意一直搁浅。帮扶干部通过耐心细致地做思想工作，并为其积极协调贷款3万元，他终于恢复了传统卤水豆腐加工坊，现在搞得风生水起，年稳定增收3万元，而且把村里乡亲们的黑豆就地消化了。

说到王端庄村的变化，村民王林奎说："万亩造林工程给老百姓带来了实惠，特色风貌整治国家给咱免费修缮了村子、院子，兜底扶持办理了低保，产业扶持提供了免费的化肥、地膜，健康扶贫更是大大减轻了看病买药的负担。"王林奎的感受和全村人是一样的。在脱贫攻坚的路上，王端庄村先行了一步，但是，他们步子不停，干劲不减。大家说："政府帮咱脱了贫，下一步要靠咱自己的双手，把王端庄村建成富裕的美丽家园！"

"四轮驱动"打造美丽乡村
——忻州市代县上磨坊乡神涧村提升工程案例

神涧村位于代县上磨坊乡政府以北4公里处,全村面积12.5平方公里,其中耕地面积1432亩,林地面积1668亩。全村以种植玉米、豆类、小杂粮为主。2014年全村共有283户588人,其中建档立卡贫困户99户225人,贫困发生率为38.26%。2016年实现整村脱贫。

脱贫攻坚以来,神涧村调结构兴产业、打井修路强基础、整治环境育新风、四轮驱动谋发展,人居环境、群众收入、产业发展以及精神文明全面提升。

神涧村文化活动广场

神淌村日间照料中心、五保户集中居住点

谋群众之所利，农民收入不断增加

神淌村无水浇地，农业种植一直是靠天吃饭，广种薄收，粮食产量低而不稳，收入徘徊在温饱线上。上磨坊乡党委政府科学规划、因村施策、精准发力，依托退耕还林，积极争取代县林业主管部门支持，连续实施山杏高接换优项目、仁用杏提质增效项目、园林村庄绿化工程等，村里建成了千亩仁用杏高产管理示范园区。特别是2018年以来，实施了占地859亩的干鲜果采摘园区建设项目，新发展近3000亩干鲜果经济林，实施了1100亩干鲜果经济林提质增效工程，新建干鲜果加工基地一处，通过实施一系列项目，把原来的资源优势转化为资产优势，林业产业成为神淌村的支柱产业。此外，在夯实经济林基础的同时，村里还积极挖掘林下经济拓展增收空间，根据贫困户的实际条件，量身定做制定了养蜂、养土鸡、养鸽子等项目。2016年一年,仅养蜂收入一项,就达到6万元,使涉及的3户贫困户顺利脱贫致富。一个昔日"粮靠天赐,果靠天赠"的穷山村变成了如今和谐富裕的小康村。

急群众之所急,异地打井破解难题

神洞村地处北高南低的丘陵地带,水资源严重缺乏,群众饱受缺水煎熬,缺水成为神洞村能否在打赢脱贫攻坚战实现全面小康中面临的最直接的问题。为此,多年来上磨坊乡党委政府积极争取上级资金解决缺水问题。2015年,省发改委批准神洞村打井立项项目,审批资金105万元。2016年10月21日,忻州市市长郑连生驻村调研,明确指出要尽快实施异地打井工程,解决神洞村人畜饮水和灌溉问题。11月,经代县水利部门探测、选点后,在距离神洞村2公里的小西庄村打井成功,结束了神洞村千年无水的历史。

神洞村进村路

解群众之所困,硬化道路促进发展

神洞村通村道路全长3.2公里,是全村270多户村民出行的必经之路。由于年久失修,路面坑洼不平,群众出行不便,更影响着全村产业发展。上磨坊乡党委政府积极争取到代县交通局道路维修资金,硬化宽4.5米的通村道路3.2公里,大大改善了村民出行难的问题,成为神洞村经济发展的康庄大道。

办群众之所盼,乡村面貌焕然一新

过去的神洞村,沟壑纵横,土地贫瘠,"晴天一身灰,雨天一身泥"是这个村环境面貌的真实写照。近年来,神洞村围绕千亩杏园发展乡村农家乐旅游,但卫生环境与现实需求格格不入。2017年5月,投资196万元的农村风貌建筑项目开工,村里相继实施了农户墙体院落巷道改造、村庄亮化、道路绿化等工程,村容村貌发生了翻天覆地的变化。2018年又新建了村级文化广场,为群众提供完善的健身设施,不断丰富村民的文化生活。神洞村过往进村的深沟成了群众休闲健身的场所,闲置的院落经过装点成了亮丽的风景,破旧的道路成了平整的沥青路,一个个"盆景"连成了一道道"风景","农家小院一条街,神洞广场享清闲"的美丽乡村呈现在人们面前,宜居、宜旅的目标正一步步实现。

长城脚下小山村　整村提升变了样
——忻州市繁峙县神堂堡乡韩庄村提升工程案例

韩庄村隶属忻州市繁峙县神堂堡乡，全村面积5.25平方公里，其中耕地面积160亩。2014年全村共有62户143人，其中建档立卡贫困户23户62人，贫困发生率为43.36%。2018年底实现整村脱贫。

韩庄村文化活动广场

喝上放心水　住进安全房

韩庄村村边有一条小溪，村里人笑称"全能溪"，全村人喝水、洗菜、洗衣服都靠它。但是它紧靠着108国道，来往的运煤车辆络绎不绝，尘土煤渣飞扬，更糟的是长时间不降雨还会断流。为解决这一问题，繁峙县政府拨付专款，新建了50方蓄水池，铺设了2600米管道，直接将自来水送到了农户家！煤泥水变成了纯净水，全村人足不出户就喝上了放心的水。

"水"的问题解决了，"住"也得有保障。村里通过住建局请来专家对全村房屋进行鉴定。鉴定为A、B级的房屋，村里不仅进行了加固，还为30户户容户貌较差的村民家安装了PVC天花板吊顶；鉴定为C、D级的7处房屋，村里实施了危房改造，最终全村无一户危房。另外还有7处闲置、无人居住的破旧房屋，村里也与户主协商，全部进行了拆除，并种上了绿树红花。

韩庄村全貌

韩庄村村内巷道

通上稳定电　连通互联网

韩庄村过去经常停电、不通网，年轻人待不住。贫困村提升工程实施后，电网升级改造了，宽带光纤也接进了村里面。乡、村两级乘东风再出击，组织干部逐户摸排，看哪些农户电线老化、供电不畅，全部重新铺设电线，保证稳定用电；看哪些农户有上网意愿，全部登记在册，报到繁峙县工信局集中接线安装。通了电，上了网，村里人不出门也能知天下事了。

走上致富路　住上整洁村

"要想富，先修路。"为进一步打造宜居乡村，村里新建了两条长600米，宽3.5米的主街道，并全部铺设了青石板；村内1550平方米的连户路也铺上了水泥路。现在，外通内联、道路平整，不仅方便了村内居民，也方便了外来人员旅游参观。

同时村子还对村内环境进行了大整治。一是村内主街道两侧有970米残垣断壁，无法修复的全部拆除，能加固的全部统一砌了2米高墙体并抹平，还新建了450米护村长坝。二是推进了有机肥替代化肥、畜禽粪污处理、农作物秸秆综合利用、废弃农膜回收、病虫害绿色防控；加强农村水环境治理和农村饮用水水源保护，实施农村生态清洁小流域建设，建设排水渠70米及下水道800米。三是改圈改厕，拆除羊圈3处，新建厕所2座，随地的羊粪不见了，羊圈整齐干净，进入羊圈也没了以往刺鼻的味道。四是在村中沿路安装28盏的太阳能路灯，村民晚饭后到广场活动，庄户人有了"夜生活"；对村主街道沿途户和文化广场可视范围内的农户房屋统一进行风貌改造，粉刷主街道450平方米，小村庄有了"文艺范儿"；以"五千花果树、万千观赏花"为目标，着力打造集经济、观赏于一体的美丽乡村，贫困村成了"花世界"。

在县、乡政府的支持下，在村"两委"和农民群众的通力合作下，韩庄村的基础设施大幅提升。街道干净平整，房屋错落有致，村庄绿树环绕、花香扑鼻。没人再去河边取水、洗菜、洗衣服，因为自来水进家了；人们晚上三五成群，互叙家常，因为路灯点亮了；身背行囊、慕名远道而来的"驴友"们，再也不用匆匆离去，因为村子里面能住了……

村子变得整洁了，环境变得优美了，整个村子的村容村貌、户容户貌焕然一新。贫困村提升让韩庄村迎来了重生，也迎来了发展的重大机遇。

产业就业助力脱贫　提升工程美化乡村
——忻州市五台山风景名胜区金岗库乡蛤蟆石村提升工程案例

蛤蟆石村距离金岗库乡政府1.5公里，距离五台山核心景区20公里，村域总面积6000亩，其中耕地面积86.57亩。2014年全村共有农户92户231人，其中贫困户33户70人，贫困发生率30.3%。2016年底实现整村退出。

蛤蟆石村新桥

蛤蟆石村文化活动广场

发挥区位优势　发展旅游产业

考虑到蛤蟆石村离五台山风景区比较近，村"两委"、第一书记和驻村工作队一致认为应该通过发展旅游产业、鼓励带动和支持贫困户创业致富。因此在乡党委、政府的大力支持下，蛤蟆石村很快便建起了自己的旅游商品销售市场，开启了发展旅游产业脱贫之路。

2016年，蛤蟆石村投资34.5余万元，在旅游干线沿线兴建了占地2000多平方米，集旅游工艺、农副产品销售为一体的商贸市场，购置42个柜台，免费提供给贫困户，又争取22700元扶贫资金，作为创业补贴，按每人200—500元标准，补贴给来市场里创业的贫困村民，以减轻大家的资金压力。当年年底，商贸市场销售收入就达到50多万元，取得了良好的经济和社会效益，成功帮助22户30名贫困村民稳定脱贫。

提升内生动力　　实现稳定脱贫

　　人穷不能志短，扶贫先扶志气。只要把贫困群众的心焐热了、思想观念更新了、大家的干劲就鼓起来了；只有提升脱贫的内在动力，实现自身努力与外界助力同频共振，才能摆脱贫困。为此，村"两委"、第一书记和驻村工作队团结协作、积极引导，搭建就业服务平台，设置清洁员、护林员、公益林管护员、生态林管护员等公益性岗位，先后聘用村级清洁员2人，每人年工资6000元；护林员4人，每人年工资4000元，公益林管护员和生态林管护员2人，每人年工资6000元，贫困户逐步摆脱了"等、靠、要"的惯性思维，通过自力更生、辛勤劳动获得了稳定的收入，实现了稳定脱贫。

提升公共服务　　建设美丽乡村

　　改善基础设施，提升公共服务，优化村庄环境，建设美丽乡村，一直

蛤蟆石村旅游商贸市场

都是蛤蟆石村整体工作的重要着力点。该村将脱贫攻坚和美丽乡村建设相结合,按照"环境美、生态美"的要求,投资240余万元进行整村整治,先后拆除严重影响村庄环境的10间彩钢房、2个猪圈、7个牛棚等临时建筑;硬化路面5700余平方米,街道两旁铺青石人行道1700平方米,打造1000余平方米的绿化带,建起1800平方米的3个停车场和1600平方米的文化活动广场,改造了136米的"文化墙",还打造了一条长300米、宽6米的高标准通村景观大道,两旁铺设有人行道,安装了20盏路灯。环境改善了,村民的心里更美了!

村民饮水问题是大事、是急事。以前,村里水路不畅,造成水量供给不足,水质浑浊,常常断水,百姓苦不堪言。后来,村集体租用机械,清淤排障,畅通水路,修建蓄水池,稳定了水源,保障了水质,现在全村人都饮用上了安全、卫生的自来水。

红白理事会解民忧。多年来,村子里家家为红白事宴没地方举办而发愁,在脱贫攻坚政策的支持下,村集体新建6间大房,成立红白事宴理事会。有了理事会,村民既能办好事宴,招待好宾朋,又能省下去饭店宾馆的大开支,赢得了群众一片称赞。

实施贫困提升 攻坚深度贫困
——吕梁市临县木瓜坪乡王家坪村提升工程案例

王家坪村隶属吕梁市临县木瓜坪乡，位于距县政府3.5公里的榆林沟。全村共有耕地1069亩，以核桃树种植为主，主要作物有玉米、马铃薯、豆类等。2014年全村总人口为248户638人，建档立卡贫困户87户222人，贫困户为发生率34.79%。2018年人均纯收入3800元左右，实现整村脱贫。

王家坪村门牌楼夜景

县乡领导在王家坪村黄粉虫养殖园区调研

提升服务，抓好组织落实

2017年村"两委"换届后，新一届村领导班子首先成功解决了大南沟被抢占村土地，为全村挽回9万多元的损失，赢得了村民认可。接着支部邀请村里能人、在外上班工作人员、党员、村民代表共商发展事宜，查找制约王家坪发展的原因和出路，收集到很多建设性意见。大家一致认为，治贫应先治愚，于是先从党员干部抓起。首先党支部要建章立制，抓好"三会一课"，支部书记开始带领党员学习党的十九大精神、脱贫攻坚政策，为党员设岗定责，提高党员干部的服务意识和工作积极性；同时积极动员村里的致富能手、技术能人领办合作社，对接贫困指导，不断壮大脱贫攻坚力量。

打造名村,创造良好氛围

内强素质,外树形象,先建小家,再创大家。王家坪村党支部确立了先改变村容村貌的第一步计划。首先,用彩钢瓦搭建村委脑畔、硬化大院、翻修涂刷办公室和外墙,建立健全村委办公机构——图书室、会议室、老年活动中心、便民服务室,修建了村医疗室,解决了多年来村民看病难的问题,并将村内环境卫生落实到户到人,全村50盏太阳能路灯全覆盖,村内面貌焕然一新,村民赞不绝口。

村"两委"与村民的距离拉近了,所有的事都变得好办了。北山上的核桃树已挂满了果实,核桃树下种植中药材,没有路怎么办?于是,村委多次向上级部门申请,在帮扶工作队的支持下,修建了一条长3公里、宽5米的水泥田间路。原本以为拓宽路面会是很棘手的事,没想到居然得到了村民极大的配合和支持,很快,路就修好了。

王家坪村村级活动场所

产业脱贫，增强"造血"能力

要脱贫就得有产业支撑，为此村"两委"两次赴河北考察黄粉虫养殖项目，通过与养殖户交心，查看资料，了解气候，最终确定了将黄粉虫养殖作为王家坪村的产业项目。考察回来后，他们就动员贫困户成立了以杨润平为董事长的"泰斗黄粉虫养殖专业合作社"，投资250多万元，建成了占地面积4000多平方米的黄粉虫养殖厂，并修建了400多米长的养殖区防洪水渠，完善安装了变压器、路灯等配套实施，保证了合作社的正常运作。合作社的建立为15户100人的脱贫奠定了基础。

之后，王家坪村又在帮扶单位临县残联的支持下，为11个残疾户每户发放绒羊6只，其中公羊1只，让其圈养，发展养殖脱贫。

现在，王家坪村人在村"两委"的正确领导下，借着胜利的东风，再续黄粉虫养殖第二期工程，并且正在推进实施电网改造和自来水改造工程。还准备利用南坪土地进行资源整合，集体管理，个人按股分红，让村民有事可干，有钱可赚。王家坪全村上下都坚信自己能够摆脱贫困，走向富裕，迈向辉煌！

穷山沟的新面貌
——吕梁市岚县社科乡冯周村提升工程案例

冯周村位于岚县社科乡政策东北方向10公里处，距离县城20公里，下辖冯周行政村和芦子、次柳、黄家岩、马家梁4个自然村。全村耕地面积2100余亩，主要种植作物有马铃薯、谷子、豆类等。2014年全村共有人口406户1249人，其中建档立卡贫困户152户473人，贫困发生率37.87%。2016年实现整村脱贫。

2018年以来，冯周村坚持按照"缺什么、补什么"的要求，围绕群众

冯周村进村路

冯周村文化活动广场

反映强烈的村容村貌"脏乱差"、公共服务能力差、组织服务水平弱等问题，深入实施贫困村提升工程，完成了以驴养殖建棚扩容、路面硬化、环境整治、村委会议室改造、戏台翻修、文化活动广场修缮、网络信号接入等为主要内容的系列提升工程，得到了群众的普遍认可。

施工队伍进农村　村容村貌大提升

过去，冯周村的进村路是红胶泥路，每到下雨，车进不来、人出不去。2018年7月，在岚县和社科乡政府的大力支持下，2280米长的"户户通"路面硬化工程完工；10月底，620米长的"村村通"村主干路工程完工；年底，村里通了公交车，解决了多年来的行路难问题。

过去，冯周村村民打电话要爬到半山腰。自从村里接入4G+信号，大家打电话终于不用"登高望远"了。2018年7月底，宽带接到了村里，村民第一次在家门口连上了WiFi。

过去，冯周村里垃圾成堆，生活垃圾、污水随处乱扔、乱倒。每到夏天，村里到处飞着成群的苍蝇，既不卫生又惹人烦。2018年10月，随着"村村通"路面硬化工程的完工，在社科乡政府的主导下，村里开展了文化墙粉刷和垃圾清运工作，全村累计完成文化墙粉刷60余米，陈年垃圾清运20余吨，增设垃圾桶20个，村容村貌焕然一新。

升级改造加修缮　公共服务大提升

按照全省健康扶贫政策要求，岚县整体部署了村标准卫生室改造工程。冯周村卫生室增配了医保结算设备、消毒器械、病床等，房间里加挂了电热器。同时，由于移民搬迁，原卫生室医生随自然村整村移民，两地往来接近10公里，日常工作只能保证移民区村民的就医需求。村委结合实际情况，协调岚县卫生局、社科乡卫生院，为村医李新明增办了执业许可证，冯周行政村，芦子、次柳自然村村民就近就医及贫困户家庭医生签约服务从此有了保障。

村里原有戏台年久失修，残垣断壁时刻有坍塌风险。在群众的强烈反映下，村"两委"研究决定，对村戏台进行翻修。2018年9月，戏台修缮全面完成，完工的当月，群众在时隔多年后，终于再次在村里看上了晋剧。此外，村里的文化活动广场完成了整修，广场实现了整体硬化，老旧健身设施得到改造升级，路灯增设4盏，群众文化活动更加丰富。

集体焕发新活力　组织能力大提升

按照2017年制订的项目计划，2018年冯周村委研究决定新增集体驴养殖业，投入项目资金80万元，新建驴棚1座，养殖存栏82头，村集体产业进一步壮大。同时，吸纳贫困户从事驴饲养、驴棚维护等工作，解决了3户贫困户的增收难题。

2018年10月，村委会议室

冯周村驴棚

新购置会议桌一张,并悉数保留老旧桌椅用于村图书室、村卫生室,村委办公环境得以提档升级,服务能力全面提升。2018年底,社科乡政府又为村里配了两个档案柜,村里脱贫攻坚、移民搬迁等资料终于有了"落脚点"。

在发展经济的同时,冯周村里开展了各类"破陋习、树新风"系列精神文明建设活动,表彰脱贫攻坚标兵村办合作社1个、脱贫攻坚标兵6人、最美庭院5户、孝老爱亲奖补110户、外出打工奖补173户、环境整治奖补378户,移风易俗工作顺利起步。

神来之笔　重塑新村面貌
——吕梁市中阳县下枣林乡神圪垯村提升工程案例

神圪垯村位于中阳县下枣林乡东部2公里，全村面积4800亩，其中耕地面积1950亩、林地面积1420亩。农作物以玉米、土豆、谷子等种植为主。2014年全村共有141户365人，建档立卡贫困户73户210人，贫困发生率为57.53%。2017年底实现整村脱贫。

傍晚时分的神圪垯新村

神圪垯村农家小院

神来一笔畅通路

解决人畜饮水问题是神圪垯村脱贫攻坚面临的第一项重要工作,在村"两委"、第一书记、驻村工作队的共同努力下,2017年7月,一口投资120万元、深度达757米的深水井终于建成,这口井圆了村里几代人的吃水梦,给村里带来了希望。

要想富,先修路。2016年11月,在中阳县委、县政府的扶贫政策支持下,村里投资45.5万元修通了1.3公里村通路,将原道路拓宽至3.5米;2017年县政府又投资50万元对核桃园区两条道路进行了硬化;投资14万元对691.6亩核桃林进行高接换优、提质增效,从此打开了这个封闭的小山村与外界沟通的大门。

产业创富促增收

金融扶贫小额贷款涉及全村24户78人，其中自主贷款8户31万元发展养殖，入股合作社6户18人，贷款期内每年每户分红3000元；中阳县委、县政府"3X+4145"产业扶贫扶持资金为43户111人注入33.3万元入股当地龙头企业，每年每人分红1000元，连续分红四年。同时利用现有梯田打造特色农业、五彩田园，现已种植油用牡丹100亩，下一步将批量种植金丝皇菊，大力发展花卉产业，为贫困户的长期有效脱贫奠定基础。

乡村旅游引潮流

神圪垯村乡村旅游，一期工程投资1200万元，重点打造民俗文化展示中心和摩托车自行车赛事基地，已建成十院连通的旅游接待中心和专业级别的标准摩托车越野赛道。2018年5月，"英雄吕梁"摩托车山地越野赛

神圪垯村村民迎接游客到新村旅游观光

在这里举行，吸引了近百名越野车手和周边3000多名观众到场。由吕梁市文化局挂牌"吕梁市汽摩竞赛训练基地"、中阳县文化局挂牌"中阳县全民健身运动基地"，经过改造和提升，不但保留了黄土高原古村落原有的生态和生活气息，留存了黄河流域农耕文明的历史脉络和文化标本，而且借鉴了中国传统建筑中其他地域的建筑意象和元素，因地制宜，以户为单元形成了独具特色的农家庭院，传承中国建筑的文化脉络，彰显民族特色的建筑风格，打造具有独特文化魅力的乡村旅游胜地。

下一步，神圪垯村将利用757米优质深井水，依托优秀的自然禀赋，大做水文章，打造以乡村生活体验为主的健康养生基地，探索健康养生与中医药保健服务的新型合作模式；围绕唐槐树下的古村落打造美术创作基地和摄影创新基地，通过大力开展各类民俗文化、艺术创作和体育竞赛活动，繁荣乡村文化、提高旅游品牌。

一个个支柱产业拔地而起，支撑起神圪垯村建设的"里子"，一步一个脚印地健步发展，见证着神圪垯村所发生的翻天覆地的变化。内外兼修打造美丽乡村高"颜值"，一幅幅"环境美、生态美、精神美、产业美"的"四美"新村画卷正在中阳大地徐徐展开。

强化党建引领　实现强村富民
——吕梁市离石区枣林乡彩家庄村提升工程案例

彩家庄村位于离石区枣林乡，距吕梁市区25公里。地处吴城古镇晋商古道和临县碛口古镇之间，是全国著名的黄河古渡碛口旅游区的主要景点之一。离碛旅游公路穿村而过。全村耕地面积1100亩，林地面积1430亩，村民经济来源主要依靠乡村旅游，红枣、核桃及特色小杂粮种植，外出务

彩家庄村整治环境卫生

清代民居青砖四合窑院维修改造中

工等。2014年全村共有149户691人，建档立卡贫困户78户277人，贫困发生率40.08%。2016年底实现整村脱贫。

建强基层组织，引领脱贫

党建引领脱贫，班子成员拧成一股劲，不怕脱不了"穷帽子"。彩家庄村始终以抓好基层组织建设作为第一要务，将全村18名党员拧成一股劲干事创业。首先从按照"六有"（有主导产业、有较好的基础设施、有完善的公共服务、有基本的社会保障、有整洁的村容村貌、有服务型村级组织）标准要求出发，高标准改造了村级活动场所，规范了相关功能室的办事流程和服务台账，完善了村级组织的功能。其次是从完善制度上出发，完善村级档案，大力推进"四议两公开"制度，通过严格的规范，真正把党的思想政治工作、从严教育管理党员、群众工作落到了村党支部，使村党支部真正成为宣传党的主张、贯彻党的决定、领导农村基层治理的坚强战斗堡垒。最后从工作实效方面出发，党员带头实践，从完善水、电、路、通讯基础设施入手，带领群众不断改善生产生活条件，发展特色产业。

发展旅游项目，促民增收

彩家庄村依托丰富旅游资源，大力发展旅游项目。由村"两委"牵头，吸收村民以房屋、土地、人头、资金投入等方式入股，于2017年成立了注册资金50万元的吕梁市彩家庄丰彩旅游服务发展有限公司，通过公司化经营、市场化运作，村民根据股份得到分红，通过劳动获得工资性收益，实现稳步增收。

"宣传带头跑，经济不用愁"绝不是一句空话。彩家庄村在宣传上下大功夫，设立了"看不尽的彩家庄"微信公众号，积极与省、市、区媒体合作，宣传彩家庄村的旅游资源。拍摄了《看不尽的彩家庄》等三部宣传片；与影视公司和艺术团体、高等院校合作，为影视拍摄和艺术采风交流

彩家庄村村民秧歌表演

提供服务，目前，电视剧《于成龙》、电影《荒城纪》《七儿娘》等一批影视作品已经在彩家庄村成功拍摄；村里还承接了陕西省书画院、首都师大、吕梁学院等艺术团体的采风接待服务，不仅提升了知名度，更让村民收获了旅游产业发展带来的经济收益。

实施民生工程，温暖民心

长期以来，彩家庄村坚持把实施民生工程与脱贫攻坚、美丽乡村建设相结合，不断提升村民的获得感、幸福感。为此彩家庄村共改造了180余套老旧房屋，使老百姓的住房安全得到了保障；同时彩家庄村投入资金40万元用于人畜安全饮水工程，使村民的饮水安全问题得到了解决。为了改善村庄的生产生活条件和生态质量，促进农村经济社会协调发展，村里科学编制了《彩家庄人居环境整治规划》，投资130万元高标准、大力度实施了环境整治工程；集中解决了村范围内"脏、乱、差"的问题，狠抓柴草乱放、粪土乱堆、垃圾乱倒、污水乱泼、畜禽乱跑等"五乱"现象。

如今的彩家庄村发生了翻天覆地的变化，2016年被省政府确定为山西省历史文化名村，2018年又入围中国最美村镇。现在老百姓的房子亮了，钱包鼓了，腰板直了，村民脱贫奔小康的劲头更足了。

夯实基础服务 提振脱贫信心
——吕梁市交口县桃红坡镇西交子村提升工程案例

西交子村位于交口县桃红坡镇西北部，距县城约20公里，下辖西交子、白家庄、窑科等6个自然村，全村占地面积6280亩，其中耕地面积1121亩，林地面积1450亩；种植作物主要以玉米、谷子、马铃薯、小杂粮为主。2014年全村共有305户872人，建档立卡贫困户160户426人，贫困发生率为48.85%。2016年底实现整村脱贫。

近年来，西交子村村"两委"按照"缺什么，补什么"的原则，突出

西交子村全貌

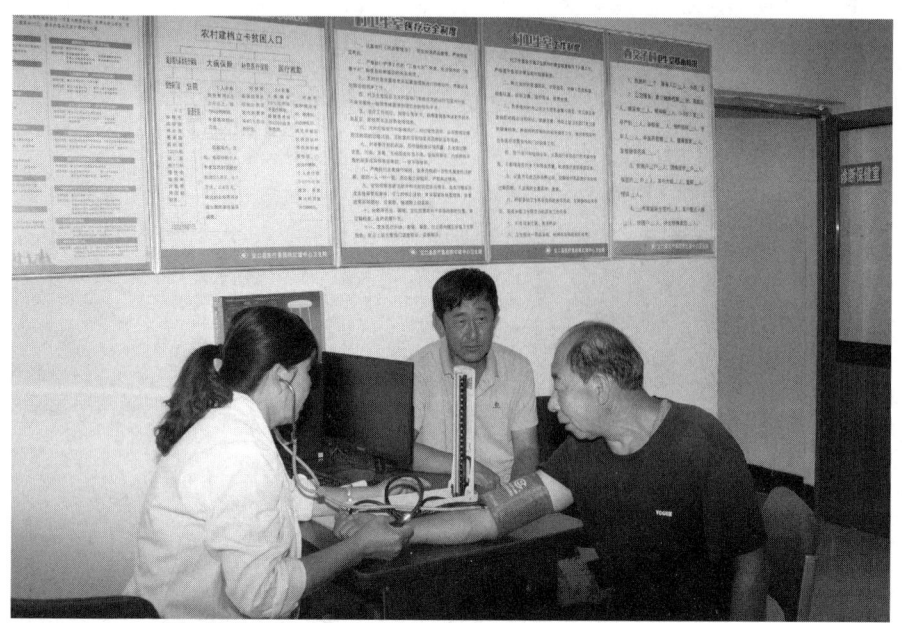

乡村医生服务群众

打造贫困村"六有"标准,着力打造脱贫攻坚定点观测点的示范典型,为交口县脱贫攻坚拿出一张响亮的名片。

产业先行,创新带动模式

西交子村坚持产业优先原则,在壮大山货采摘产业、推进订单安置劳动就业等传统产业的同时,提出"一户一棚菇、脱贫能致富"的思路,重点培育发展了香菇产业。组织村"两委"班子成员成立专业合作社,协调企业帮扶,干部带头,先行先试,瞄准反季节上市,精准组织生产;创新分红模式,采用政策性资金入股分红,实现全村贫困户全覆盖,特殊困难户有更多倾斜保障。同时村里引进河南绅士园食品加工有限公司,完成香菇交易市场、香菇深加工项目,建成集制棒、种植、交易、加工于一体的香菇基地,可带动闲散劳动力70余人,人均增收5000元,构建起了香菇产业整村覆盖、整村带动、整村脱贫的脱贫攻坚工作新格局。

强化基建,便利群众生活

目前全村6个自然村全部实现安全饮水、硬化道路、动力电力、信息通讯全覆盖。特别在饮水问题上,共投入资金120万元,完成阳冶村至西交子野干泉饮水工程建设,更换输水管道,彻底解决了全村多年以来饮水困难问题,也为后续香菇等产业发展提供了保障。2014年以来,对38户住房危房户全部进行了危房改造,确保贫困村贫困户住房安全率达100%。

增强服务,提升群众满意度

2016年西交子村进一步完善了村文化设施配套,实现村内建有便民理事厅、文化活动室、村级卫生室、健身广场、农民科技书屋、社会化管理服务中心"六有"全覆盖;2018年更是投资100余万元,投资新建了西交子村级活动场所,同时还改建了村委卫生室,达到了"四室分离",医疗

西交子村贫困户种植香菇

设施齐备的要求。

筑牢保障，确保政策兜底

西交子村村民新型农村合作医疗参合率达100%。2018年底全村27户贫困户按照低保标准应保尽保；60岁以上的贫困人口中有80人参于城乡居民养老保险参保率达到100%，136户343人贫困人口城乡居民医保参保率达到100%；全村九年义务教育普及率达100%，3名贫困家庭的学前教育儿童获得每年500元教育资助；15名九年义务教育学生享受"两免一补"；9名二本B类以上大学生一次性获得助学金5000元；5名大中专院校学生获得每年2000元资助。

改善村貌，创造宜居环境

西交子村位于孝石县两侧，植被状况良好，空气清新，森林覆盖率80%左右。村内道路整齐，路两侧均实现通道绿化，沿线有公益性岗位人员负责清理卫生。2018年实施西交子人居环境改善项目以来，绿化342棵树、庭院整治、粉刷墙壁298户，亮化路灯18盏，新增垃圾箱10个，垃圾车1个，同时进行了残垣断壁修整及清理陈年垃圾。

群众导向，创建服务型组织

该村以党建为引领，构建"四位一体"帮扶机制，驻村单位、镇、村、组干部共51人全部绑定帮扶对象，一包到底，一帮到底，打造了一支"永不撤走"的工作队。经过全村上下的共同努力，2016年村集体经济收入达到5万元，2017年巩固壮大香菇产业的同时转型发展香菇深加工产业，继续壮大村集体经济，村集体收入突破8.2万元，西交子村党支部也因此被授予"五好支部"称号，实现了"产业发展"和"党建提升"的双赢局面。

夯基础 引项目 重党建 树形象
——吕梁市汾阳市石庄镇东武堡村提升工程案例

东武堡村位于石庄镇东部,距离汾阳市区25公里,自然条件较差。全村国土面积为1551亩,其中耕地面积为1470亩。2014年全村共有262户670人,其中建档立卡贫困户78户196人,贫困发生率29.25%。

近年来,东武堡村在汾阳市、石庄镇两级党委政府的领导和汾阳市住

东武堡村光伏发电项目

建局驻村工作队的帮扶下，按照精准扶贫、精准脱贫的要求，加强基层组织建设，着力培养主导产业，着力改善生产生活条件，不断激发群众内生发展动力，全村经济社会得到长足发展，2017年农民人均年收入5000多元，贫困户年均收入增加到4000元，实现整村脱贫。

改善基础设施　让群众赞起来

"晴天一身灰，雨天一身泥"是东武堡村民出行的真实写照。为了改变这种状况，2015年以来，村"两委"在各级部门的支持和帮扶单位的协调下，投资386万元，大力实施贫困村提升工程，着力改善群众生产生活条件。具体实施了"五化"工程：即道路硬化，投入155万元，硬化扩宽通村公路1.7公里，扩宽田间道路6000米，砌筑隧道50米，筑河坝65米；立面靓化，投入30万元砌筑村内街道残垣断壁600余米，砌筑村路安全护墙700余米，建设休闲凉亭一个，粉刷墙体5300多平方米；村庄亮化，安装太阳能路灯4盏；村庄绿化，田间道路、村庄绿化，新栽树木20000余株；街道净化，累计投入人力300人次，出动车辆80车次，清理"四堆"垃圾80余吨。

东武堡村修复涵洞工程

为解决村里长期以来存在的"吃水难"问题，在包村领导、帮扶单位和水利部门的帮助下，东武堡村投入20万元实施安全饮水项目，安装饮水管道7000多米，全村自来水入户实现全覆盖。此外，村里还投入2.5万元为在村78户村民都安装上户户通；投入5万元修缮了文化活动场所，安装了健身器材；投入10万元建设了老年人日间照料中心，村级卫生室、图书室、活动休息室，为留守在村里的老人们创造了更好的养老条件。2018年又投入12万元安装了光伏发电站，实现了村集体收入破零。通过治脏、治乱、治差三管齐下，补齐基础设施和公共服务设施短板，保障了村民生活基本需求，村容村貌焕然一新，赢得了广大群众的广泛赞誉。

引进致富项目　让威信高起来

要致富必须培育和发展致富产业。东武堡村积极探索"党支部+产业基地+农户"模式，依托龙头企业带动、充分尊重农户意愿，村"两委"提供服务支持，利用产业扶贫资金38.5万元入股新大象公司，每年村集体和贫困户共计可分红5万多元。村里决定将核桃种植产业做大做强，于是村"两委"和驻村工作队多次与汾阳市林业部门沟通，争取到了核桃树的高级换优工程和提质增效项目，投入资金54万元将1200余亩核桃树进行了提质增效，1500余株差品种进行高级换优，还为农户发放化肥63吨。项目实施后，核桃每斤可增收6—8元，预计每亩增收500元左右。随着基础设施和产业项目的实施，村干部的号召力得到很大提升。

东武堡村道路硬化施工

扶贫济困，让形象树起来

2015年以来，东武堡村积极主动向帮扶领导、帮扶单位反映村情民意、工作规划和工作思路，帮扶领导、帮扶单位也结合实际，主动出谋划策，主动协调解决生产生活中的实际困难和问题，通过扎实的工作，党员干部在群众心中树立起良好形象。几年来，汾阳市人大白小勤主任、市政府王琳副市长多次到村走访慰问贫困户，了解帮扶措施，落实贫困户生活保障情况，解决贫困户实际困难。特别是协调山西东辉能源有限公司捐赠30万元，使村容村貌得到彻底整治。

自精准扶贫工作以来，汾阳市东武堡村以党建为引领，充分发挥各级党组织政治引领功能和党员干部先锋模范作用，牢牢把握引领精准扶贫的新方向，改善基础设施、抓产业促脱贫、当好扶贫先锋队。现在的东武堡村面貌发生了翻天覆地的变化，农民有了稳定的收入，入股分红稳定，村集体每年也有了3万元的稳定收入。

以"四强建设"推动贫困山区脱贫致富
——晋中市和顺县平松乡大夫岩村提升工程案例

大夫岩村地处和顺县城东,距县城19公里。全村占地面积378.48公顷,其中耕地面积1650亩。主要种植作物有玉米、马铃薯、荞麦和火麻等,养殖业以养牛为主。2014年全村共有79户200人,其中建档立卡贫困户43户118人,贫困发生率为59%。2017年底实现整村脱贫。

大夫岩村红色文化一条街

强政策精识别　体现"和顺精准"

打好脱贫攻坚战,精准识别是基础。按照省、市贫困人口动态调整常态化管理会议精神,大夫岩村全面深入展开贫困人口动态调整工作。51个包户责任人逐户逐人开展了贫困户摸底调查,长治市经信委驻村工作队就贫困识别开展了政策宣讲,村"两委"一班人按照动态调整"两公示一公告"做到了程序规范。村"两委"主干带头出列了1户4人,新识别社会兜底人员21户27人,规范家庭成员4户4人,对因灾、因病和家庭发生变故的特殊人群,新识别1户4人。

强项目重机制　突出"和顺路径"

打赢脱贫攻坚战,产业项目是保障。

一是大力发展特色农业,采用"公司+基地"的模式,引进和顺县宏田嘉利农业科技有限公司,建立火麻种植基地458亩,实行订单种植,带

大夫岩村连片火麻基地

动贫困户22户61人，人均增收2000元。

二是发展户用光伏项目，采用"帮扶+农户"的模式，长治市经信委扶贫工作队捐赠400块总价值50万元的太阳能光伏电池组件板，带动17户贫困户44人，户均年增收8000元。

三是完善土地流转机制，采用"大户+农户"的模式，种植射干300亩，种植紫苏110亩，种植苗木50亩，带动贫困户11户34人，人均增收2000元。

大夫岩村党建主题公园

四是持续实施生态建设，采用"合作社+农户"的模式，组建生态林业专业合作社，带动33户户均年受益500余元，涉及贫困户28户77人。

五是建设资产性收益项目，采用"村集体+农户"的模式，建设宏泽种植专业合作社资产性收益项目，带动42户103个贫困户，户均分红800余元。

六是创新对外出务工人员的管理，采用"工会+农户"的模式，成立大夫岩村级工会组织，吸收外出务工贫困人员103名，运用"1+4"的工作模式，确保外出务工贫困农民的稳定脱贫。

强规划巧实施　彰显"和顺面貌"

打好脱贫攻坚战，基础建设是关键。大夫岩村将拆违治乱与贫困村提升工程有机结合起来，借势解决了农村违法乱建和基础设施等诸多问题。

一是围绕生活所需实施基础设施建设工程。硬化街道4000平方米，新建党建文化广场2个，每个农户家里打了1眼储水窖，彻底解决了全村204口人、600多头牲畜的饮水难题，建设手机信号接收塔1处，配建了老年日间照料中心、村级卫生室、红白理事会多功能服务中心等公共设施，极大地方便了群众生活。

二是围绕生产设施实施基础配套改善工程。新修拦洪坝1811.15米，修复排水渠2000米，维修蓄水池200立方米，整理农田1000余亩，极大改善了群众的生产设施条件。

三是围绕乡村文化实施村容村貌提质工程。拆除临街危房23间，实施危房改造34户，彩绘墙壁1.3万平方米，绿化种植桧柏、黄叶杨、龙爪槐等风景树3000余株，安装体育健身器材8套、更新太阳能路灯18盏，极大改变了村容面貌。

四是围绕户容户貌实施"五洁净、六要六有工程"。筹集各类资金20万元，为46户修建厕所，垒切院墙6000米，安装大门21个，粉刷房屋300多间，为户脱贫、村退出提供了优美的环境。

强组织夯基础 实现"和顺担当"

打胜脱贫攻坚战，党建引领是前提。大夫岩村在村支部书记刘彦珍的带领下，认真履行党员义务和职责，充分发挥基层党支部的头雁效应，组织健全村"两委"班子，认真执行民主议事制度，完善党建活动场所，搞活了村集体经济。在大夫岩村冲在工作一线的是党员干部，坚守在最苦最累岗位的是党员干部，带头发展产业的仍是党员干部。2016年以来，全村27名党员全部与贫困户结成帮扶对象，为村民义务劳动累计200多个工作日，为村民办好事实事300多件，为村集体创收20多万元，连续10年获县、乡红旗党支部和五星级党组织荣誉称号。

科学推进提升工程　齐心共建美丽乡村
——晋中市昔阳县沾尚镇新口上村提升工程案例

新口上村位于昔阳县西部沾岭山上，昔榆公路北侧，距离县城18公里。全村耕地面积1300余亩，林地60亩，支柱产业为农业，以种植玉米、蔬菜、小杂粮为主。2014年全村共有257户581人，其中建档立卡贫困户46户58人，贫困发生率9.98%。2016年实现整村脱贫。

自2017年实施贫困村提升工程以来，按照昔阳县委、县政府的总体部署，新口上村村"两委"坚持以打赢脱贫攻坚战为目标，以基础设施建设

新口上村光伏项目

新口上村舞台

与特色产业发展为支撑,坚持党建统领,教化育人,极大地改善了群众的生产生活条件,村风民风发生了很大变化。

坚持基础为先　补齐发展短板

基础设施是脱贫攻坚"最后一公里"。新口上村以改善提升"水、电、路、网、暖"等重点设施为先,针对饮水、住房、电力、互联网、通村公路等设施短板,分阶段增加投入,不断加强全覆盖力度提升质量,进一步健全村级组织活动场所、村级卫生室、文化活动广场、标准化幼儿园、大众食堂、大众澡堂、红白议事大厅、街心公园、老年人日间照料中心等便民服务体系配套工程,同时强化农村养老保险和合作医疗精细化管理,切实发挥低保作用,极大地改善了群众的生产生活条件。

坚持产业引领　增强发展后劲

为巩固提升脱贫质量,进一步发展富民产业,新口上村立足自身实际,明确定位,培育了一批带动力强、影响面广的扶贫产业。

一是突出特色，因地制宜培育特色优势产业。针对新口上村生产区域相对集中、田土平整的特点，积极鼓励引导村民发展蔬菜种植产业，2019年发展蔬菜种植面积300亩，亩均产量8000斤，亩均纯收入1000元，成为村民致富增收的重要渠道。

二是敢于尝试，创新产业扶贫利益联结模式。探索出了"村集体+合作社+贫困户"的中药材种植利益联结扶贫模式，村集体将复垦的30余亩耕地流转给昔阳县红星蔬菜种植专业合作社，实施玉米套种柴胡项目，并负责统一管理、运营及销售，10户贫困户参与年底分红，预计每年可带动贫困户户均增收600元。

三是用足政策，全力争取扶贫项目资金。集中式光伏电站年度收益9.8万元，收益全部用于扶贫公益岗位开支、开展小型公益事业、设立扶贫奖励补助等方面，带动17户贫困户直接增收。

坚持党建统领　凝聚发展合力

新口上村党支部探索出了"设岗定责"和"承诺践诺"两大创新举

新口上村公共祠堂

措,按照"按需设岗、因事设岗、以岗定责、责任到人"的原则,设立了政策法规宣传、治安民事调解、党务村务监督、科技致富示范、青少年思想政治教育等10个岗位,为20名无职党员搭建了想作为、有作为、争作为的平台;同时根据党员分类和岗位特点,深入组织开展"一名党员一面旗帜,一句承诺一份责任"为主体的党员服务承诺践诺活动,经党支部审核后,向党员群众公开,自觉接受监督,促进党员发挥先锋模范作用,使党员为民服务有目标。全面推进村级党组织标准化建设,坚持问题导向,建立工作台账,实行销号管理,逐项对标创建,建立党建周汇报、村干部绩效与脱贫攻坚相挂钩工作等机制,强化村干部工作实效。

坚持教化育人 提升乡风文明

在全力实施一系列重大工程的同时,新口上村还大力开展村风民风教化工作,在环境卫生整治工作中,结合本村实际,提出"一宣,二会,三行动,四落实,五坚持"的举措,全面整治乡村环境问题。抓好党员带头示范,全村42名党员公开亮明身份,并在自家门口悬挂"讲政治,做政治上的明白人;讲团结,做顾全大局的带头人;讲奉献,做党员群众的贴心人;讲规矩,做遵纪守法的模范人;讲道德,做作风正派的高尚人"的牌匾。认真开展"两示范一标兵"评选活动,评选出了一大批"脱贫争先示范户""孝心之家示范户"和"卫生家庭标兵",用身边的先进典型教育和激励全体村民。充分挖掘乡土文化资源,投资5万元建设了社会主义核心价值观、法治一条街、廉政一条街、新口上村烈士陵园等多处文化景观,每年的重阳节坚持为全村60周岁以上的老年人集体过节,建设了新口上村便民大厅,积极倡导节俭办事,鼓励破除铺张浪费陋习,树立节俭办婚新风尚。如今的新口上村,做新人、树新风、建新貌,传承良好家风,成为每一个新口上村村民的行动自觉,为全面打赢脱贫攻坚战营造了良好的社会氛围。

多元主体引领脱贫 全民共享发展成果
——阳泉市郊区杨家庄乡庙岭村提升工程案例

庙岭村位于阳泉市郊区东部,距杨家庄乡政府4公里,是杨家庄乡3个贫困村之一,村域面积2平方公里,其中耕地260亩。2014年全村共有68户150人,其中建档立卡贫困户33户78人,贫困发生率为52%。2016年实现整村脱贫。

多元主体助脱贫

2016年初,针对群众缺乏果树管理经验和劳力不足的现状,杨家庄乡党委政府和村"两委"审时度势,引进了阳泉森乐农业有限公司,对全村103亩扶贫果树土地进行流转托管,每亩600元的流转费惠及全村每一户群众。有劳动能力的人还可以到森乐农业有限公司打工创收,广大贫困户实实在在地体会到了脱贫攻坚带来的实惠,群众心里乐开了花。

森乐农业进驻之后,实施了林下套种,发展了大棚蔬菜,在荒山荒坡上栽种了黑枸杞,试种了黑玉米、黑土豆。2018年又新建了简易大棚,试种了13种特色水果,乡村休闲农业观光项目初具规模。乡、村两级干部也争取到上级支持,新建了容量200立方米的蓄水池,完善了果树灌溉配套设施。

庙岭村道路硬化前

以森乐农业为引领,庙岭村多点开花,组建了14户贫困户组成的龙腾种植合作社、创办了妙龄旅游公司、引进了腾禾种植合作社,实现了"一村多主体、致富多渠道"。

环境整治换新颜

习近平总书记指出,改善农村人居环境,建设美丽宜居乡村,是实施乡村振兴战略的一项重要任务,事关全面建成小康社会,事关广大农民根本福祉。庙岭村发出"老少齐上阵,旧貌换新颜"的行动口号,于2018年1月开展了"冬季行动",对村内环境卫生实施大整治。共清理积年垃圾100余吨,砌筑护坡500余米,人居环境得到有效改善。随后,又种植各类花草树木3000余株,进一步美化了环境。还组织了由贫困户组成的卫生保洁队伍,负责清扫街道、倾倒垃圾。

小厕所连着大民生。为改变生活污水门前倒的旧习惯,彻底整治污水乱排的乱象,为发展乡村旅游创造条件,庙岭村借着"厕所革命"的东风大刀阔斧展开了"革命"。2017年铺设了2000米污水管网,2018年7月启动了旱厕改造,截至2019年11月底,已改造水冲厕所28座,并安装了粪污无害化处理设施,将厕所改革做到一步到位,预计2019年年底前全部完成。

"智""志"双扶显成效

　　扶贫先立志,致富靠自己。庙岭村广泛动员群众参与,举办脱贫攻坚扶志扶智讲习班,先后邀请各级专家举办了香猪养殖技术、苹果树规范管理技术和蔬菜育苗管理技术等技能知识讲座,为整村脱贫提供了"智"和"志"的支持。改造民宿民居、发展农家乐,成功举办了"扶贫一家亲——乡村旅游""西瓜采摘烧烤节"等大型活动,积累了口碑,带旺了人气。如今的庙岭村,房前屋后花红柳绿,大街小巷干净整洁,休闲农业初见成效,乡村旅游方兴未艾。

　　脱贫后的庙岭村正在以一种全新的姿态等待着在乡村振兴的大潮中振翅高飞!

庙岭村道路硬化后

实施提升工程　助力脱贫攻坚
——阳泉市盂县西潘乡铜炉村提升工程案例

铜炉村位于盂县西部，距县城50公里，是西潘乡7个贫困村之一，全村总面积13114亩，其中林地面积6157亩，耕地面积1023亩，传统产业是种植业。2014年全村共有人口130户280人，其中建档立卡贫困户71户113人，贫困发生率为40.36%。2018年实现整村脱贫。

发展产业项目　夯实脱贫基础

铜炉村以种植业为主，且老龄化严重，脱贫困难较大。自脱贫攻坚工作开展以来，村"两委"坚定扛起脱贫攻坚政治责任，牢固树立"党建+脱贫"的理念，积极联合帮扶单位，强化"三基建设"，充分发挥支部引领推动、三支队伍帮扶、公司企业带动、干部先行示范、党员先锋带头等作用，切实把党的政治优势、组织优势和资源优势转化为扶贫优势，大力发展产业项目，调整农业结构，为打赢打胜脱贫攻坚战奠定基础保障。一是利用靠山有水的资源优势，发展养殖项目，先后投资40万元，新建了养牛基地，建设了牛棚护栏，购买优质品种牛20头，生产小牛6头，共计26头。由于养殖项目见效慢，成本高，为进一步提高效益，减轻村级负担，

铜炉村村容村貌

目前，该村已和盂县恒延养殖有限公司签订了合作养牛协议。合作时间5年，公司每年交铜炉村委会收益分成，第五年协议到期后，公司将签协议时的26头牛如数归还铜炉村。二是利用政策优势，发展光伏发电项目，投资24万元新建了32千瓦光伏发电项目，目前已全部建设完成并已并网发电。三是利用种植优势，帮扶单位积极开展消费扶贫活动，阳泉市煤气公司以高于市场价收购村民小米、土豆、核桃、玉米面等农特产品，为贫困户增收。

实施提升工程　筑牢发展基础

铜炉村历史悠久，底蕴深厚，房屋错落有致，是一座古村，但基础设施建设稍有滞后，为高质量完成脱贫任务，该村积极实施提升工程项目，致力于完善基础设施建设，提升公共服务能力，美化环境改善村容村貌等。一是铜炉村背靠铜炉寨，全村有一半人家没有接通自来水管道，吃水不便，原有蓄水池小且年久失修，管道老化，不能满足全村吃水需求。

铜炉村光伏发电项目

2018年该村确定了修建蓄水池，铺设管道提升工程，盂县水利局投资20万元，解决全村吃水问题，山泉自来水成功送入各户，村民饮水安全得到了保障。二是改善村容村貌，大力实施清洁工程，粉刷墙壁，修建围栏和照壁，亮化美化环境，使铜炉村面貌焕然一新。三是建设文化活动阵地，投资1万元，修建文化广场，配备健身器材，丰富群众的精神文化生活。

多措并举攻坚　激发内生动力

铜炉村通过发展产业项目、提升工程、健康扶贫等，想方设法增加贫困户收入，改善群众生产生活条件，鼓励有劳动能力的贫困户到养牛场内打工；无劳动能力的进行兜底脱贫，有农特产品的贫困户，帮扶单位对其产品进行高价收购，提高贫困户收入；养牛、光伏发电项目均与贫困户建立了利益联结机制，按照收益和分配比例为贫困户分红；第一书记、驻村工作队到贫困户家中进行扶贫政策宣讲，宣传"三保险三救助""136"政策等，国家为贫困户缴纳医疗保险，减轻贫困户负担；鼓励子女赡养老人，发放孝亲敬老奖励等。通过让贫困户积极参与到多种脱贫措施中的方式，充分激发贫困群众内生动力，转变思想，依靠自身努力增收脱贫，过上好日子。

目前，铜炉村通电、通网、通水泥路，自来水接入各户，建有村卫生室和文体活动健身器材等设施，村内街道干净整洁，环境优美。同时利用古村资源，大力发展旅游业，申请专项资金维修市级文物文殊寺，彻底改变贫困村面貌，群众幸福感和获得感大幅提升。

铜炉村修建蓄水池

铜炉村养牛项目

合力攻坚谋发展 南庄旧貌换新颜
——长治市平顺县阳高乡南庄村提升工程案例

南庄村隶属长治市平顺县阳高乡，地处浊漳河南岸，距县城50公里。全村面积10338亩，其中耕地面积530亩、林地面积6000亩。主要种植作物有花椒、玉米、马铃薯和豆子等，养殖业以养猪为主。2014年全村共有219户647人，其中建档立卡贫困户78户267人，贫困发生率41.27%。2018年底实现整村脱贫。

近年来，南庄村在阳高乡党委政府的正确领导下，认真贯彻落实党的十九大及十九届二中、三中全会会议精神，坚持党建引领，狠抓"三基建设"，聚焦民生短板，以开展村容村貌、环境卫生整治为突破，以完善基础设施、提升公共服务、拓宽增收渠道、夯实产业发展基础为抓手，全力助推脱贫攻坚和乡村振兴，取得了明显成效。

干群同心整环境 村容村貌大变样

南庄村干部群众为摆脱贫困，干部带头，群策群力，战天斗地，积极投身脱贫攻坚热潮。村"两委"全部出动，组织村民集中开展村容村貌和环境卫生整治，1台小挖机、4个三轮车连续作战10多天，拆除残垣断壁、清运生活垃圾、新建6个垃圾池、清除枯树杂草，实施河沟、护岸治理工程。短短几个月时间，村容村貌大变样，群众生活环境和卫生整治迈上新台阶。

立足优势兴水利　增收渠道再拓宽

2015年以来，南庄村投资75万元，硬化1700米末级渠，对旧的倒虹管道进行全面修复，新架3000米倒虹管，以前15天才能完成一次灌溉现在只需3天，不仅节省了时间，而且提高了效率；拓宽改造河滩菜地田间路1000米、河沟至通放滩田间路500米；修建河滩至岩返、北涧至河西坡、学校至葡萄坟、园滩至调车场的4条田间路全长4.2公里，现已全部完工；投资40万元，修建长6公里宽3.5米的紫砂石压道田间路已全部完工；投资15万元，新建2个蓄水池（共500方）、1个泵站，将150亩旱地变成了水浇地，每隔50米一个水口，村民浇地再也不用发愁。如今的南庄村，花椒种植面积扩大到200亩，全村530亩农田基本实现了路网、水网全覆盖。

南庄村文化活动广场

凝心聚力强基础　幸福指数显提升

南庄村护村岸

南庄村世世代代吃的是漳河水，但水源地面临枯竭。经多方考察，发现离村4公里的东郊沟有股山泉水，水质清澈，没有污染，可以作为南庄村的水源。村"两委"经过多方奔走，落实专项资金20万元，实施了安全饮水工程，工程沿后石公路铺设Φ110（1.0MPa管道）2900米到南庄村现有的蓄水池，彻底解决了群众的吃水问题。

2016年，南庄村在长治市委政法委的大力支持下，使用20万元帮扶资金对主街道进行了拓宽，使用长治市水利局河道维修资金26万元，在旧有涵洞上填土平整硬化，开辟出一个1000平方米的沥青路面停车场，并在通村水泥路上修建了多处错车道；平顺县交通局投资85万元，新修建1.5公里的柏油马路直通到村里。在此基础上，南庄村先后实施了北汕护岸工程、打麦场硬化工程、花椒烘干项目、沙滩田间路护岸工程、上庄街文化活动广场建设、雪亮工程（监控探头）、村委场地硬化等项目，给村里的老百姓带来了实实在在的实惠和便利。

因地制宜壮产业　亮点纷呈促发展

2017年总投资210万元的全自动水抛粪生猪养殖项目建成，为实现村集体经济破零和群众脱贫增收奠定了坚实基础。该项目采取"企业+公司+农户"的模式,村集体负责猪舍及水电路等基础设施,大象公司负责提供猪苗、饲料、药品、防疫、保价回收,实现了"养户销路不发愁,技术有保障,市场无风险,资金无压力"的利益共享运作模式;投产达效后,年收益可以达40万元,贫困户不仅每年可以拿到4000元的分红,村集体还可以再拿出40%的收益补助给无劳动能力的特困户。

在产业发展上,南庄村本着"多点开花,均衡发展"的原则,在龙头带动发展养殖的同时,充分利用和挖掘独特的地理位置优势和丰富的旅游资源,确立了"开发旅游产业"的发展思路,以乡村旅游业为中心,以农家乐、采摘园为依托,以红色、绿色产业为重点,以村民增收为目标,大力发展红色旅游和绿色生态旅游。

蓝图绘就,只争朝夕。幸福生活是靠锲而不舍的奋斗换来的,在十九大浩荡春风的指引下,在脱贫攻坚和乡村振兴的大好政策带动下,一个崭新的南庄村正在崛起,村容整洁,产业兴起,正气高扬,民心和顺,南庄村的明天会更好!

"三足鼎立"稳步疾驰奔小康
——长治市壶关县东井岭乡塔店村提升工程案例

塔店村位于壶关县城东南35公里,由8个自然村构成。全村面积5.73平方公里,其中耕地面积1900余亩,林地面积4700余亩,村主要种植作物有玉米、土豆、谷子和豆子等,养殖业以养猪为主。2014年全村共有395户1080人,其中建档立卡贫困户246户653人,贫困发生率60.46%。2018年底实现整村脱贫。

立足党建聚民心

凝聚民心是开展所有工作的前提和基础,而要凝聚民心的前提则是夯实党建基础。一是由包村干部、第一书记、工作队长牵头深入全村27名党员家中,谈心交心、了解情况,统一思想、凝聚意志,强化了村支部班子,充分发挥了基层党组织的战斗堡垒作用。二是加强阵地建设,建立健全各项党建制度,扩建了村党员活动室,改善了党员学习环境。严格落实"三会一课"制度,积极推行"三步四循环"(一月一步骤、月月有主题、三步一周期、一年四循环)工作法,深入推进"两学一做"学习教育活动开展。

通过不断学习提高、规范组织生活、加强党员管理，支部建设得到了全面加强，脱贫攻坚工作在党组织的引领下最大限度地凝聚了民心士气，各项工作扎实推进。

立足基建促提升

塔店村全面开展抓党建促脱贫攻坚、促乡村振兴，创建"六好红旗村""六好示范户"活动，在所有贫困户中开展了"八改八要"达标工作。

以改水为切入点，塔店村大力开展安全饮水工程，修建高位蓄水池1座，新建7个供水点，彻底解决了困扰塔店村的用水难题；实施危房改造工程，对住房条件不达标的35户贫困家庭，全部按规定落实了危房改造，全村居民住房安全有保障；优化基础设施建设，村里多方筹资，先后投入100万元，整修村级活动场所15间、碾坊1间；硬化活动广场2000余平方米；改造进村公路1.1公里；翻修村内破损道路2100米；修筑护坡护岸2200米，使塔店村的公共基础设施水平提升到一个崭新的高度；全员整治

塔店村村名牌

环境建设美丽乡村。先后拆除违建18处1715平方米，腾退土地3000平方米，拆除残垣断壁及占道建筑114处，加固护墙300余米，全面清理了乱堆乱放的杂物和生活垃圾。该村在推进环境整治的同时，通过签订责任书、建立卫生"红黑榜"，做到了空地见绿、户户养花，处处充满生机和活力。

立足产业谋发展

"输血"只能强基固本，具备"造血"功能，才能在奔小康的路上走得长远，走得坚定。塔店村紧紧扭住增加收入这个关键，立足产业谋发展。一是依托国家扶贫政策，大力发展光伏产业，让荒山荒坡开出"太阳花"。投资62万元修建了100千瓦的光伏发电站，预计入网送电后每年能产生9万元左右的经济效益，实现塔店村集体经营性收入破零目标。二是结合塔店村地理环境和气候特点，因地制宜推进特色产业发展。村里联系实际，确定了管理较为简单的连翘种植产业发展规划，并无偿为村民提供连翘苗。2018年共利用退耕还林地、坡地种植连翘200亩、4万余株，两

塔店村光伏发电站项目

塔店村党员活动场所

年后可进入采摘期，预计盛果期每年每亩可采摘连翘250斤，以每斤8元计，每亩每年预计可产生2000元的可观收入，直接惠及全体种植户。

　　砥砺奋进新时代，小康路上再出发，塔店人凝心聚力，实干苦干，正朝着全面建成小康社会的目标阔步前行！

发展田园经济 走出富民路子
——长治市武乡县丰州镇魏家窑村提升工程案例

魏家窑村地处武乡县中部，距县城3公里。由魏家窑、西则底2个自然村组成，全村有耕地面积1990亩，主要种植作物有玉米、谷子、小杂粮和蔬菜等。2014年全村共有330户895人，其中建档立卡贫困户117户353人，贫困发生率39.44%。2017年底实现整村脱贫。

党建引领 点燃引擎

"火车跑得快，全靠车头带"。魏家窑村党支部坚持民主集中制，定期召开党委会，凡重大问题都拿到村班子和村民大会上集体讨论，让权力在群众的监督下运行。确立了党支部在村级经济社会发展中的主导地位，把党支部建在产业链上，建立了"党支部+农户"的"1+1"党建新模式，使党支部设置由传统以区域为主的"块状"格局，转变为以产业为主的"链状"格局，使党的组织网络与村级产业网络相融合。为发挥党员先锋模范作用，每年年初与党员签订《党员承诺书》，按照"党员+"的模式，对村级确定发展的10个产业项目，全部由工作队、第一书记、村"两委"干部包联推进，已取得初步成效。同时，村党支部还按照"突出重点、因地制宜、自主自愿"的原则,开展无职党员设岗定责活动,设置采摘园监督指导岗、维护社会稳定岗、科技示范岗等6个岗位,引导广大无职党员掀起比、学、赶、超的热潮,发挥先进典型的引领辐射作用。

脱贫攻坚 基础先行

坚持"基础先行",注重改善基础环境。魏家窑村先后投资400万元修建了戏台、文化场所、广场,硬化村道、安装路灯;投资110万元打井1眼,修建蓄水池1座实现户户通自来水;铺设管道5000米,完成核桃树接水灌溉800亩,改善了农田基础设施建设。优化周边环境,打造和谐宜居魏家窑。拆除违建4处,清理河道500米,种植柳树600棵,松柏240棵,修建树池800个,绿化面积400平方米。党员带头、群众参与的环保队伍,在全村开展"五清五改一绿",实现了"绿、净、美"的生产生活环境。对支部活动场所、老年活动室、文体活动室、篮球场等场所进行精致划

贫困户承包种植的草莓

魏云中侍郎故居

分，满足了广大村民的文化需求；完善农民书屋，购进涉及科普知识、果蔬种植、名人著作、诗集散文等多种图书1000余册，让村民畅游"书海"。

产业当头　多轮驱动

魏家窑村抢抓武乡县创建"国家全域旅游示范县"的机遇，充分发挥旅游资源优势，谋在点上、干在实处、走在前列。按照侍郎故居观光—草莓、车厘子采摘—开心农场采摘"半日游"的思路，投资52万元修缮了明朝万历朝太仆寺正卿魏云中故居，积极发展乡村休闲旅游，壮大村集体经济。投资23.1万元，建成30千瓦光伏电站1座；投资20万元新建小杂粮加工厂，解决贫困户就业岗位5个；投资35万元新建45亩农耕文化园，带动贫困户10余人；投资30万元建成武乡县卓源服装加工厂，带动51户村民实现增收；投资10万元发展种植菊花约3亩，采取"党支部+贫困户"的模式，每亩村集体可增收2万余元。农区变景区，田园变公园，产品变礼品——这是魏家窑村勾画的蓝图。深耕传统农耕资源，发展乡村旅游，打造田园综合体，一场乡村世界的美丽嬗变在这里精彩演绎，一条生产、生活、生态融合发展之路在这里次第展开。

魏家窑村双孢菇产业项目园区

党建引领促发展　产业撑起致富路
——晋城市沁水县张村乡瑶沟村提升工程案例

瑶沟村隶属晋城市沁水县张村乡，是沁水县28个贫困村之一，辖区总面积6平方公里，其中耕地1700亩，林地3200亩；2014年全村共有133户334人，其中建档立卡贫困户54户186人，贫困发生率为55.69%。近年来，瑶沟村积极响应脱贫攻坚的号召，坚持党建引领谋发展的工作思路，加快脱贫攻坚步伐，于2018年底实现整村脱贫，2019年村集体收入预计将达到15万元以上。

夯实基础抓党建　凝心聚力谋发展

"群众看党员，党员看干部，干部看支部"瑶沟村党支部书记张引来说，"村里要发展，首先要解决党支部战斗力不强的问题。"村里的党员老龄化问题严重，在面对脱贫攻坚中出现的新问题、新情况，缺乏应对的能力与手段，如何尽快解决这一问题，村"两委"和驻村干部进行了多次商议。最后，在张村乡党委和帮扶单位党支部的大力支持下，瑶沟村党支部探索出了一条党建联动、互促共进的"三级联动"工作机制。

"党支部联动、党小组联动和党员联动，通过各种活动和专题学习，

瑶沟村光伏发电站

进一步严格了党的制度，规范了组织生活，提高了村党支部带领全村群众脱贫致富的信心。"村党支部副书记赵锁龙说，"在脱贫攻坚中，党员要起到表率作用，党支部要起到引领作用。"瑶沟村党支部和帮扶单位沁水县委组织部机关党支部以"破除思想桎梏、规范党建工作"为重点，在支部建设、能力提升、脱贫攻坚、服务发展、解决问题等五个方面深入学习交流，联合开展了上党课、党性教育学习、重温入党誓词、义务劳动等党日活动，实现了互促互进、双向共赢。

多措并举抓产业　精准发力促脱贫

村里要发展，群众要致富，就要大胆上项目、实现大发展，需要村"两委"干部和党员群众共同谋划产业项目，推动产业项目提质升级。

"我们村的生猪养殖场给集体交付了4.5万元，养羊专业社的协议也签了，隔壁老张已经在猪场干活，每月能赚八百多元。"村里陈会计说，

瑶沟村生猪养殖基地

2016年全村招商引资2300万元，建立了万头生猪养殖场，每年可以收取4.5万元帮扶资金的同时，还为每户贫困户发放1000元分红，并优先提供了就业岗位。"我们村养羊合作社每年给村集体3350元帮扶资金，还让8户贫困户入股分红，不要本金就能领到钱。"村里争取财政投资79.8万元建立的光伏发电站，每年将增加集体收入10万多元，持续受益15年。

随着农村集体经济的发展壮大，全村24户44名贫困户，人均年收入由不足2800元增加到5000元，部分贫困户全年收入达到了3万元以上。

因户施策抓帮扶　提升群众满意度

在帮扶贫困户方面，瑶沟村和驻村干部通过精准分析致贫原因、精准制定帮扶措施、精准测算帮扶成效，因户因人设计了精准脱贫计划，确保每个贫困户都能够享受到具体实在的帮扶政策。

"三个精准，确保帮扶政策不落空"张引来书记说道，"在帮扶干部的努力下，我们对全村贫困户享受的政策进行了梳理，确保让每一个贫困户都享受到应有的政策。"通过梳理，全村24户贫困户中，有6户6人享受低保五保政策，15户16人享受养老金政策，3户3人享受尊老金政策，6户6人领取残疾人生活或护理补助，并且还享受教育扶贫、医疗救助、产业分红等多项帮扶措施。

勠力同心抓民生　村民共享脱贫成果

"村集体经济得到了改善,就要在改善人居环境上做文章。"张引来书记说。村里要采取"财政争取一部分、职能单位帮扶一部分、本地企业支持一部分、村里自己解决一部分"的方式,大力推进脱贫攻坚基础设施与公共服务建设。

几年来,瑶沟村坚持以群众满意为根本目标,想群众之所想、急群众之所急、应群众之所求,多方争取政策和资金支持,引水修路上项目,切实提升群众的满意度和获得感,先后新建了瑶沟村饮水工程、河道防护工程、15公里高标准的田间道路、村文化活动广场、200平方米文化宣传墙,积极推进村"四好农村路"建设,切实改善了村容村貌。

如今,瑶沟村的集体经济不断壮大,村民出行道路更加便利,开展文艺活动有了场地,村庄环境日益优美,群众生活越来越好,幸福指数越来越高。

瑶沟村村内巷道

坚持"三步走" 秦山绽新"秀"

——晋城市陵川县西河底镇秦山村提升工程案例

秦山村位于陵川县西河底镇东南5公里处,由秦山、井沟、南山头3个自然村组成。全村总面积5.8平方公里,耕地总面积7144.5亩,其中耕地2549亩,林地4595.5亩,常年以玉米种植为主,是一个典型的、经济来

秦山村文化大院

秦山村民喜迎谷子丰收年

源单一的传统农业的行政村；2014年全村共有214户626人，其中建档立卡贫困户124户363人，贫困发生率为57.99%，于2016年实现整体脱贫。

近年来，秦山村在当地政府和帮扶单位的扶持下，坚持特色产业、基础设施、扶贫扶智"三步走"，不断朝着壮大集体经济、增加村民收入、改善基础设施的目标前进，使该村发生了翻天覆地的变化，绽放出一片新秀。

兴产业　助脱贫

为帮助贫困户可持续增收，秦山村依托泽州县巨能晶源新能源有限公司，在全村30户农户屋顶安装太阳能板，共涉及121人，户均每年增收800元。村集体也安装了集体光伏15千瓦，每年能收益1.5万元，收益的40%为村集体收入，60%用于贫困户特困补助，增加村民和集体的收入。

考虑到谷子是当地特色农产品，村里还建设了谷子基地，项目涉及所有贫困户。通过喜禾金小米专业合作社带动,提供"六统一、三保障"服务,对贫困户完成谷子种植技术培训、发放谷种、肥料及谷子收购等工作,合作社以高于市场价每公斤1元收购贫困户的谷子,使得贫困户亩均增收250—500元,促进村民增收。

为了消除贫困,秦山村还积极建设连翘基地。2016年、2017年共争取资金15万元,分别投资建设了200亩荒山荒坡标准化连翘种植基地60余亩的连翘侧柏种植项目,同时建立了与贫困户利益联结机制,户均可增收1760元。

抓基建　利民生

由于秦山村的道路不通畅,引进企业、村民种植、发展旅游等都受到了影响。

2017年,在帮扶单位的支持下,村里协调交通部门投资667万元打通

8.4公里的"山河路"

了一条8.4公里的"山河路"。路通后，既方便了村民出行，又将村子与景区连通。不到一年的时间，秦山村就引进企业承包土地1000亩，壮大了集体收入。

二十多年前，秦山村修有1方生活用水池，但自从2001年秦山村每家每户都接通自来水后，这个生活用水池就变成了生活垃圾池，臭气熏天。一到刮大风的时候，垃圾满天飞，有的甚至能从池里飞到老百姓的院子里。2017年，在上级部门的支持下，秦山村争取资金80余万元，将水池改造成了集公园、健身、休闲于一体的广场，不仅改善了秦山村的环境卫生，还大幅提升了村民的幸福感。同年，村里又进一步完善了文化墙建设、夯实土墙、增设绿化带等。自此，那个脏、乱、差的破村落便失去了踪影，小山村换了新颜色。

提民智　树民志

秦山村注重有针对性地扶志与扶智，激发贫困群众自我发展的内在动力，彻底拔除"穷根"、消除贫困。

村干部联系省内高校，开展了红十字关爱农村妇女、儿童、空巢老人志愿服务活动。每年进行为期一个月的广场舞教学、课业辅导、兴趣爱好培养、关爱老人服务。

帮扶单位晋城市委组织部还组织了"新时代讲习快车"和"走进秦山，联户联心"主题党日活动，宣讲十九大精神、过政治生日、讲解如何战胜贫困，用精神力量促进脱贫攻坚走向胜利，通过理论宣讲、文艺节目、文明宣传、志愿服务、技术培训、便民服务等丰富的形式，帮助村民开阔视野、增长见识。

为建设一个固定的文化活动场所，2018年，秦山村得到民政、文化、宣传等部门的支持，开始修建占地2200平方米的文化大院。文化大院包含舞台、日间照料中心、文化活动室、餐厅等场所，为秦山村70岁以上的孤寡老人解决基本生活诉求、为每年的庙会提供有力保障、为村民提供文化活动场所，通过丰富文化生活，激发村民对美好生活的向往，坚定他们脱贫致富的信心。

特色产业、基础设施、扶贫扶智的"三步走"，帮助当地村民实现了宜居梦、致富梦，秦山村也正加快推进乡村振兴，朝着高质量全面小康快速奔跑！

因地制宜抓提升　凝心聚力促脱贫
——晋城市陵川县潞城镇郊底村提升工程案例

郊底村位于陵川县潞城镇西南7.5公里处，距县城30分钟车程，土地面积3.5平方公里，其中耕地1103亩，林地2372亩，是典型的农业村。2014年全村共有129户407人，其中建档立卡贫困户116户282人，贫困发生率为69.29%。2017年实现整体脱贫。

郊底村村标

郊底村备用水源水池围墙

思想观念"大转变" 形成提升内动力

在开展脱贫攻坚基础设施和公共服务提升的大背景下，村"两委"及时转变思想观念，积极响应上级号召，提高政治站位，把解决群众的疾苦、提高群众满意度，当作自己的工作任务。多次召开专题会议，实行工作目标责任制，分工到人，并实行定期报告工作进度制度，强力推进基础设施和公共服务提升工作。同时，他们从改变村民的不良生活习惯着手，利用会议、广播、座谈等形式宣传卫生常识，潜移默化地转变了群众的思想观念，逐步形成了基础设施和公共服务提升的内动力。

村情民情"大摸底"　制定村庄规划图

自脱贫攻坚打响以来,郊底村的驻村第一书记、工作队经常深入各家各户走访调查。在与村民们聊天中,得知村民们对村里垃圾成堆、村委办公条件落后,特别是对8户贫困户房子有危害的一条高危路段长久不修等状况很不满意,于是他们与村"两委"一起实地察看了村里的地形地貌,针对9处垃圾点、村西边的被雨水冲坏的路段、村四周破败的围墙、污水排放、变压器及高压线路等情况,进行专题研究、逐项计算费用,并制定了三年提升规划,计划用三年时间分步完成包括改建水池围墙在内的11项提升项目。

村容村貌"大改善"　村庄环境大变样

2019年是村里三年提升规划实施的第一年,在村容村貌整治中,郊底村把重点放在了垃圾清扫清运和维修村四周破败围墙上。村委组织村民把9个垃圾点中多年积攒、堆积如山的垃圾进行清运;从本来就紧张的村务经费中挤出5500元,指定勤快负责任的贫困户,负责全村街道的清扫和垃圾清运;寻找村里手艺最好的工匠,对全村周围400余米的围墙重新进行了修建;对村里的墙壁、公共场所周围进行了粉刷。村民明显地感受到村庄颜值的提升,心情也变得舒畅了,纷纷点头称赞。

改造前的村西道路

改造后的村西道路

基础设施"大突破" 硬件瓶颈得破解

多年来,由于村里变压器容量的不足、村委办公条件不好等原因,村民的正常生活和支部村委的日常办公都受到了影响。借助实施脱贫村提升的东风,郊底村开始了基础设施大突破行动:一是修缮了漏水多年的村委大楼的屋顶,重新装修支部阵地和村委办公场地,安装了空气能电暖气,更换了会议桌、椅子、沙发,添置了电脑等办公设备,安装了4个高音喇叭及功放等全套宣传用的设备,村委办公条件得到极大改善;二是及时与相关部门联系,改造了高压线路,更换了更大容量的变压器,满足了老百姓正常生活需要。同时,对村委大楼的低压线路进行了修整,彻底去除了"线路蜘蛛网",不仅更加美观,而且消除了安全隐患;三是解决危房问题,帮助3户贫困户完成了危房改造,2户特困户在雨季来临之前也顺利住进了有水、有电、有烟筒的敞亮楼房。

"一主两辅三贴心" 好日子越来越有奔头
——晋城市泽州县晋庙铺镇北罗西村提升工程案例

北罗西村位于晋城市南约25公里处,全村面积2.7平方公里,其中耕地396亩,林地3200亩。2014年全村共有80户262人,其中建档立卡贫困户47户117人,贫困发生率为44.66%。

近年来,通过实施"一主两辅三贴心"的脱贫工程,北罗西村摆脱了贫困,逐步迈上了富裕之路。

北罗西村党建工作室

"一主":以光伏发电扶贫为主,让贫困户晒着太阳把钱赚

2015年12月,在泽州县委县政府的统一组织下,晋城市硕阳光电有限公司投资420多万元,在北罗西村上马62户"精准扶贫"光伏发电项目,总装机容量421.5千瓦,次年6月1日并网发电。按照收益10%归贫困户所有,90%用于偿还企业先期垫资的分配方式,户均年增收800—1000元,此举带动贫困户35户87人。

为了扩大光伏产业,巩固村集体收入,2017年,泽州县又投入30万元,由晋城市光巨能源开发有限公司实施,为北罗西村及附近五个贫困村在镇中心学校房屋上安装了集中式光伏发电,其收益的20%作为村集体收入,80%用于分红。该项目的实施,可以使建档立卡贫困户每户年分红440元,贫困户中60岁以上的老人每年再享受50元,非贫困户60岁以上老人每年享受100元。当地百姓高兴地说:"党的扶贫政策好啊,俺庄户人坐在家里晒太阳,都能数钱了!"

北罗西村光伏产业

北罗西村生猪养殖场

"二辅":建起两家合作社,提高"造血"功能

扶贫,不能一味地给贫困户"输血",而要千方百计地提高他们的"造血"功能。

2017年,北罗西村又迎来两件喜事儿。第一件是成立泽州县邻邦养殖专业合作社,其养殖小区位于村口黄沙岭荒坡地段,共有养殖户11户,2018年9月,第一批幼猪出栏售卖,每户收益4000—6000元。第二件是成立泽州县芃鹏种植专业合作社。村集体原先种植了连翘100亩,成立此合作社后,百亩连翘交付合作社管理。2017年在泽州县农开局和寺河煤矿二号井的帮助下,该合作社又牵头种植了花椒100亩,流转了100亩土地,并完成种植区块化建设。如果说光伏发电还是为贫困户"输血"的话,那么,这两个合作社的成立,无疑是在提高贫困户的"造血"功能。

两个合作社按照"村委+合作社+贫困户"的运行模式,2018年又新建了一个猪饲料加工厂,将玉米用于饲料生产,将养殖小区的肥料用来肥田,形成立体循环生产模式,以此大范围地带动贫困户入股分红、种养提成、务工增收。

"三贴心"：聚民心，暖人心，增信心

扶贫不是一朝一夕的事情，也不能一蹴而就，需要持之以恒，多管齐下。

一是党建带队聚民心。为了强化党建、增强队伍、引领脱贫，北罗西村党支部进一步建立健全了"三会一课"、党务村务财务公开等制度。每月26日党日活动，通过"走出去，请进来"，学理论、学党章，民主评议，深化"党建+民意""党建+扶贫""党建+产业"各项活动，推动了党建工作和扶贫工作深度融合，为北罗西村脱贫致富提供坚强的组织保障。

二是改善设施暖人心。针对北罗西村出行难、吃水难、村容村貌脏乱差的情况，协调职能部门投资70余万元，拓宽北罗西村道路1.6千米，清除了进村道路两旁的杂草树木、碎石，设置了安全警示标志；维修完成了两个蓄水池，建设了4座标准化公厕，整修街道两旁排水沟500多米，替换坏死树木500余株，涂饰了村主干道两侧建筑物2400平方米。通过环境美化、路面净化、村庄绿化，北罗西村脱胎换骨，成为远近闻名的美丽乡村。

三是因户施策增信心。"一个不少、一户不落"是脱贫工作的底线。近年来，按照"六个精准"和"五个一批"的工作核心，先后组织养蜂、养猪、养牛、种植实用技能、职业技能和就业教育等培训70余次，提高了村民科学种养水平、外出务工技能，培养出了一批农村致富带头人。到2019年，北罗西村有44户贫困户均享受到了集体光伏分红和种植、养殖合作社分红，做到了户户有产业，人人有增收渠道。

一系列脱贫攻坚政策的落地，让阳光照进了贫困户的家中，也照亮了北罗西村前行的道路。

昔日穷山村　今朝大变样
——晋城市阳城县董封乡人参垴村提升工程案例

人参垴村位于阳城县西南60公里，全村地域面积8.9平方公里，其中耕地915亩，林地5200亩；2014年全村共有116户368人，其中建档立卡贫困户34户80人，贫困发生率为21.74%。自脱贫攻坚战打响以来，在精准扶贫政策的帮扶下，在村"两委"的共同努力下，人参垴村基础设施不断提升、特色产业不断兴起、村容村貌不断改善，整个村子发生了翻天覆

"大美云蒙山，走进人参垴"徒步摄影文化节启动仪式

人参埌村农家乐吸引外地游客前来观光

地的变化。到2018年底整村脱贫,人均收入突破9000元,村集体经济收入约5万元,一举摘掉了贫困村的"帽子",人参埌村成了名副其实的世外桃源。

扶贫扶志,激活发展动力

人参埌村海拔1400米,周边无矿山、企业。这里的村民靠山吃山,主要经济收入为采摘山货、售卖药材。由于交通不便,绵延的大山如同道道屏障,贫困赶不走,小康进不来。"辛苦干一年,还是不挣钱。"66岁的贫困户焦新社回忆,"现在帮扶单位把村里的小米、土蜂蜜、药材卖出去了,大家挣上了钱,心里有了干劲。"

开动脑筋,拓展致富门路

要脱贫,必须上产业!在村"两委"和驻村工作队的共同努力下,人参垠村成立了"阳城县山山养羊农民专业合作社",鼓励大家发展白山羊养殖项目,并采取为贫困户每人发放1只羊,每户再加1只羊的"1+1"模式,带动全村贫困户发展养殖。到2019年,全村饲养羊总数已经发展到700只。同时,村里根据实际情况,大力发展土蜂养殖,真正让贫困群众受了益。

人参垠村自然风光优美、生态资源独特、旅游资源得天独厚,但是想要发展旅游产业,基础设施必须跟得上。为了改善人参垠村基础设施,村"两委"积极争取贫困村提升政策,优化整合社会资源,建成了30千瓦光伏发电项目,实现了村集体经济破零;新建公共卫生间5处,牛羊圈舍4处34间,极大地改善了村里的环境卫生;修建100立方米蓄水池1个,防渗处理100立方米蓄水池1个,铺设管路1500多米,解决了村民吃水难的问题;入村道路增设会车点31处,拓宽平整乡间道路2.5公里,改善了村里的交通环境;协调联通公司帮助建设通信基站1座,对整村无线网络信号全覆盖进行设计施工,联系移动公司增加信号放大设备,实现了村民与外界的畅通联系;新建路标指示牌、改善村委办公环境,争取乡村旅游发展专项资金,修建了2000平方米的停车场1个、200平方米的停车场4个,有力地促进了人参垠乡村旅游的发展。

宣传引导,鼓起百姓腰包

2017年,人参垠村举办了"大美云蒙山、走进人参垠"云蒙山第一届徒步摄影文化节活动。仅活动当天就吸引游客300余人,带动村民直接收入6000余元。为了持续扩大人参垠乡村旅游的知名度和美誉度,帮扶单位邀请专业人员拍摄、制作人参垠旅游宣传微电影,修建24米广告宣传牌,吸引游客走进人参垠,为人参垠发展文化旅游产业助力。

与此同时,村"两委"积极引导村民创业致富,帮助村民设计建造了标准农家乐示范点,带动村内开设了8家农家乐,并统一配备了基本设施,组织农家乐经营者外出参观,开展了烹饪技能培训,提高了农家乐的服务

脱贫攻坚使贫困群众走出大山,看到希望

水平。2018年,到云蒙山旅游的人数达到1万多人次,人参垴村农家乐共接待游客2000多人次,收入达2万余元。

乡村振兴,描绘人参垴村美好未来

随着脱贫攻坚工作的深入开展,水、电、路、暖、通讯、网络等基础设施逐步完善,村容村貌焕然一新。曾经的贫困村正一步步嬗变,产业兴了,沉睡的大山"活"了,人参垴村也有了新规划。

"邀请旅游规划设计院编制旅游规划、发展石板房民宿、农事体验、森林探险、康养体验、红豆杉庄园等旅游项目,把更多的人吸引到人参垴来,让乡亲们吃上旅游饭。"在村支部书记王新锋和村民们心中,盘算着一个更美的小康梦。"这可不是天马行空,人参垴村山清水秀,空气清新,随着太行一号旅游大通道的建设,美好生活就在眼前。"王新锋激动地说。

曾经安静的大山,如今处处生机。这勃勃的生机,见证了人参垴村人的勤劳,孕育着大山里的希望。

党建引领 旅游带动 打好东征脱贫攻坚战
——临汾市永和县阁底乡东征村提升工程案例

东征村位于永和县阁底乡西部2.5公里处，辖东征村、下退干村、小坪村3个自然村，全村土地面积1.22万亩，耕地面积3000亩，林地面积2600亩，主导产业为旅游（农家乐）、光伏发电和苹果；2014年全村共有248户812人，其中建档立卡贫困户116户392人，贫困发生率为48.28%。2017年村集体经济收入35万元，实现整村脱贫。

近年来，东征村持续坚持党建引领，大力发展旅游产业，使全村各方面得到整体提升。

东征村贫困户屋顶光伏

坚持党建引领,加强村党组织建设

东征村的对口帮扶单位是省委组织部,省委组织部在帮扶工作中发挥自身优势,把提升组织力,狠抓村党组织建设放在首要位置,通过加强党组织建设来引领带动精准扶贫的各项工作。

一是选好"领头人",加强阵地建设。2017年底村"两委"换届,东征村大力实施"回归"工程,吸引在外打工的优秀年轻党员路东红回村竞选村党支部书记,充分发挥其多年在外打工的管理经验丰富、思路开阔等优势,提升村党组织凝聚力、战斗力,推动村内农家乐管理及旅游发展。二是实施村级活动场所改扩建工程,面积达220平方米,建成配备多媒体设备的支部活动室、小图书室、小影院、卫生室等,促进了村党组织规范化建设。三是建设敬老院和日间照料中心,改善五保、低保等特困老年群体的养老条件。四是壮大村集体经济。2016年开始发展农家乐,确保了村集体增收的稳定渠道。

近两年,东征村利用省委组织部帮扶永和县的1000万元专项资金,建成200千瓦村级光伏电站,每年可增加村集体收益20万元左右。2018年,通过干部教育培训、农家乐、光伏发电、资产性收益、旅游纪念品销售等五条路径,村集体经济收入达到50万元以上。

坚持改革创新,发展壮大窑洞农家乐

2016年,东征村运用"资源变资产、资金变股金、农民变股东"的改革思路,开始发展窑洞农家乐。农户以自家窑洞作为资产入股,将"资产"变"股权",由政府出资按标准对其进行改造,建成后交村党支部、村委会统一管理。目前,东征村农家乐总规模达到113孔。2017年村集体经济收入35万元,按照村集体和农户2∶8的收入分配模式,村集体留存7万元,农户收入28万元。2018年,村委会与农户签订了集中管理协议,对农家乐进行厕所除异味、房间红色元素装饰等升级改造，实现了农家乐的集中就餐与统一经营管理，摸索形成了"入股分红、务工收益、销售盈利、绩效奖励"四种收入分配模式：农家乐每住宿1人农户可获分红收益30元；入股农户中剩余劳动力愿意到农家乐打工的人员，可优先录用到经营公司工作；合作社统一制作特色纪念品提供给入股农户进行销售，所得利润归农户所有；公司对游客反馈评价连续优秀的务工人员，将从利润中给予绩效奖励。

坚持红色主题，发展干部教育培训

东征村充分挖掘红军东征永和纪念馆丰富的红色文化资源，打造了主题党日班、党性实践教育班、红色文化体验班等多个班次，形成了适应基层实际的干部培训体系，已承接省农科院、省焦煤集团、中煤集团、临汾市委人才办、阳曲县委组织部、交口县委组织部等10余家单位1200余人次的委托培训，实现营业收入75万元。"红色文化"在东征村受益的基础上，辐射带动省委组织部帮扶的阁底村、石家湾村、马家湾村及临汾市委组织部帮扶的奇奇里村5个村集体收入达32万元，带动100余户贫困户，

东征村农家乐

东征村党员干部培训

户均增收3000余元。

坚持旅游带动，融合发展一二三产业

东征村创新开发"旅游扶贫"模式，以乡村旅游发展吸引游客，通过销售农产品及旅游纪念品带动二产加工，根据二产加工市场需求调整一产种养殖结构和产量，形成三产带二产促一产的融合发展模式。在打响乡村旅游品牌方面，2018年东征村被国家农业农村部评为"全国美丽休闲乡村"，被省旅发委评为"全省首批旅游扶贫示范村"。同时，东征村大力发展观光采摘农业。建设了东征特色采摘园，综合考虑游客流量季节分布与林果成熟时间，多样性种植钙果、玉露香梨、樱桃、苹果树、赤焰辣椒，在夏秋旅游旺季不同月份为游客提供了丰富多彩的采摘体验。东征村还设计开发了"红色东征"系列农产品，开设了土特产店，帮助村民销售小米、绿豆等农产品；成立了"锦绣东征"手工艺专业合作社，带动38名贫困户加工香包，获得1.5万元务工收益，大力发展香包手工制品与旅游纪念品；设计开发了具有乾坤湾及东征纪念馆特色的龙盘、银币、汽车挂件等旅游纪念品。

走进上留村 展开美丽乡村新画卷
——临汾市隰县龙泉镇上留村提升工程案例

上留村位于隰县龙泉镇东北方向10公里处，回古线依村而过，下辖上留、下留、龙坪、进家4个自然村。全村面积18760亩，其中耕地面积4600亩，林地面积14100亩。主导产业以梨果、谷子、高粱、大豆、烤烟为主。2014年全村390户848人，其中建档立卡贫困户182户384人，贫困发生率45.28%。2018年实现整村脱贫"摘帽"。

上留村全景

上留村主街道

基建推进　旧貌换新颜

蔚蓝的天空下，一排排崭新的农家小院错落有致；平整的水泥路将果园和屋舍紧紧连在一起……但是以前的上留村可不是这样，垃圾靠风刮，污水靠蒸发，家里天天扫，屋外脏乱差……如今的上留村是污水有了"家"，垃圾有人拉，雅居美庐，满目叠翠。

目前，全村全部实现通村公路硬化，公交车正式运行，具备开通客运班车条件。截至2018年底所有农户全部通上自来水，危房改造完成，村民住房安全有保障。此外，村里配备了党员活动室、图书室、日间照料中心、矛盾调解室等8个功能室；接通了动力电和宽带，让村民搭上了信息化快车；村广场、舞台、公厕、垃圾房等配套设施的建设，进一步激发了村庄的发展活力。

乡风文明　充实内涵

基础建设搞起来，环境好起来，这只是脱贫攻坚的第一步，打造人文乡村是进一步的目标。乡村的外在颜值改变后，更重要的是村民素质的整体提升，实现乡村从"环境美"到"心灵美"的进一步扩展。为了让脱贫后的村民从思想上也富起来，村"两委"先从党员干部抓起，在每次党日活动中，都强调思想决定出路，要坚持思想创新、思维创新，让党员干部带头表率，带领村民从思想上与文明乡村建设相匹配。上留村还发挥妇女"半边天"的作用，在全村掀起"好家风""美丽庭院""孝老爱亲""文明家庭"等评选活动，并对评选结果进行公示，谁家小红星多，谁家"一片空白"，一目了然，村民们都暗下决心，唯恐落后。去年全村有12户家庭，受到了表彰。

经过近一年的努力，村民们从扔烟头到捡烟头，再到现在无烟头可捡，村民们的整体素质大大提高了。走在上留村，目之所及找不到一丝纸屑杂物；随意翻看村民家门口的垃圾桶，"不可回收物""可回收物"都分别投放，垃圾分得清楚明白。乡村是个熟人社会，人们很在意左邻右舍对自己的评价。如今，群众"爱美""比美"已成为村里的新风尚。

上留村大舞台

产业支撑　底气十足

村"两委"班子积极与龙泉镇党委政府及县农牧、林业等部门协调，结合当地海拔高、温差大等实际条件，大力调整产业结构，制定了以玉露香梨果产业为主导产业，种植、养殖相互结合的新型农业产业发展规划。一是发展集体梨果业。将收回发包的100亩酥梨果园全部高接换优，预计2020年初挂果，将为村民带来30万元的收益。二是发展村集体公益事业。建设完成300千瓦村级电站1座，年收益30万元。三是发展设施农业。建设5座葡萄种植大棚、10亩大田葡萄，将为村里收入45万元；8座暖棚栽植樱桃，2021年见效，反季节上市，一个大棚预计收入10万元左右。预计2021年后，全村集体收入将突破120万元，再加上辣椒种植、小杂粮种植、中药材祁菊种植等的收入……一幅美丽乡村的新画卷即将展现。

美丽乡村要有颜值，也要有内涵，更要有底气。而这个底气，源自产业支撑，正所谓"仓廪实而知礼节，衣食足而知荣辱"。唯有产业兴旺，村民富足，乡村之美才会根深叶茂，大树参天。在不远的将来，一个生态农业初具规模、基础设施比较完善、人民生活富裕文明的乡村振兴示范村就可展示在人民面前。

以梨乡之名　圆振兴之梦
——临汾市隰县城南乡路家峪村提升工程案例

路家峪村地处隰县西北部，距县城20公里，下辖8个自然村。全村面积37462亩，其中耕地面积10462亩，林地面积25000亩。主要种植作物有玉米、小杂粮、谷子、高粱等，养殖业以牛羊为主。2014年全村共有290

路家峪村全景

群众庆祝梨花节开幕

户875人,其中建档立卡贫困户117户456人,贫困发生率52.11%。2017年底实现整村脱贫。

完善设施建设　扎好脱贫"底子"

在村"两委"、第一书记和驻村工作队的共同努力下,路家峪村投资350万元改造了沿村循环路;投资30余万元对4650平方米巷道进行了硬化;投资120万元铺设沙石路7.8公里,解决了庞家、雁沟、中阳3个村村民出行难的问题;投资43万元增设排水设施;投资45万元完成辛习村水利设备更换,增粗管网,提高供水量,解决了800亩果园和耕地的浇灌问题;投资90万元,完成了人畜饮水和打深井一眼工程,解决了6个村村民饮水困难的问题;投资90万元完成了3个村的电网改造。2017年对全村进行了移动网络全覆盖;2018年新建后庄村文化广场。

发展主导产业　树好致富"牌子"

2015年底,全村种植玉米6000亩,小杂粮400亩,梨果面积3000亩,干果面积1000亩;2016年,投资105万元,实施了后庄、道台咀、庞家平田整地工程,共平整土地700余亩,其中,栽植玉露香梨500亩,栽植红富士苹果200亩;2017年,实施了庞家、雁沟和中阳村平田整地工程,共平整土地900余亩,其中,栽植玉露香梨400余亩,栽植优种核桃310亩,栽植红富士苹果190亩。连续两年实施新一轮退耕还林工程，共退耕1770亩，其中，栽植玉露香1030亩，栽植红富士苹果200亩，栽植优种核桃540亩。截至目前，全村新增梨果面积达到3370亩，其中，栽植玉露香梨1900余亩，栽植优种核桃850亩，栽植红富士苹果590亩，梨果产业逐步形成主导。

改善人居环境　勾好小康"样子"

路家峪村以百年梨树群为基础，融入梨乡文化，于2012年建成中国首个梨博园，还计划建设1座集梨园赏景、湖畔垂钓、温泉养生、徒步游园、九曲阵为一体的梨园生态文化休闲景区。已利用贫困村提升工程资金和乡村振兴试点资金160万元，对56余户居民房顶进行了防渗漏和美化处理。投资77万元，砌石墙600余方，垒砖墙350方，篱笆518米，修建垃圾池19座，改建卫生厕所12座，对整村人居环境进行改善；投资20余万元，新建小广场1座，并铺设草坪600平方米，栽植国槐、香花槐、红叶李、碧桃、卫矛等共计260株。为充分改善人居环境，对村内村外环境进行绿化美化，在村内栽植银杏1000株，月季2000余株；在荒山荒坡栽植连翘、

梨园生态文化休闲景区

山桃、刺槐等共5000余亩。几年来，中国梨博园已经成为隰县及周边县城群众休闲娱乐的热门景区，同时正积极向省市扩展，旅游前景一片大好。

壮大集体经济　　补好振兴"里子"

路家峪村抓住2016年集体经济破零的机遇，实施了村级100千瓦光伏扶贫发电项目作为集体收益项目，该项目于2017年6月成功并网；2018年5月又新建100千瓦光伏发电站1座，6月28日并网发电。这两座村级光伏扶贫电站每年可收益20万元以上，其中60%用于贫困户分红和兜底保障，剩余40%则用于村级小型公益事业建设。

玉露飘香时，梨农圆梦日。乘着全国脱贫攻坚、乡村振兴的东风，依靠隰县县委、县政府对于玉露香梨的大力支持，路家峪村上演的"变形记"为村民们送上了富足生活，也给全县其他村子做了一次优秀示范。

产业大发展　旧村换新颜
——临汾市吉县屯里镇太度村提升工程案例

太度村地处吉县东北部，距县城35公里。辖峪口、碱滩、石窑子、太度4个自然村，全村面积23平方公里，其中耕地面积4287亩，林地面积25053.6亩。主要种植作物有苹果、玉米、谷子和豆子等，养殖业以养猪为主。2014年全村共有346户1178人，其中建档立卡贫困户64户228人，贫

太度村村景

太度村村德村史馆

困发生率为19.35%。2017年底实现整村脱贫。

近年来，该村以"沿川调产增收，山垣林果满园，家中特色养殖，新村建设宜居"为目标，通过发展环保循环农业、康养休闲农业、绿色生态农业，促进了整村提升和发展。

拓展产业体系项目

太度村通过融合农村一、二、三产业，做强一产、做优二产、做活三产，推动农业由平面扩张向立体拓展，形成了资源有效利用、功能充分发挥的现代农业产业体系。村里引进总投资2.2亿的30兆瓦大型农光互补发电项目，大力发展"光伏+产业+旅游"的模式。将生态农业与创意农业、乡村旅游结合起来，发展休闲观光农业，把农村建设成为养生养老的地方，把田园变为乐园，农房变为客房，农产品变为旅游产品，有效提升农业溢价能力；加速人才、技术和资金等生产要素向农村流动，推进观光农业、有机农业、乡村旅游、民宿、农村电商等农村新业态。打造了厚川味道体验地和观光农家乐、建设农产品展销中心,提升农副产品品牌效应,增加群众收入;规划自行车赛道,打造骑行旅游;做好拆旧拆违,打造卫生村落,绿化美化亮化主干街,完善道路、电力、饮水、厕所、停车场、河道治理、垃圾污水处理设施和信息网络公共服务、旅游休闲等配套设施。2016年以来,共接待游客11万余人次,纯收入达110余万元,其中建档立卡户中的180余人参与经营、保洁、劳务等工作,收入达30余万元。

拓宽农民增收渠道

太度村通过发展农村电商、乡村旅游、休闲农业、精品农业、新型农业经营主体等一批新产业、新业态、新主体,拓宽了农业增收的空间。一是在农业综合开发方面,以有机苹果和玉露香梨为基础,以油用牡丹立体套种为特色,以生态为依托,旅游为引擎,文化为支撑,创新为理念,富民为根本,打造了集循环农业、创意农业、立体农业、体验农业为一体的田园综合体。二是在扶持特色种植养殖产业发展方面,发展壮大林蛙、野山猪、土鸡等特色养殖,扩大有机蔬菜种植规模,持续推进蔬菜产业发

太度村电商农展馆内景

展。改造老旧果园,发展高山有机苹果园区,寻求苹果套种产业,支持家庭农场、庄园大户、专业合作社发展壮大。扩大小杂粮种植面积。该村成立了农民工返乡创业基地,累计培训190人次。其中16人在吉县新城巧娥家政服务公司就业,30人在太度村创业。三是发展休闲农业。开发的开心农场10亩,被纳入了国家农业综合开发片区。

提升人文治理水平

弘扬德孝文化。太度村连续28年,每年重阳节举办德孝文化节,为老人集体过生日,倡导孝敬老人的良好社会风气。该村建设有村德村史馆,馆内利用"记忆太度""诚信太度""榜样太度""文化太度""规矩太度"5个模块的内容宣传村德村史,培养群众爱心和孝心,倡导和睦和谐的家庭、邻里关系。2017年被中央文明建设指导委员会授予"全国文明村"称号。

健全"三治合一"的乡村治理体系,加强农村基层党组织建设的凝聚力,在自治和德治的基础上增强法治建设,逐步完善农村法律服务体系,引导村民学法懂法守法用法。2018年被司法部、民政部授予"全国民主法治示范村"称号,被中共临汾市委评为"临汾市先进基层党组织"。

拆除私搭乱建,清理"牛皮癣"广告,规范户外广告牌匾,沿街建筑,做到统一规划、统一模式、统一标准"三统一",整治规范餐饮、商贸、旅店行业的文明卫生行为,严格落实"门前六包"制度,组织开展了以"三治"为重点的农村环境卫生大整治活动,彻底解决脏乱差现象。2018年被山西省爱国卫生运动委员会评为"省卫生村"。

经过几年的发展,太度村人均收入2017年达到5400元,全村建档立卡贫困户全部脱贫,村域内的所有建设项目稳步推进,一、二、三产业全面发展,传统文化得到很好传承,治理水平有了很大提升,人居环境得到极大改善。

脱贫新起点　美丽再出发
——临汾市汾西县永安镇后加楼村提升工程案例

后加楼村地处汾西县永安镇北部，距县城8公里。全村面积3645亩，其中耕地面积1653亩，林地面积19亩。主要种植作物有玉露香梨、玉米、杂粮等。2014年全村共有172户465人，其中建档立卡贫困户21户66人，贫困发生率14.19%。2017年底实现整村脱贫。

近年来，后加楼村努力增强贫困群众自我发展能力，全面提升村庄整体发展水平，通过党建立村、产业强村、宜居兴村、卫生靓村、文化安村"五村联创"，为全面实施贫困村提升工程做出了有益探索。2018年初获批

后加楼村首届"玉露香"梨花节启动仪式

省农科院教授现场授课

省级美丽宜居乡村创建村。

党建立村

积极探索党建引领机制。后加楼村党支部探索"全人、全事、全时"的网格化党建管理模式,党员干部通过"亮身份、亮职责、亮承诺",建立了村干部、党员、群众一体联动的网格化服务平台。支部坚持每月召开主题党日活动,丰富"主题党日+"的形式,凝聚发展动力,筑实党支部战斗堡垒作用。组建后加楼村玉露香梨基地功能性党小组,让支部聚力、党员聚合、群众聚心、发展聚焦,增强村党组织的政治功能和服务功能。开展"党建扶贫党员先锋号"创建活动,提振党员群众脱贫攻坚的精气神,引导党员在本职岗位上建功立业,在为民服务中展示先锋形象。

产业强村

多元化打造产业发展集群。后加楼村积极探索"土地入股、资金入社、农民入园"的"三入"模式,即:农民以自己的耕地作为股份加入合作社，农民变股民；多方筹措资金壮大合作社实力，增强发展能力；合作社雇用农民统一经营和集中管理梨园，农民领取劳务工资，村民变工人，务工不出村。村里还组建了专家团队提供技术支持，打造玉露香梨产业示范园。推进汾西县玉露香梨星创天地建设，打造创新创业的一体式服务平台。以"玉露香"梨园为中心，发动贫困户种植观赏性花卉，形成"十亩花谷"，发展农业休闲旅游；建成了200千瓦村级光伏扶贫电站，使村集体有了稳定的经济收入；6户贫困户申请扶贫小额贷款建设了存栏千头规范化养猪场，增加了贫困户收入。产业多元化发展确保了稳定脱贫，夯实筑牢集体经济坚实根基，实现了集体经济发展壮大的多轮驱动。

宜居兴村

着力构建美丽宜居新农村。后加楼村以美丽宜居为目标，加固育英桥、亮化敬老桥、建设公共厕所、修建垃圾池、翻新文化剧场、硬化文化广场、安装健身器材，打造"美丽加楼、世外梨源"特色休闲宜居乡村。小河沟整治绿化工程，既美化环境，也能带来一定的经济收益。桑只沟景观树木换树和补栽，使该片树林和"十亩花谷"一起成为后加楼一张靓丽

打扫街道，清运垃圾

的名片。投资扩建汾西县的首个滑雪场，吸纳更多村民来务工，带动贫困户稳定脱贫。完成了饮水管网改造工程，保障了村民的饮水安全。

卫生靓村

广泛开展人居环境整治行动。后加楼村建立了环卫保洁常态化机制和汾西县光伏收益支持公益性岗位制度，聘请11名贫困户担任保洁员，建设10个垃圾池，实现了生产生活垃圾分类集中处理。修建村卫生室，配备卫生员，开展健康扶贫"双签约"服务。建设5个公共厕所，支持20户农户改造厕所，解决村民如厕难的问题。清理"四堆"、清运垃圾、拆除燃煤锅炉灶台，有效提高环保质量。通过一系列持续性举措，实现村庄美化、亮化、绿化、硬化"四化"目标。

文化安村

多措并举提高农村文明程度。后加楼村的党员、干部立足党务、村务，建立个人承诺事项，并在村务公开栏内公布于众、接受群众监督。悬挂"党员家庭户"标牌，负责邻里环境卫生、公共事业、邻里协调、精准帮扶。制定村规民约，发挥其在凝聚人心、教化群众、淳化民风中的重要作用。制作独居老人关爱牌，督促子女常回家看看，并与年终分红挂钩。修缮文化剧场、村委会广场、图书室，举办各类文艺活动，丰富群众文化生活。开展脱贫攻坚光荣户、优秀共产党员表彰活动，激励党员干部担当作为。开展移风易俗行动，开办扶志扶智讲习所，举办科技培训班，提高农民科学文化素质。

通过"五村联创"，该村正以美丽宜居乡村建设为抓手，实施党的建设、集体经济、脱贫攻坚、乡村振兴"四位一体"整体推进工程，向文明美丽宜居新农村目标迈进。

黎掌村"变形记"
——临汾市蒲县黑龙关镇黎掌村提升工程案例

黎掌村地处蒲县东部，距县城19公里。全村面积10500亩，其中耕地面积2054亩。主要种植作物有玉米、谷子、豆子和食用菌等，养殖业以养牛、养猪、养蜂为主。2014年全村共有393户1174人，其中建档立

黎掌村便民服务中心

黎掌村集体光伏电站

卡贫困户123户406人，贫困发生率为34.58%。2016年底实现整村脱贫。

脱贫攻坚战打响以来，黎掌村按照"党建引领、思想先导、群众主体、环境创优"的总体工作思路，借外力、激内力、展活力，凝聚起了聚力脱贫攻坚、建设美丽黎掌的强大合力，推动了基础设施提档升级、村容村貌华丽转身、村风民风持续向好。

规划引领，四大板块绘蓝图

为了提高村庄建设水平，黎掌村特别邀请浙江设计院，按照"规划先行、突出特色、政府支持、群众参与、社会融资、分步实施"的要求，把村子分成了四大功能板块，规划了迎宾绿化休闲区、党群服务功能区、古村风貌民俗区、特色产业发展区，并对绿地建设、公共服务、雨污分流、污水处理、风貌提升、庭院打造等进行了全面设计，实现了"美化、亮化、绿化、净化、硬化"等"五化"全覆盖。

项目先行，十项工程展新颜

黎掌村投资400万元先后实施了十项惠民工程，即：迎宾牌楼的建成让黎掌村有了地标建筑，可容纳200人进行室内活动的农民文化活动中心成了蒲县最大的村级室内活动场所，新建的黎掌农民舞台成了村民展示才艺的大舞台，集健身、休闲、教育为一体的文化活动广场成了全体村民的精神文化乐园，高标准建设的排水渠彻底解决了困扰群众的生活难题，新建的停车场完善了村里的功能设施，改建后的黎掌村迎宾公园让村民体验到和城里人一样的幸福生活，新安装的100盏太阳能路灯让村民彻底告别了"鬼灯"，供水设施的改造让黎掌村发展产业有了底，巷道铺油建成了黎掌村全面发展的康庄大道。

黎掌村"迎春节"文化活动

制度推动，营造建设好环境

在充分征求群众意见的基础上，制定了《黎掌村村规民约》和《黎掌村环境卫生公约》《黎掌村红白理事会制度》，把规矩立了起来，把制度竖了起来，有效扼制了农村红白事大操大办等现象。组建了黎掌村学雷锋志愿服务队、巾帼志愿服务队，持续开展义务劳动和志愿服务活动，让村民有了更多的责任意识、奉献意识；成立了广场舞队、民俗秧歌队、红歌合唱队等文艺队伍，丰富了群众文化生活；在主要街道、显著位置设置了以"乡风文明"为主要内容的文化长廊，营造浓厚的文化氛围；总结提炼并大力推广"团结互助、和善友爱、乐于奉献、积极进取"16字的黎掌精神，让黎掌村民有了共同的价值追求；组建了黎掌村500人的正能量微信交流群，实现了和群众线上线下良性互动；开办了"黎掌汇"宣传平台，第一时间宣传黎掌的大事小情、凡人善举。

好人带动，村风文明形象美

黎掌村每年开展一次"黎掌好人"评选表彰大会，选树了一批好妻子、好儿媳、好丈夫、好儿子、好婆婆、好青年、好党员、脱贫带头人、致富带头人、文化建设带头人、义务劳动带头人，形成了以身边人教育影响身边人的浓厚氛围；坚持开展每月一期的"黎掌道德大讲堂"，群众个个动手笔、人人上讲堂，讲出了新思想、讲出了真善美；持续开展每周一次集体义务劳动一小时活动，义务劳动在这里回归，更在这里扎根；设立了集体主义思想体验田、每天红歌播放一小时等进一步激发了黎掌村民的主人翁意识，塑造了黎掌村民的集体主义荣誉感。

党建夯基，集体经济激活力

　　黎掌村建成并网100千瓦村级光伏扶贫电站，每年可为村集体增收10万元以上；入股龙头企业蒲县茂州牛业村集体产业发展基金，每年可为集体获取收入5万元。这些使得黎掌村年集体收入达到了15万元以上，一举摘掉了集体经济"空壳村"的帽子，村集体兴办集体事业的能力显著增强。围绕调整种植业、壮大养殖业的思路，新发展蘑菇大棚28座、养牛户10户、养猪户9户，全村牛存栏达到230头，猪存栏达到360头。店上千头标准化养猪基地主体竣工，即将投产，黎掌村产业发展势头良好。

　　通过实施贫困村提升工程，黎掌村基础设施得到全面改善，村容村貌得到华丽转身，全面提高了村民的满意度和幸福感，改变了村民的生产生活习惯。随着村里的不断变化，不仅增强了村民对村域发展的信心，也吸引了更多的人、财、物等资源要素流向乡村振兴主战场，相信黎掌村必将迎来更加美好的明天。

"五抓五保"全方位提高脱贫质量
——临汾市翼城县南梁镇兴岭村提升工程案例

兴岭村位于翼城县东南部35公里,全村面积15000亩,其中耕地面积2300余亩,荒地面积1250亩,主要种植作物有玉米、小麦、马铃薯、谷子、豆类等,养殖业以养牛为主。2014年全村共有221户620人,其中建档立卡贫困户22户71人,贫困发生率为11.45%。2017年实现整村脱贫。

近年来,兴岭村认真贯彻落实习近平总书记扶贫工作重要论述,全面

兴岭村进村路

丰富村民文化活动

实施精准扶贫、精准脱贫基本方略，因户施策与整村推进、基础设施建设、特色产业发展、公共服务、古村落旅游开发、村党组织建设等方面得到全面发展。

抓党建促帮扶，保惠民政策全面落实

兴岭村以村"两委"换届为契机，加强以村党支部为核心的村级班子建设，提高班子落实惠农富农政策、发展现代农业、壮大集体经济的实际本领，严格落实村级"四议两公开"工作机制、推动村级财务按季度及时公开，规范"三会一课"等党内政治生活，开展"定查评"和党员承诺制、有能力的党员结对帮扶村内贫困户等工作。围绕党员分类管理，实行"三单管理五星评定"工作法，提高了党员干部的凝聚力和荣誉感，增强了党支部的战斗堡垒作用。

兴岭村霍家涧古村落文化活动自行车赛

抓基础设施升级，保村容村貌焕然一新

兴岭村投资12万元进行了陈家、霍家涧自然村饮水提升工程，彻底解决了村民吃水难问题。利用旅游路开工建设的有利时机，及时和施工单位协调、沟通，将旅游路沿线各自然村的进村道路进行硬化，危险地方加装护墙，保证了村民的出行安全和村庄的美观。投资10万元对村级卫生室进行维修、重建卫生院墙，为确保工程质量，专门成立工程质量监督领导组，对工程的施工进行全程监督，村级卫生室的改建解决了村民看病难的问题。

抓兴产业促发展，保农民收入稳步增加

兴岭村海拔1000米，适合种植中药材连翘。该村将发展连翘作为一项支柱产业，结合南梁镇双万亩连翘规划，兴岭村在这两年完成连翘栽植1000余亩。成立兴岭村连翘种植专业合作社，吸收成员57户，其中贫困户

11户，形成贫困户与合作社捆绑式发展的模式，形成利益联结机制，以合作社带动贫困户脱贫；邀请经营管理站技术骨干指导科学化管理和规范化运营，不断增强合作社自身发展能力和带动脱贫的能力，该合作社已发展成为市级示范合作社。

抓项目建设壮大集体经济，保民生事业有效改善

通过村"两委"干部和驻村第一书记的努力，兴岭村落实100千瓦光伏扶贫电站建设项目，从选址、协调、平整场地、电站的安装，到工商、税务、土地、供电所等部门相关手续全部办理完备，再到按照光伏发电项目要求并网发电，截至目前已发电20万度，国家电网的结算收益为贫困户的增收起到保障作用。目前兴岭村6名公益岗位保洁员每人已拿到3000元至4000元不等的保洁员工资、1户贫困户在管理电站拿到了4800元的工资补助，另外村内有大病的、考上大学的、特别困难的贫困户都得到了一定的经济补助，这部分资金全部来自光伏扶贫电站。通过结算资金兴岭村可以开展公益事业建设、社会民生事业提档升级等工作，为兴岭村发展壮大集体经济提供保障，同时也为兴岭村的脱贫奠定了良好的基础。

打好脱贫攻坚战，产业发展是基础，群众参与是根本，干部帮扶是关键，党支部的战斗堡垒作用是组织保障。兴岭村通过"四抓四保"，村容村貌和农民的精神面貌都有了很大的改变，为乡村振兴和全面建成小康社会奠定了坚实的基础。

"农旅结合"实现脱贫梦
——运城市万荣县万泉乡北涧村提升工程案例

北涧村位于万荣县城西南的孤峰山脚下,距县城5公里。土地面积1492亩,其中耕地面积976亩,林地面积39亩。主要种植作物有大葱、小麦、玉米和豆子等,养殖业以养羊为主。2014年全村共有138户482人,建档立卡贫困户66户223人,贫困发生率为46.26%。脱贫攻坚开展以来,北涧村围绕"发展支撑产业、促进农民增收、振兴农村经济"的目标,开动蔬菜大棚和古村落保护两个引擎,助推群众增收致富。2016年底实现整村脱贫。

找准"病灶",精准帮扶实打实

脱贫攻坚战以来,北涧村按照"集体+合作社+贫困户"的模式,大力发展春秋蔬菜大棚特色产业。针对耕地主要集中在荒沟坡地,发展蔬菜种植传统已久的特点,村第一书记、村"两委"主干带领村民代表外出学习考察,在征求贫困户意见的基础上,把脱贫攻坚"第一针"打在了抓北涧村主导产业上,通过多次召开村民代表、党员代表会议,最终研究决定,通过发展种植春秋蔬菜大棚可使贫困户脱贫致富。同时成立圆梦蔬菜专业合作社，采用"五统一联"（村委会统一规划实施，统一流转土地，统一筹集资金，统一技术培训，合作社搭建平台统一销售，贫困户联合建棚）管理模式，帮助贫困户通过种植大棚蔬菜实现脱贫致富。

扶贫先扶智，产业扶贫引路子

村"两委"深知"扶贫先扶智，授人以鱼不如授人以渔"的道理，因此他们把解决村民固化的思想问题当成了最大的难题大力予以解决，一有空，他们便在田间地头、农户大院，给村民传达讲解国家、省、市、县的各项政策、技术，鼓励贫困户要有信心，不能"等、靠、要"。此外，在村"两委"主干的多方努力下，争取到硬化两条道路的工程，对环绕沟底道路进行整修硬化，铺设水泥路面，方便农户在下雨天能够将所采摘的蔬菜及时运送出去。路开通了，耕地也要灌溉。他们又积极争取万荣县水利局的支持，为村里的深井争取到一整套配套设施，完善了村里的农田灌溉。

北涧村春秋蔬菜大棚示范区

北涧村涧沟文化石

打造传统老村,抓准抓实抓精致富

北涧村地处孤峰山背阴面,平均海拔800—1000米,地理条件独特,北涧老村距今已有100多年的历史,占地300余亩,村内共有20世纪六七十年代的窑洞138眼、五六十年代的房屋院落115间、清康熙年间的民间戏台、龙王庙等,到处可见具有地方特色的门窗、门罩、院墙,建筑文化底蕴丰富,被誉为"气净、水净、土净"的"三净"之地。

为保护历史遗产,弘扬民俗文化,发展地方经济,造福山村百姓,村"两委"多次组织村民召开座谈会,对北涧村传统村落的发展定位、规划建设、宣传推介等进行深入细致的研究,最后决定利用老村闲置发展乡村旅游业。北涧老村的开发坚持以保护为主、以人为本、因地制宜、可持续发展、突出优势与特色的规划原则,有选择地优先开发老村的一部分进行整治、改造,精心设计施工,在取得明显成效后大面积推广示范。在此基础之上,他们邀请了北京农林科学院实地考察,对北涧村进行了整体规划。2017年，该村成立了泉涧乡村旅游开发有限公司，按照村委会控股，全村村民参股的形式进行经营，年底按照收益进行分红，带动贫困群众增收。

"春来北涧赏花，夏来北涧避暑，秋来北涧采摘、冬来北涧休闲"，相信未来的北涧村将成为四季有景、特色突出、原汁原味的黄土高原第一生态古村落。

百村提升案例（下）

山西省扶贫开发办公室 ◇ 编

山西出版传媒集团
北岳文艺出版社
·太原·

第三章

农村饮水安全巩固提升案例

"三道保险"破解农村用水困局
——忻州市河曲县农村饮水安全巩固提升案例

地处晋西北黄土高原的河曲县自古以来水资源匮乏,保障农村饮水安全是块难啃的"硬骨头"。早在2000年,河曲县用"户建水窖、村建蓄水池、乡打深水井"的保命工程破解了那个年代农民吃水难的问题,被称为"三道防线解水困",作为经验模式在晋西北乃至全省范围推广。随着全县水利事业的发展,大大小小的农村饮水安全工程逐渐取代了传统设施,全县实现了安全饮水全覆盖。然而,一个新的问题是城乡饮水不同价,"农

鹿固乡小埝村自来水入户施工中

楼子营镇马连口村集中供水工程

村水贵"成了困扰山区的普遍难题。对此，河曲县委、县政府扎实推进相关举措，"三道保险"破解困局，为脱贫攻坚中饮水安全这一关键因素兜底，探索出一条可学可鉴的农村饮水工程管理新路子。

农村饮水困局，到底困在哪

刘家塔镇树儿梁村是河曲县一个半山区的贫困村，虽然通了自来水，但是村民们却舍近求远，挑着担子走十几里山路，进沟找水吃，原因是自来水太贵。河曲各类供水工程188处，全县340个行政村全覆盖，供水人口达12.42万人。全县实行水费征收的各类供水工程124处，涉及276个行政村。以城市供水每立方米3元为标准，高于3元的村181个，其中平均水价每立方米5—6元，有的甚至高达每立方米8元，全县高水价村占供水工程覆盖村总数的65.6%；供水人口占供水工程覆盖村总人口的56.6%。也就是说，全县高水价村庄超过一半以上。

把水价高这一问题当成关系民生的重大课题

单寨乡集中供水工程建成于2008年，向周边4个村供水，工程原本设计供水总人口为997人（户籍人口），实际用水310人（常住人口），仅占户籍人口的31%。供水水价与供水量、实际供水人口成反比，也就是吃水的人越少，水价越高；水价越高，用水量越少，形成恶性循环。

河曲供水工程提水扬程较高，一般在400—600米之间，提水电费在出厂水价中占50%，提水电费成本高，是水价高的一个主要因素。

供水工程一般由个人承包运行管理，直接对口各村用水农户，运行电费、工资、小型维修费从收缴水费中开支，因此，管理人员的费用是水价高的又一主要因素。

吃水的人少了，而提水电费、人员工资、维修费用全部叠加在供水水价中，这就是"农村水贵"困局的真正原因。

几经调研，河曲县委、县政府决心把困难群众吃水、用水当成精准扶贫工作的关键环节来抓，确保农村居民与城镇居民用水在"同一起跑线"。

第一道保险：水价补贴，解决钱的问题

河曲县出台《河曲县农村饮水安全工程水价补贴管理办法》（以下简

沙坪乡翟家沟村自来水入户

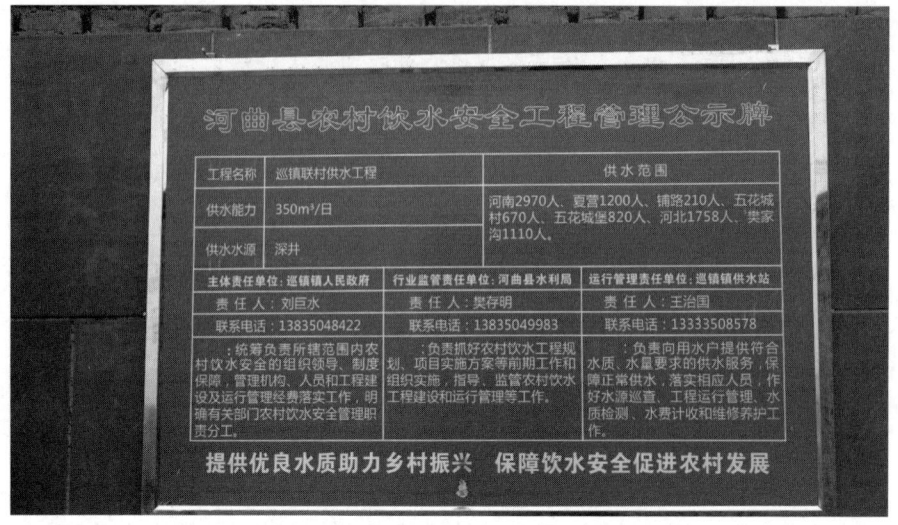

巡镇联村供水工程管理公示牌

称"办法"），通过政府兜底补贴，达到城乡供水同价、农民群众受益，供水工程谁受益谁管理、良性运行的目的，让农村饮水安全工程最大程度地发挥作用。

政府每年拿出近150万元为农村进行水价补贴，涉及全县农村居民和学校师生提供生活用水的农村联村供水工程、单村供水工程以及县城自来水供水的部分村。

办法要求。供水工程到户供水水价每立方米不得高于3元，水价差额部分列入县财政补贴。

人口方面。全村年核定用水量暂按本村户籍人口的70%计，县城自来水供水的8个村按户籍人口的100%计。

电费补贴方面。补贴标准为用水量在核定范围内的，对工程运行所产生的电费进行全额补贴。

村级管理员工资及维修补贴方面。补贴标准为用水量在核定范围内的，按照到村水表方量进行补贴，补贴标准为每吨1元，年实际补贴资金不足1000元的按1000元计。

补电费、补工资，由此，农村水价的成本从根本上降下来，解决了钱的问题，困局的关键因素已经破解。

第二道保险：建章立制，解决"权"的问题

河曲县建章立制，从机制体制上对供水工程管理进行改革，以"明晰产权"为核心，赋权释能，落实管护主体、管护责任和管护经费，从根本上解决权责不明、责任不清的问题。

按照"谁受益，谁管理"的原则，首先，确立乡镇为辖区范围内供水工程管理运行的责任主体，对财政补贴资金设立专账，建立财务管理制度，特别对供水保障率、集中供水率、自来水入户率、水质达标率做出认真考核，确保农村群众保质保量喝上好水。第二，落实管护主体和责任，村级管护人员主要负责安全管理、运行管理、经营管理及维修养护等。第三，落实工程管护经费，建立稳定的管护经费保障机制，确保管护人员合理薪酬。

主体清、责任明、薪酬足、考核严，农村供水工程各个环节关系得到调整，运营机制通畅了。

第三道保险：强化培训，解决人的问题

村里管道设施出了问题，导致隔三岔五停水断水，管理人员却不会维修，守着水吃不上，村民干着急没法子。在农村，这种现象并不罕见。

一方面农村管护技术力量薄弱，简易技术故障还好说，一旦碰到复杂问题便束手无策。另一方面，管水员人手缺、责任重，有的一个管水员负责十几个村子，方圆几十里地，难免顾不过来。

县水利局充分动用技术力量，利用县里的农民技能培训平台，定期对全县供水工程管理运行人员进行轮训，提高他们对提水泵站运行原理及问题的判断，技术成熟的管护队伍逐步形成，基本实现了"小故障本村解决，大故障联村排除"，降低管理运行成本，农村供水工程的正常运转得到保障。

虽然高处不胜"旱" 仍保饮水最安全
——晋城市陵川县农村饮水安全巩固提升案例

陵川县地处山西东南太行之巅，占尽了南太行最美的芳华。该县1700平方公里的县域，聚集着太行云顶王莽岭、天瀑之源上云台、幽潭石门欢乐谷、太行水乡武家湾……众多山水景观，成为中原地区避暑休闲旅游的最佳目的地。与此同时，因为身处太行之巅，陵川百姓也吃尽了高处不胜"旱"的苦头：富水，却一路向下，流入了紧挨的河南；山美，居于山顶，却成为典型的干旱缺水县，连群众饮水都非常困难。特别是在脱贫攻坚，保证饮水安全的形势下，解决饮水问题，成为陵川县历届县委、县政府首要考虑的事情。

精准施策保水源

为保障群众饮水安全，陵川县每届县委、县政府都将饮水安全工程列为民生实事重点项目，举全县之力，在县境展开解决饮水安全的大会战。

1970年，在县财政极其困难的情况下，陵川县委、县政府勒紧裤腰带，历时8年，修建了磨河提水工程。近年来，通过实施四大水源管网互通及饮水安全巩固提升工程，全县初步建成了以磨河提水工程为龙头，以台北、浙水、塔水河工程为辅助，以小泉小水为补充，覆盖全县所有乡村的城乡一体化饮水安全网络。四大集中供水工程覆盖人口达23万，占全县总人口的92%。

陵川县干旱气候频发，地下水位下降，而且随着县域经济社会的高质量转型发展，群众

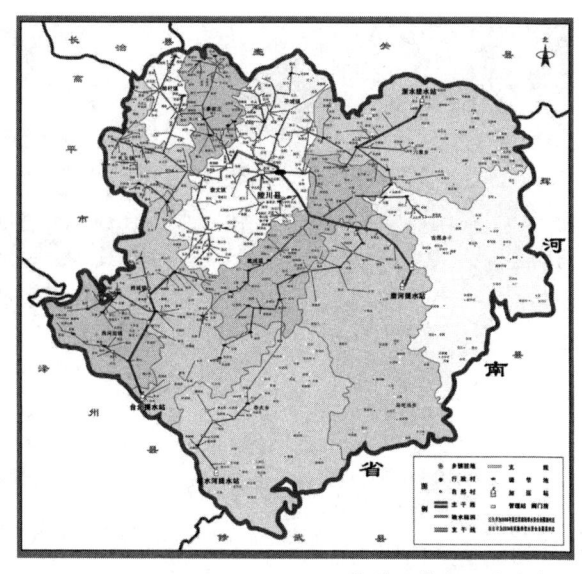

陵川县供水网络分布图

用水需求急剧增长，供水用水矛盾日益突出。随着脱贫攻坚政策的深入实施，陵川县紧紧围绕四大水源互联互通、骨干管道更新、水源保证多级水池扩容、村内自来水入户改造等工程。2016年至今共投资3133.34万元，实施饮水安全工程138处，巩固提升陵川县12个乡镇、144个村、7.09万人的饮水安全保障水平，水源保证率和水量安全实现了全面巩固提升，为全县经济和社会的发展提供了水支撑和水保障。

因地制宜保安全

陵川县全域农村供水虽实现了供水管网全覆盖，但供水渠线长，管线繁杂，节点水池多，供水过程中和空气接触，管渠池中流动污染，部分供水片区存在大肠杆菌超标、水质不达标问题。

鉴于县域饮水水质现状，为确保广大农村饮用水安全，结合饮水安全四个考核指标，在脱贫攻坚过程中，陵川县因地制宜、结合实际，抓基础、抓基建，确保用水安全。一方面在片区提水站、节点总调蓄水池等工程点，加装二氧化氯发生器消毒。另一方面开展水质安全大调查，结合村

陵川县四大集中供水工程之一——磨河集中供水工程

情供水实际,逐村建档立卡,做到底数清、情况明,精准制定解决方案,保证饮水安全。

2016年以来,分别在城西供水站、台北提水站、浙水提水站、郎界口、苍掌、城北供水站、供水公司等地方加装二氧化氯发生器。每年夏季根据水质检测结果,启动设备投放二氧化氯,对水质进行消毒,有效保障群众饮水安全和身体健康。

问题导向谋长远

在脱贫攻坚入户走访中,群众反映供水方面仍然存在很多村庄冬季冻管、管网老化等用水不方便问题,直接影响了人民群众的正常生产生活用水。对此,陵川县结合实际,按照以骨干管网更新为主线、以贫困村自来水改造为重点、以非贫困村管网维修为拓展的总体原则,对存在问题进行筛选分类,按轻重缓急顺序规划,逐步对供水管线管网出现的问题进行分步实施,全面提升全县农村饮水安全水平。

同时,建立完善长效机制,在建设项目方案科学、质量保证、管护到位等方面，建立环环相扣的奖惩和问责机制，层层加压，让水利扶贫项目发挥更好效益；用足用好国家关于巩固脱贫攻坚成果有关政策，加强饮水安全巩固提升工程的实施，加大和有关部门联系、沟通的力度，有效把国家脱贫攻坚、水利扶贫等优惠政策落到实处，让农村受益，让农民受益；提升服务理念，一切工作以服务群众为出发点和落脚点，不断提高服务全县的生产生活用水的质量和水平，在水量、水质、保障率、方便程度上追求新改善，增强人民群众饮水安全方面的安全感、幸福感和获得感，为巩固陵川县脱贫攻坚成果打下坚实的基础。

2019年附城镇岭西村自来水入户管道工程施工中

以水为基拔"穷根"
——运城市万荣县农村饮水安全巩固提升案例

万荣县属于省定贫困县，辖10乡4镇274个行政村45.5万人，其中贫困村65个，贫困户7983户27069人，耕地面积102万亩，素有"十年九旱干万荣"之称。

实施脱贫攻坚以来，万荣县委、县政府立足干旱县情，细理致贫原因，对准脱贫路子，以"水"为基选准贫困村整体提升方案，以农村小康标准打造贫困村提升工程。三年脱贫攻坚，三年迈出三大步，2016年至2018年底，全县贫困村人均灌溉面积分别为1.54亩、1.95亩、2.3亩，贫困人口年人均增收分别为490元、620元、730元。

水利扶贫，选准贫困村提升路子

万荣县是闻名三晋的"干疙瘩""旱疙瘩"，2016年初，万荣县委、县政府在全县上下大力开展脱贫攻坚大讨论。通过大讨论，全县干群一致认为，万荣县致贫的原因在于"水"，万荣县脱贫的希望更在于"水"。县委、县政府将"水利脱贫"战略作为全县脱贫攻坚的关键来抓，大力度筹资，立体式推进，三年累计筹措资金2.8亿元，使贫困村水浇地一年一个新突破。2016年新增水浇地10.57万亩，2017年新增水浇地9万亩，2018年新增水浇地11.45万亩，使全县水浇地面积达到总耕地面积的80%，为贫困村整体提升打下了坚实基础。

水利扶贫，提升产业保增收

万荣县实施"水利扶贫"战略三年来，使全县贫困村脱贫得到了整体提升，取得了"一优、一带、三减、四增"的良好效应。

"一优"：优化了产业布局。通过实施"水利脱贫"农田灌溉扩面，为推进农业规模化、集约化、产业化发展提供了有利条件。初步形成了"一大优势产业（果业产业）、七大特色板块（粮食、中药材、食用菌、蔬菜、畜禽、三白瓜、干果特色板块）"的农业格局。2018年6月，万荣县从全国推荐上报的41个创建园中脱颖而出，成为2018年全国21家、全省唯一的"国家现代农业产业园"创建县。

"一带"：带动了农业产业结构调整。通过实施"水利脱贫"战略，为扩大经济作物种植面积创造了条件，促进了农村一、二、三产业融合，培育出智慧农业、休闲农业、观光农业、生态农业、定制农业等新兴业态，使贫困群众产业发展路子更宽，增收门路更广。

"三减"：减少了投资。用黄灌水浇桃果树，每年浇4次，1次80立方米，比用井

农田灌溉U型渠道

机械打槽

灌水为贫困户节省300元；减少了投工。水量大，随时浇，省工省时，减少了风险。各类农作物旱涝保收。

"四增"：增加了产量、增加了商品率、增加了群众收益、增加了森林覆盖率。水浇地桃果亩均增产一倍左右，商品率由40%提高到80%。小麦每亩年增产150公斤，玉米每亩年增产240公斤。2017年，万荣县贫困群众人均可支配收入达到2618元，较2016年增长了18.3%以上；2018年，贫困群众人均可支配收入增幅高于全省平均水平；2018年，全县森林覆盖率达到34.6%，连续三年，每年递增1个百分点。

改善了生态环境，水利扶贫正惠及每一个贫困村、每一户贫困户、每一个贫困群众，已成为万荣县脱贫"摘帽"的新引擎。

水利扶贫，不断扩充提升效益

水利不但是农业的命脉，更是贫困群众摆脱贫困的生命线。万荣县委、县政府紧紧抓住水利这个脱贫致富的"总抓手"，奋战三年，全面实施贫困村提升工程。一是大力实施农村饮水安全提升工程。投资420万元，对全县5780户贫困户实施了农村饮水安全提升工程，全部通上自来水，占全县贫困人口的72%，彻底改变了贫困户的饮水安全问题。二是大力推进基础设施建设。全县共新建和改扩建村级组织活动场所21个，建设日间照料中心33个，新建和修缮卫生所27个，硬化通村路3.9公里，建设村级文化舞台19个。三是大力实施农村危房改造工程。万荣县委、县政府在财力十分紧张的情况下拿出328.5万元，为全县219名危房改造户实施了危房建设工程，彻底改善了贫困户安全住房问题。四是大力实施贫困村绿化亮化工程。截至2018年底，全县65个贫困村由于水利条件的改善，共栽植各类绿化树木13万株，绿化面积达到2950平方米，安装各类照明路灯13000盏。

汉薛镇西文村深井扶贫项目

引进幸福水　惠泽百姓家
——忻州市繁峙县光裕堡乡富家庄村农村饮水安全巩固提升案例

富家庄村隶属忻州市光裕堡乡，位于繁峙县城东15公里处，共有耕地面积8273亩。2014年全村共有893户2566人，其中建档立卡贫困户396户1142人，贫困发生率44.51%。2018年实现整村退出。

2018年，富家庄村铺设PE管道24440米。其中，4英寸管道600米、3英寸管道1140米、2英寸管道5060米、1英寸管道9600米、8分管道300米……饮水安全工程如雨后春笋，破土成长，一户户群众喝上了自来水。"哗哗哗"欢快流淌的自来水成了富家庄村最动人、最和谐、最幸福的音符。

群众渴望　政府关切

富家庄村是一个以种粮为主的农业村，全村供水管道是从1985年到2006年分6次铺设的，有PVC管道、钢管、PE管道等。村内管道老化严重，经常出现破裂、漏水现象，造成停水现象比较多，屋里的大水缸、扁担和水桶也便成了标配。不仅影响吃水，影响灌溉，还导致街道破烂不堪，满街泥泞。对于那些老弱病残特殊人群，每次停水都成了他们最害怕的事情。家里的水一般都要经过"洗脸、洗手、洗菜、洗脚、喂家禽"这

开挖路面铺设管道

五个流程。有时停水时间过长，村民饮水还需到其他村运水解决，缺水情况十分突出。

何时才能不停水、不断水，成了富家庄村群众最现实、最迫切的愿望，这也引起了繁峙县委、县政府的高度重视。

统筹推动　严格监管

2018年初，繁峙县委、县政府将解决富家村饮水问题列入全县贫困村提升工程，整体推进，并成立了农村饮水安全保障行动领导组，领导组下设水利扶贫工程组、扶贫统计组、规划组、监督检查组、饮水安全评估调查组，确保了项目工作各个方面、各个点，都有人抓、有人管，围绕脱贫"摘帽"任务，访民众、探民意、寻水源，与当地群众探讨研究解决方案，确保了农村饮水安全工程的顺利推进。

在项目实施过程中，富家庄村严格按照繁峙县《2018年脱贫"摘帽"

对接管道

工作实施细则》，明确安全饮水保障行动工作目标、实施内容、资金筹措方式、建设管理责任、运行管护机制、具体保障措施，确保安全饮水在建工程实现"当年施工，当年建成，当年受益"的目标。与此同时，按照"先急后缓、先重后轻、突出重点、分步实施"的思路，富家庄村优先解决对农民生活和身体健康影响较大的饮水安全问题，并严格实行项目法人制、质量监理制、招标投标制和施工合同制。根据工程建设内容确定技术负责人、施工负责人以及监理人员，层层把关，明确责任，严把质量。

加强管护　助推脱贫

建设是基础，管理是关键。项目实施完成，繁峙县成立了贫困村饮水安全专业评估认定小组和贫困县退出初验小组，按照农村饮水安全评价准则，从水质、水量、供水保证率、方便程度四个方面对富家庄村进行评估认定，各项标准全部符合要求。同时，严格执行《繁峙县农村饮水安全工程建设管理办法》《繁峙县农村饮水安全工程运行管理办法》，实行地方行政首长负责制，由县政府总负责，逐级将责任落实到乡（镇）及有关部门和单位，促进农村饮水安全工程良性运行。

农村饮水安全工作不仅大幅提高了农村供水保障率，改善了广大群众饮用水条件，同时也减少了涉水性疾病，提高了农民群众的健康水平。广大农民群众摆脱了祖祖辈辈长距离挑水喝的历史，解放了农村大量劳动力，使人们有更多的时间从事生产经营或外出打工，发展劳务经济。同时，富家庄的村民可以借"水"生财，通过调整种养结构，发展多种经营，增加就业机会，增加收入，从而加快了贫困群众脱贫致富奔小康的步伐。

在富家庄村抽样调查显示，农民群众对饮水安全工程的满意度超过95%，群众称之为"德政工程""民心工程""惠民工程"。

实施饮水安全工程 拓展产业发展空间
——晋中市和顺县横岭镇翟家庄村农村饮水安全巩固提升案例

翟家庄村位于晋中市和顺县西部，距县城66公里。全村土地面积18709.03亩，其中耕地面积3301.60亩，林地面积14974.61亩。主要种植作物有玉米、马铃薯、谷子和豆子等，养殖业以养牛为主。2014年全村共有238户615人，其中建档立卡贫困户187户477人，贫困发生率为77.56%。2016年底实现整村脱贫。

由于客观原因，翟家庄村水池漏水，水源水量不足，旧有水源井深度较浅，并且受到了生活废水的污染，水质较差，村民生产生活用水得不到保障，严重制约了产业发展。为了彻底解决翟家庄村饮水困难的实际问题，加快脱贫致富的步伐，和顺县委、县政府高度重视，积极为翟家庄村筹谋饮水工程事项，开展了饮水工程建设。经过各方的齐心协力，终于解决了翟家庄村人的饮水困难，使"哗啦啦"的清水流入寻常百姓家。

严密措施"五统一"

要建好"放心水"工程，必须坚持工程建设程序上的"五统一"，保证材料及资金安全。为有力保障翟家庄村饮水工程项目建设工作，针对焦

翟家庄村饮水安全工程供水点

点问题,和顺县坚持做到"五统一",即统一招聘设计单位,提升设计专业水平,做到了村方案和设计规划有效合理;统一招聘监理单位,保证管理控制规范化,工程质量监理实时跟踪;统一招标项目施工单位,做到公平合理;统一采购机电设备和管材,有效保证了材料质量;统一进行完工造价审核和决算审计,确保投资的合理性和规范性。通过"五统一"过程管控,保证翟家庄村饮水安全工程经得起群众和时间的检验,成为真正的民心工程。

工程建设"四到位"

有了严密的措施,工程建设才有保障。2018年初经乡村申报到和顺县水利局核准,翟家庄村饮水安全项目被列为和顺县2018年重点项目。工程设计批复总投资75万元,工程建成后可满足该村生产生活供水需求。

翟家庄村饮水安全项目于2018年5月20日开工,在工程建设中,树牢目标倒逼任务、时间倒逼进度的理念,"实"字求效,"严"字把关,确保资金、技术、实施、效果四到位。经过两个多月的建设,翟家庄村饮水工程于7月10日完工通水,群众日常用水更加便利,工程发挥了应有的成效和功能。

产业发展"两凸显"

翟家庄村安全饮水工程

翟家庄村饮水安全工程建成后打破了用水不足的瓶颈,可满足主导产业养殖业和种植业用水需求,增大两项产业发展空间,形成脱贫产业"两凸显"态势。一是种植产业发展方面。翟家庄村建有着床面积1530平方米的双孢菇生产园区,年生产能力为45万余斤的双孢菇产业,是全村农民脱贫增收的有力引擎。2018年翟家庄村双孢菇大棚实现盈利20余万元,形成、培养一批产业工人,每年带动贫困户打工89人,人均打工增收200元。二是养殖业发展方面。翟家庄村牛存栏1400余头,养牛园区建有500余平方米,养牛户7户237人,截至2019年6月,全村出栏牛580头,实现销售收入290万元,养牛纯收入200万元,人均增收3000元。

翟家庄村的贫困村饮水安全提升工程,不仅改善了贫困群众的生产生活条件,而且拓展了该村产业发展空间,实现了贫困户脱贫增收。

第四章

农村医疗卫生保障案例

没有全民健康　就没有全面小康
——太原市阳曲县农村医疗卫生保障案例

阳曲县是典型的地域大县、人口小县、经济弱县。乡镇卫生院发展严重滞后，科室设置不合理、人员短缺、技术水平差，特别是多数村卫生室医疗设备简陋，村医学历低、职称低等，这些已经成为制约阳曲县医疗卫生事业发展的最大短板。为此，阳曲县委、县政府高度重视，积极推进县、乡医疗卫生机构一体化改革，通过一体化改革，让健康扶贫驶入了快车道，助力了脱贫攻坚任务的有效落实。

精准定位　方案求"优"

阳曲县委、县政府成立了健康扶贫工作领导小组，定期召开会议研究健康扶贫工作。严格责任追究，对在督查巡视、专项检查、明察暗访中存在问题的，根据规定进行责任追究，助力完成全县脱贫"摘帽"既定目标。建立长效机制，完善各项规章制度，各乡镇卫生院每周将工作进度按时传报至县扶贫办，确保健康脱贫工作做到常态化、长效化。

精准给力　经费求"足"

阳曲县建立了因村因户、因人施策的帮扶体系，积极开展"双签约"服务。家庭医生团队和乡村干部团队分别与因病致贫返贫群众签约帮扶，家庭医生团队提供基本医疗卫生服务，乡村干部团队提供政策宣讲和报销服务。整合"双签约"服务团队，确保因病致贫返贫群众"就医有人管，报销有保障"；建立聚焦贫困、破除壁垒的保障体系，对"三保险""三救助"兜底；建立急慢分治、分批分类的救治体系，实现"全覆盖"救治；开展健康服务和慢性病综合防控，着力做好高血压、糖尿病、结核病等患者的规范化管理服务，建档立卡贫困群众慢病签约应签尽签；设立健康扶贫绿色通道，实现"先住院，后付费"的一站式结算。对建档立卡贫困人员，不收任何的住院押金，签订"先诊疗后付费"的协议书后，极大地减轻了患者的垫资压力和经济负担。

家住泥屯镇思西村65岁的建档立卡贫困户白卯生，患有大病，因病致贫。2018年8月在阳曲县人民医院治疗，医疗总费用8177.01元，出院一站式报销金额7328.84元，个人实际自付450.89元，医疗费用实际报销比例达到94.49%，个人仅支付5.51%。

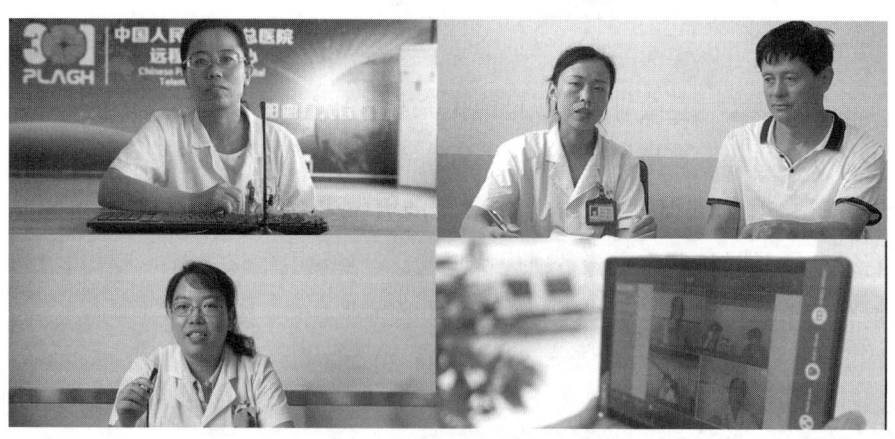

"互联网+医疗"，实现了群众"近就医、少花钱、少跑路"的愿望

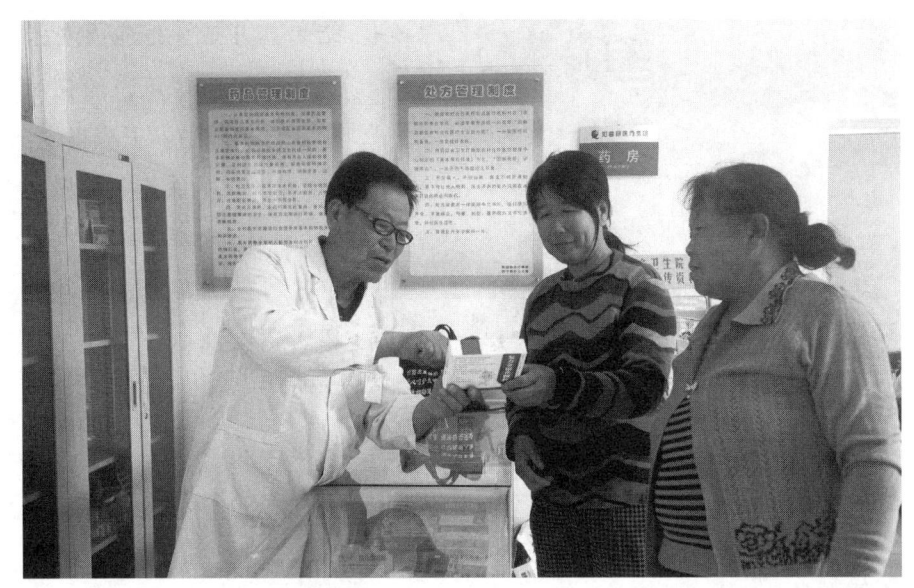

医疗集团医生为患者讲解药物的保用方法

精准创新　流程求"易"

推行"医疗+互联网"工程，让人工智能助力县域医疗卫生机构一体化发展。阳曲县通过信息化平台建设，对医疗卫生工作的发展和服务进行了解构和重构，实现了"医疗运营和服务的一体化管理"及"以居民为核心的全程连续性健康管理"，从而助力健康扶贫工作。特别是多学科远程联合门诊，可以"一键呼叫"上级医生协助、随时联动解决问题，通过信息平台的高度融合，方便就医的同时也大大降低了群众的医疗支出。

64岁的王应喜是店子底村村医，已经从医41年了。如今，他随身带着一样"新宝贝"——健康一体机。"可以上网远程连接，村民在家里就可以做心电图，测血糖，数据直接传输到医疗数据库。"王应喜欣喜地说。村医的工作内容发生了新的变化，从"小病不出门"到一家人健康"全托付"，工作效率提升了，服务内容也越来越贴心。有一次，村民张玉花突然感到胸部不舒服，王应喜立即按照县医疗集团培训过的知识进行处理，并将心电图、血压等检查结果发回集团心电中心，县医院及时明确了诊断

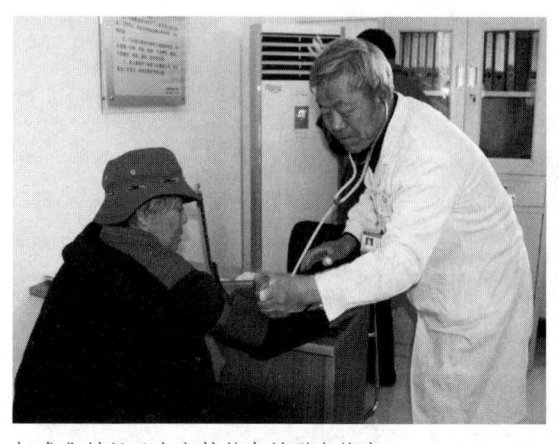

标准化村级卫生室护航农村群众健康

结果,并指导王应喜对张玉花进行对症口服药物治疗及日后随访。王应喜说:"现在村里的医疗条件越来越好,医疗费用有的也省下了。像为张玉花进行的检查,全部免费。既提高了工作效率,又降低了工作强度。"

精准帮扶　基础求"实"

推进医疗基础设施建设,实行"分级诊疗",让群众"就近就医",实现村卫生室全部达标,并在此基础上打造有特色、有亮点的样板村卫生室。于2017年3月31日挂牌成立阳曲县医疗集团,该集团投资539万元,对全县89个村卫生室进行了达标建设,为当地百姓提供了良好的就医环境,并配备所需设备。

52岁的村民程某某就在几个月前,还是一个在生死线上挣扎的病人。2019年4月22日,她突发脑出血,家人紧急将她送到外地医院救治,经过十几天的治疗,她依然昏迷不醒,看着高额的医药费用,家人无奈地将她接回了家,之后又将她送到了乡卫生院,并做了最坏的打算。但是经过乡卫生院医护人员的精心治疗和照料,她奇迹般地康复了。程某某说:"在乡里住了一个多月的医院,家门口就守着县医院的好医生,医药费总共是5576元,自己只付了268元,就救回了我一条命。我知道是党的好政策救了我!"

聚焦深度贫困　筑牢兜底防线
——吕梁市临县农村医疗卫生保障案例

临县是山西省10个深度贫困县之一，全县22.28万建档立卡贫困人口中，因病致贫占13%、因残致贫占4%、因学致贫占7%、低保五保贫困人口占15%、60周岁以上老年贫困人口占24%。近年来，县委、县政府围绕贯彻落实习近平总书记视察山西重要讲话精神，瞄准最困难的群体、扭住

林家坪卫生院中医科

城庄镇小马坊村卫生室村医在为村民量血压

最急需解决的问题,用好用活用足社会保障兜底扶贫政策,协同联动、集中攻坚,坚决啃下"硬骨头"、全力打好攻坚战。

衔接联动下功夫,应扶尽扶

一是低保政策与扶贫政策有效衔接。2017年将农村低保标准提高到3228元,超过当年3200元的省定扶贫标准指导线,实现"两线合一"。同时按照"以户施保、动态管理、差额补助、应保尽保"的原则,加强低保户与贫困户对象认定上的衔接,将符合低保条件的建档立卡贫困户纳入低保范围。二是残疾人政策与低保、医保政策有效衔接。将符合条件的建档立卡贫困残疾人全部纳入农村低保范围,全县9646名建档立卡贫困残疾人中,纳入低保6689人,占比69.3%。对建档立卡贫困残疾人基本医保个人缴费全部给予补贴,建档立卡重度残疾人全部纳入医疗救助范围。三是建立有进有出动态调整机制。加大动态管理力度,扶贫、教育、卫计、人社、民政等部门加强信息共享,定期进行复核比对,将符合条件的困难群众及时纳入社会保障兜底范围,将不符合条件的及时退出。

具体落实下功夫,对标到户

一是加大政策宣传力度。针对健康扶贫政策涉及面广、专业性强,群众不易知晓的实际,落实好"双签约"政策的基础上,创新宣传模式,为全县631个行政村制作健康扶贫政策宣传U盘、确定宣传员,每天村广播定期播放讲解。将政策以秧歌、三弦书、顺口溜等群众喜闻乐见的形式宣传,确保家喻户晓。二是加大督促指导力度。在2017年推行精准扶贫、精准脱贫对标到户小分队的基础上,又建立了4个对标到村、对标到户、对标到人"三对标"监督小组,分别由两名县人大常务委员会副主任、两名县政协副主席牵头,抽调扶贫、教育、卫计、民政、残联、住建等部门的50余人,分4大片对全县110个拟脱贫村开展常态化监督。入户调查、现场办公,送政策上门、送服务到户,做到问题在一线发现、在一线解决,一项一项对标落实。三是加大代报代办力度。各村设置1—2名代报代办员,为年老体弱、行动不便、智力残疾等人员

白文镇卫生院一站式结算窗口

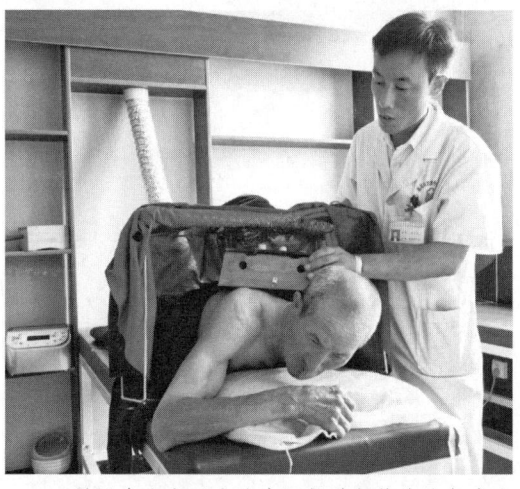

村民在白文卫生院中医馆进行传统艾灸疗法

代报代办医保报销、民政救助、残疾补贴等业务，确保不落一户不漏一人。以建档立卡贫困人口住院报销为例，2017年基本医保补偿受益人次是2016年的1.57倍，补偿比例79.5%，比上年提高28个百分点。加上大病保险、补充医疗保险和兜底补助，实际报销比例达到90%。

改革创新下功夫，精准施策

一是多形式破解老年贫困难题。针对老年贫困群体数量多、脱贫难的实际，临县实施了扶贫孝心基金工程。目前已筹集到近3000万元扶贫孝心基金（统筹整合资金拨付500万元，贫困老人子女缴纳赡养金2386万元，县慈善总会募集社会爱心款54万元）。二是临县立地条件差，群众劳动强度高，全县腰腿疼、关节炎、肩周炎、脊柱病患者占总患病人数的25%。为解决群众常见病、多发病去大医院花费大、不方便的问题，临县建成了14个乡镇中医特色理疗馆，方便了群众就近治疗，取得了较好效果。

八个"一站式" 打赢医疗保障硬仗

——吕梁市岚县农村医疗卫生保障案例

2017年6月20日,岚县健康扶贫县域内住院费"一站式结算"信息系统正式上线运行,一举实现了县内公立医院、基本医保、民政、财政、扶贫等五部门医卫数据资源共享,贫困群众就医住院费用报销通过"一站式"平台即时结算。贫困患者入院第一次享受零付费,出院自付不超10%的费用,极大地方便了患病群众,受到了社会各界的好评。

2017年以来,岚县县委、县政府紧紧围绕建档立卡贫困人口能够"看得起病,看得好病,看得上病,少生病"的目标,拓展政策举措,强化督导考核,不断深化"一站式"系列化、全覆盖医卫改革,立足挖潜力、拓领域、补短板,实现了医疗卫生"一站式"八个全覆盖,受到了国家卫生健康委员会办公厅、国务院扶贫办综合司联合通报表扬,成为"国家健康扶贫工作先进县"。

县域内住院费"一站式"结算全覆盖

2017年,岚县率先在两个县级公立医院、12个乡镇卫生院全部实行"一站式"结算改革模式,取得了良好效果。2018年,为保障全县贫困人

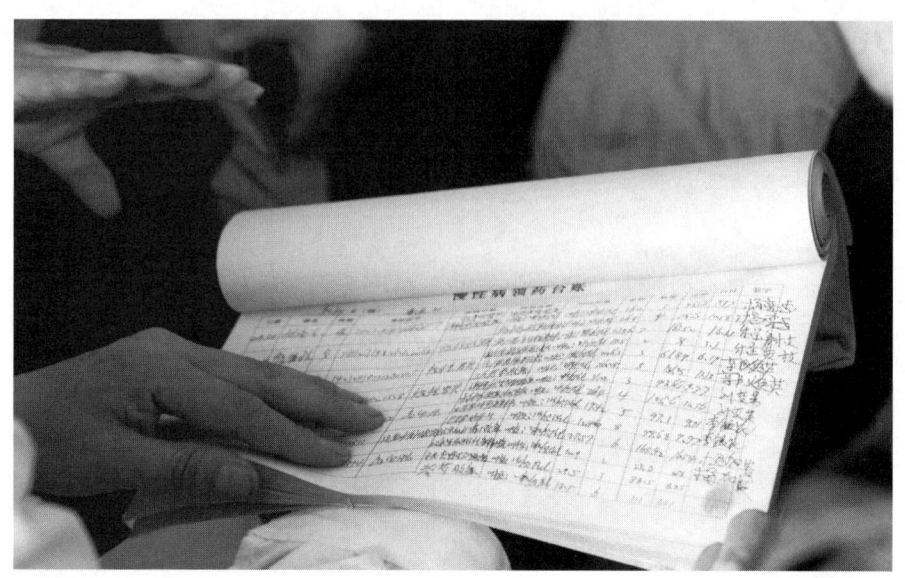

建立慢性病台账

口县内住院90%报销政策落地见效,对县级两所民营医院也实施"一站式"结算改革,极大地方便了广大群众就医。截至2018年底,县内通过"一站式"就医报销人数达5863人,补偿资金15863589.32元,其中三保险11694429.52元、民政493377.19元、医院54486.88元、财政1510975.03元。

县域外住院费"一站式"结算全覆盖

2018年6月,岚县又实行了县外住院费"一站式"结算医改模式,在县政务大厅设立健康扶贫兜底保障窗口,对参加城乡医保的农村贫困人口实施"一站式"服务。

县域外住院直报人员县内"一站式"报销全覆盖。对凡是贫困户异地就医选择直报人员,涉及医疗费用均较高,快速报销可以及时支撑其进行后续治疗费用。为此,岚县在健康扶贫窗口又增加了直接受理业务,凡录入异地报销的信息,启动民政38元商业补充医疗及意外医疗保险,财政兜底90%报销政策。一票告知,贫困群众就医后即可在家等候,保证15天内结算完毕。

意外伤残、意外身故、疾病身故保险"一站式"理赔全覆盖

在县政务大厅健康扶贫窗口专门设立一次性告知书，对贫困群众因各种意外情况导致的伤残身故者，在提交"2+X"，即身份证、银行卡号及各类意外情景资料证明后，一卡告知，贫困群众就可在家等候，保险公司按时打卡理赔。

大病救助补偿费用"一站式"全覆盖

救助信息分乡镇、分村打包到各乡镇计生中心主任，负责安排各村计生服务员统计银行卡号，然后由财政拨款到卫计局健康扶贫账户，分发到医疗集团各乡镇卫生院账户，并由各乡镇信用社将款打到个人账户，实行"一站式"救助，所有救助不超过15天。截至2018年底，从吕梁市医保中心提取11470人的住院信息，梳理出非贫困人口住院信息7340条，对超过个人自付5000元的598人，重复住院997人次，其中个人自付总计超过5000元的353人，共计951人。

地方慢性病保障"一站式"报销全覆盖

经卫计系统调查统计，将省定的42种慢性病之外高发的14类52种慢性病，全部纳入健康扶贫保障范围，保障对象为全县农村居民，保障资金全部由县财政负担。

送医送药"一站式"服务全覆盖

根据《岚县乡村医生和村卫生室工作人员准入退出方案》，由卫计部门对全县乡村医生进行统一管理，为2000人以上5个行政村各增设了1名

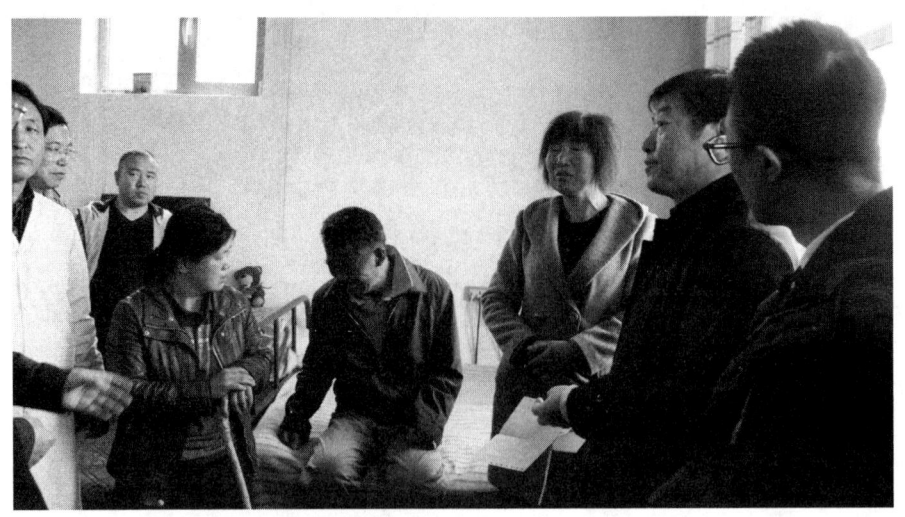
县卫计局深入贫困户家中了解健康扶贫兜底情况

乡村医生，为两个移民村新设乡村医生各1名。目前，全县乡村医生人数达174名，实现了每村拥有一名合格乡村医生的目标。12个乡镇卫生院和167个村卫生室开展上门为农村群众送医送药服务。

村级卫生设施、信息化建设"一站式"全覆盖

岚县统筹资金285万余元，用于167个村级卫生室达标建设。目前，全县167个行政村全部实现了村卫生室公有化。投入资金80余万元，用于掌上家庭医生门诊慢性病"一站式"结算硬件、软件建设。为全县所有村级卫生室配备了电脑、打印机，开通了互联网宽带，为所有村医配备智能手机，开通了"村医通"APP，实现了预约挂号，远程门诊服务，村级卫生室实现了医保刷卡和慢性病刷卡支付功能。同时开发"岚县掌上家庭医生"信息系统，从2019年起，实现基本公共卫生全程服务信息化。

通过深化医卫系列化、全覆盖改革，岚县已实现了互联网+远程医疗、互联网+健康档案、互联网+集团信息化、互联网+住院患者先诊疗后付费"一站式"结算、互联网+统筹监管、互联网+绩效考核、互联网+掌上家庭医生手机APP等运行模式，为健康扶贫、健康岚县打下了坚实的基础。

强化医疗服务能力　创新医疗帮扶机制
在提升贫困群众医疗保障水平上见实效
——晋中市平遥县农村医疗卫生保障案例

实施健康扶贫行动,是"十三五"时期打赢脱贫攻坚战、实现农村贫困人口脱贫的一项重要的超常规举措。既是实现"两不愁三保障"的关键环节,也是难点所在。平遥县着力把实施健康扶贫工程作为全县脱贫攻坚

县医疗集团组织医务人员深入朱坑乡张家庄村开展健康扶贫大型义诊

总体工作的重中之重,在提升贫困地区医疗服务能力上下功夫,在提升健康扶贫工作质量上做文章,在提升贫困群众医疗保障水平上见实效,综合施措,多向发力,打好底色,做足成色,确保了工作扎实、政策落实、结果真实。

双组长、双督导、双签约打通健康帮扶堵点

一是完善工作机制。县、乡两级成立了由分管扶贫和分管卫计工作领导担任双组长的健康扶贫工作领导小组,压实了主体责任,强化交账意识、攻坚意识和责任意识。同时建立了部门联席会议制度,定期分析解决健康扶贫实施过程中存在的问题,确保工作实效性和健康扶贫工作的连战连胜。二是建立督导机制。县脱贫攻坚领导小组和县健康扶贫领导小组对健康扶贫工作进行4次全县性的工作督导,定期通报问题,限时督促整改。三是健全服务机制。家庭医生签约团队和乡村干部团队对全县3717户因病致贫、因病返贫的"双签约"对象开展了一月一次的跟进服务,全县家庭医生团队上门随访6758人次,接受咨询4953人次,免费体检4298人次,乡

县医疗集团组织医务人员深入贫困户家中问诊

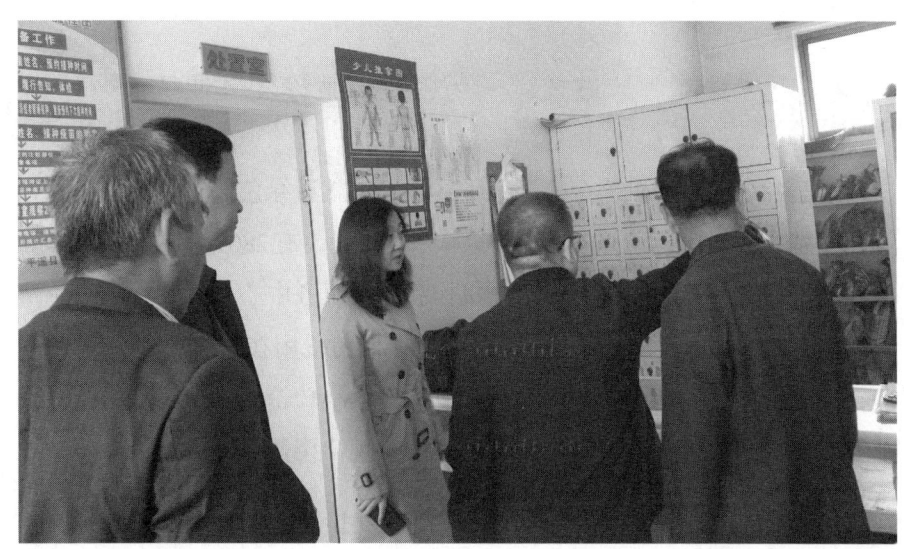
县卫健体局深入村卫生室检查调研

村干部团队帮助落实就医报销68人次，开展健康扶贫政策宣传6554人次。

三保险、三救助、三个一批减少因病致贫存量

在落实贫困人口基本医疗、大病医疗和补充医疗三项保险报销政策和医疗救助的基础上，县财政将个人住院自付费用比例高于10%的再次兜底救助到10%以下，确保了贫困人口省内定点医院住院综合保障比例达到90%。平遥县共计12619名贫困人口享受了医疗保障帮扶政策，报销金额2924万元，其中3666名住院贫困患者中，有3015人享受了"136"兜底报销政策，大病保险报销293人135万元，补充保险报销1566人22万元；为全县所有建档立卡贫困人口代缴了医疗保险金，医疗救助1019人181.9万元，财政兜底救助667人27.3万元，给予两人一次性5000元的大病关怀救助，为439名建档立卡贫困残疾人发放了辅助器具，为145名贫困白内障患者进行了免费手术；按照大病集中救治一批、慢病签约服务一批、重病兜底保障一批的原则，对贫困患者开展分类救治，大病救治603人，慢病签约2586人，重病兜底18人，救治率均为100%。

一免除、一站式、一药箱提供就诊保健便捷

全县各定点医疗机构全部开通了贫困人口就诊绿色通道,免除贫困患者挂号费、普通门诊诊疗费17069人次37132元,有2807名贫困患者享受了住院零押金政策;在各定点医疗机构和行政服务中心大厅实行了"一站式"信息交换和即时结算,贫困患者所有报销费用在一个窗口一次性办理;为全县每户建档立卡贫困人口发放了健康小药箱,小药箱外用即时贴粘贴"双签约"团队的信息,为贫困户按时规律用药、掌握健康知识、健康扶贫政策、联系家庭医生提供了方便。

强基层、强服务、强能力遏制因病致贫增量

全县建档立卡贫困村卫生室实现了公有化,并按每个卫生室两万元的标准配备了办公设施和医疗设备,启动了贫困村卫生室与山西省中医院中医远程门诊,使贫困群众在家门口就可以享受到省级专家的门诊服务;对贫困村乡村医生月平均收入不足3000元的,由县财政兜底补足3000元,着力解决了贫困村卫生室人员待遇低、引不进、留不住、干不长,导致贫困群众基本医疗服务和基本公共卫生服务保障不到位问题;县级医疗机构组团式对口帮扶7个贫困乡镇卫生院站及其辖区内卫生室,严格落实县级医院医师晋升中高级职称到贫困乡镇卫生院、卫生室下乡服务累计一年且连续不少于一月的政策,帮助贫困地区提升基本医疗服务能力;为全县所有建档立卡贫困户建立了健康档案,按规范常态化落实好对贫困人口的14项基本公共卫生服务,组织力量上山下乡开展义诊、健康知识讲座、卫生医疗咨询、健康生活方式宣传等活动200余次,促进了健康生活方式的逐步形成;全县上下广泛开展了县、乡镇、工作队、帮扶责任人4级健康扶贫政策培训和全方位的宣传解读,贫困群众对健康扶贫政策的知晓率、对健康扶贫的满意度和获得感不断提升。

构筑群众生命健康防线
提升村级卫生保健功能
——忻州市忻府区三交镇小塔习村农村医疗卫生保障案例

小塔习村位于忻府区三交镇西部，忻静公路旁边，距忻州城区40公里处，全村总面积11769亩，其中耕地面积694亩，林地面积约2300亩。2014年全村共有121户280人，其中建档立卡贫困户61户188人，贫困发生率67.14%。2016年实现整村脱贫。

小塔习村卫生室药房

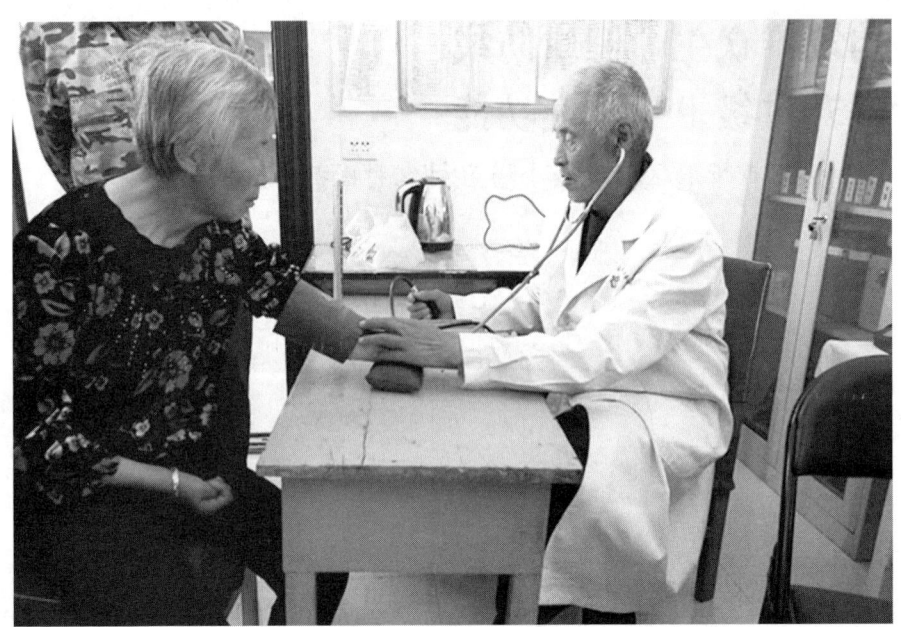

乡村医生给村民体检

抓民生工程　筑健康防线

两年前的小塔习村卫生室业务用房是占用村委会的一间房，不能做到三室分开，也没有功能分区。简陋的医疗环境和落后的医疗条件难以满足村民们的就诊需求，村民们就医极为不便，许多村民为了看病常常需要去镇上或者市里。

奔小康先保健康，村卫生室建设是精准扶贫、精准脱贫的一项重要民生工程。为切实解决村民的看病就医问题，全面提升贫困村卫生室的医疗条件，忻府区委、区政府为每个贫困村拨款4万元进行忻府区贫困村卫生室标准化建设工程，小塔习村就是受益村之一。

自忻府区贫困村卫生室标准化建设工程开展以来，小塔习村围绕贫困户"两不愁三保障"的总体目标，扎实推进脱贫攻坚工作，进一步健全医疗卫生服务体系，实现了卫生室"布局合理、设置达标、功能完善、管理规范"的目标，建立起集基本公共卫生服务和基本医疗服务于一体的村级卫生服务机构，切实解决了小塔习村群众看病就医问题。

搞卫生建设　解群众忧愁

在村卫生室标准化建设工程中，首先要考虑的就是选址问题，村卫生室的选址是否科学直接决定村民看病就医是否方便。经过多次摸底调查，并深入群众家中征求意见，村里决定将村卫生室设在小塔习村中心，最大限度地保证了村民就医方便。同时还有一个至关重要的环节就是招标，在招标方面，小塔习村遵循"厉行节约、简单实用、美观大方"的原则，通过统一招标的方式，选择了最合适的建设方，村卫生室建设工期从7月开工至10月完工，工期为3个月，工程从立项到竣工严把质量关、进度关，严格按照村卫生室建设标准进行建设，保证村卫生室的建设质量。

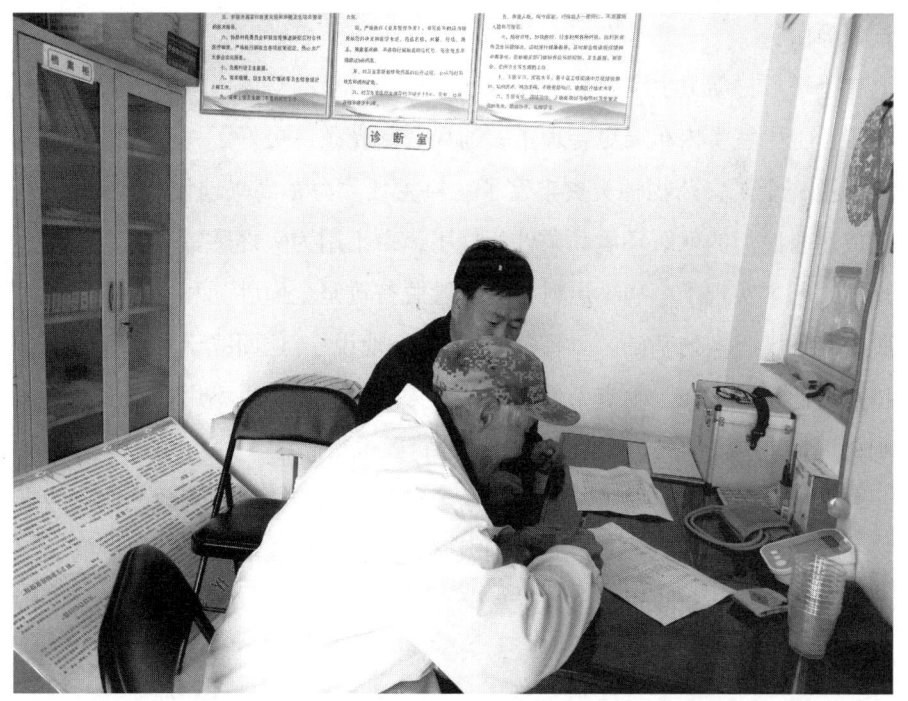

乡村医生给村民建立公共卫生档案

新的村卫生室竣工后，忻府区成立了专项督导组，通过听取汇报、实地查看、测量和翻阅账目资料等多种形式，严格按照村卫生室建设标准，对小塔习村卫生室进行验收，验收结果为合格。新建村卫生室长10米、宽4米，建筑面积达到了40平方米，实现了治疗室、诊断防保室、药房三室分离。同时村卫生室还配备了基本医疗设施设备，确保村卫生室能够开展基本医疗服务。新配备的基本医疗设施包括诊疗、高压灭菌以及辅助设备等，并增添药品20种，种类达到60种，解决了百姓小病不进城的问题。

提服务水平　保群众健康

在健全村卫生室的硬件设施后，小塔习村又开展了公共卫生服务"双签约"，通过建立乡村干部、家庭医生签约团队与建档立卡贫困人口中的因病致贫、因病返贫困难群众"双签约"工作机制，确保农村贫困人口中的因病致贫、因病返贫群众都有一个健康服务家庭医生团队和医疗服务政策保障团队。

小塔习村新卫生室建成并投入使用后，村里的整体医疗卫生条件大为改善，卫生室室内布局更合理了，通风、采光条件更好了，基本医疗设施设备更齐全了，药物种类更丰富了。村主任姜海军高兴地说："新卫生室建成后村民们的就医环境和条件变好了，再不用为头疼感冒买不到药而发愁了，基本实现了小病不出村，为决胜脱贫攻坚全面胜利和小塔习村全面脱贫打下了坚实的基础。"村医闫林虎满意地说："这回终于不用和村委会挤在一起了，现在卫生室条件好多了，人们有点小病也不用去镇上了，来咱村卫生室看病的人也多了，来看病的村民也很满意。"

唯愿处在大山褶皱腹地中的小塔习村的乡亲们，沐浴着政策扶持的春风，紧跟着时代变革的步伐，愈困愈坚，用自己健康的体魄和智慧的头脑共同谱写出富裕和谐的生活新篇章。

让村民少跑路少花钱
——运城市河津市僧楼镇张家堡村农村医疗卫生保障案例

张家堡村地处河津市北部，距县城20公里。全村耕地面积2900亩，主要种植作物有小麦、玉米等传统作物。2014年河津市张家堡村共有352户1450人，其中建档立卡贫困户138户514人，贫困发生率为35.45%。2018年底实现整村脱贫。

今年47岁的王某某是河津市张家堡村低保户之一，患有高血压、心脏病等多种慢性疾病，常年住院，家里的看病花销很大，让这个本就不富裕的家庭更是雪上加霜。还好现在有了家庭医生，不仅会不定期地给老王打电话询问病情，而且，只要是老王感到不舒服时，随时可以询问医生。老王欣喜地说："现在的家庭医生，真是服务到家了。"

签约服务受好评

2018年，国家出台了一项新的政策，针对贫困人口制定了专属的个性化服务包"健康扶贫爱心包"，爱心包服务会为每位贫困群众、村民提供个性化健康指导、健康咨询及合理用药、转诊预约等服务，并且每年为贫困群众免费体检一次，服务包的费用全部由公共卫生资金和医疗机构援助，目前，张家堡村因病致贫的建档立卡的贫困户全部签约，有了家庭医生，使贫困群众真正有了医疗保障。

村民就医有保障

村民樊某某是村里的一位建档立卡贫困户，这段时间，对于她来说，是又欣喜又担心。担心的是孙子这段时间生病了，让她很着急；欣喜的是现在村里建了新的高标准卫生室看病方便了。她说："以前孩子发烧，得去十几里外的镇上看病，现在好了，新建的卫生室又干净又专业，在家门口就医，太方便了。"而且，更让她们受益的是，村里为所有建档立卡贫困人口建立健康档案，为建档立卡贫困人口中的老年人、儿童、孕产妇和高血压、糖尿病、重度精神病患者、结核病等重点人群提供免费健康体检、随访、健康指导和健康教育、转诊等服务，真正实现了公平可及的基本公共卫生服务，提高了均等化水平。

张家堡村卫生室外景

优惠政策得实惠

贫困户孙某某2018年因腿疼住院了,不过,让他欣慰的是有了"136"医疗扶贫政策和"一站式"即时结算,他在市医院做了膝盖置换手术,产生的128790元的医药费可以报销127516元,算下来,他只需要承担1274元,极大地减轻了他的经济负担。村民就医不仅可以享受新农合报销,同时,根据"136"医疗扶贫政策和"一站式"即时结算,贫困户在县级医院住院,医保目录内个人最高只需支付1000元,真正让贫困户享受到党和政府的温暖。全村贫困户可以享受报销政策,在县域内、市级、省级医院医保目录内费用个人自付部分分别不超过1000元、3000元和6000元。各项优惠政策让村里的贫困户切实享受到看病有医保、生病给报销的好条件。

过去的张家堡村,集体经济薄弱,建设资金不足,看病就医难等问题成为制约全村村民幸福指数提高的主要因素。为了让村里的村民看病更方便,2018年,河津市加大对张家堡村的扶持力度,其中,卫生局扶持8万元,水资办出资15万元,共同投资在张家堡村建设了标准化村卫生室,村里也从村委会新建房屋中规划出两间房屋用于村卫生室业务用房,并对该村卫生室基础设施进行新建升级。同时,县水资办专门从机关工作经费中列出专项经费5万元,用于该村卫生室的装修和设备更换。现在的张家堡村卫生室设有宽敞明亮的诊断室、治疗室、药房等,同时还配备了电脑、打印机、空调等电子设备及氧气罐、紫外线消毒灯、高压灭菌锅等多种医疗器械,使得该村卫生室的医疗服务能力得到了大幅提升。村卫生室的建设,不仅使村民足不出村就可以享受到优质、安全、便捷的医疗服务,满足了村民就近就医、及时就医的需要,同时还为该村及周边村村民健康夯实基础,为因病致贫的村民脱贫创造条件,切实做到了打通"最后一公里"。

第五章

农村基础教育提升案例

一所专门的扶贫学校
——太原市阳曲县农村基础教育提升案例

阳曲县首邑学校，是在原大盂中学基础上改建的一所九年一贯制全封闭管理的教育扶贫学校。学校地处阳曲县大盂镇，占地面积70亩，建筑面积9000多平方米。全校现有教职员工86人，其中在编教师48人，临聘教师6人，工友32人。首邑学校的创办，解决了偏远地区、薄弱学校教育资源分散不均衡、师资力量不足、工作条件较差、学生受教育程度局限等困

学校的现代化食堂

难。该校在校学生472名,其中小学生288名(含精准扶贫户子女170名);初中生184名(含精准扶贫户子女99名),贫困学生占到全校总人数的57%,集中解决了阳曲县10个乡镇50多个行政村建档立卡贫困家庭的孩子上学难的问题,让孩子们在公共服务成型、办学条件标准的寄宿学校"零费用"享受优质的管理和教育。逐步缩小城乡校际差距,扩大了优质教育覆盖面,实现了资源的共建共享,使全县教育由基本均衡向优质均衡发展,被评为"太原市关爱农村留守和困境儿童示范学校"。

创新办学模式　不落一户一人

首邑学校是贫困家庭的"及时雨"。郝某某同学家住泥屯乡权庄村,爸爸、妈妈以及年幼的她和两个哥哥,一家5口人蜷缩在两间土窑洞里。郝某某的妈妈长年患有精神疾病,生活几乎不能自理,一家人全靠上山放羊的爸爸来生活,据说当初买种羊的钱还是四处借贷的。生活的艰难、外债的压力都使得这个在风雨中飘摇的家庭不堪重负,孩子们上学念书几乎想都不敢想。像这样困难的家庭还有许多,因贫困失学儿童还有许多。阳

生活老师为孩子们整理床铺

曲县委、县政府创新学校办学模式，集中全县山区零散学生和教育资源，兑现"不让一个孩子失学"的郑重承诺，也是实施"乡村教育脱贫"工程的行动。

丰富校园生活　实现多维发展

在学生宿舍，学生们自己动手洗袜叠被，清理卫生。保持良好的生活习惯，保证宿舍整洁有序的美好环境。首邑学校坚持立德树人，注重德智体美全面发展，学校组建教学、活动、生活等多个专业管理团队，对学生一周在校学习、生活，都安排专人无缝隙指导服务，开设心理辅导、古筝、非洲鼓、腰鼓、书法、美术等课程，同时引进素质拓展、机器人展示、话剧演出，组织元旦文艺汇演、风筝比赛等活动，丰富校园文化生活，培养学生阳光自信的精神风貌，全方位提升学生素质。让贫困孩子"走出去"，参加中小学生综合实践活动课，体验茶艺、电烙画、纸艺、陶艺、金工、木工、布艺等丰富多彩的艺术课，以及航空体验、户外拓展等活动，让孩子们开阔视野、学习技能、磨炼意志，激发他们的内在学习动力。从生活习惯和思想素质上多角度落实养成教育，有针对性地进行"人生引导、心理疏导、学业辅导、生活指导"，缔造他们"自信、感恩、好学、上进"的良好习惯和品质，从思想素质上扶贫，阻断贫困代际传递。

吸纳贫困劳力　解决相思之苦

孩子上学问题解决了，阳曲县委、县政府又以深度扶贫、广度治贫为出发点，以"帮扶一生，脱贫一户"为基本方略，将帮扶的目光关注到贫困学生的家长。按照县里统一部署，首邑学校再次伸出友爱的双手，将贫困学生的家长聘用到学校，做生活老师、清洁工、厨师。之前，这些上岗就业的家长都在县政府有关部门的组织下，通过了劳动技能培训。家长在校打工所得既可贴补家庭开销，还能近距离地照顾孩子，一举多得，其乐融融。

激发困难群众的内生动力,点燃贫困孩子的学习热情,既是打赢脱贫攻坚战的必经之路,也是实施乡村振兴战略、决胜全面小康的必然要求。新时代,我们将持续探索教育脱贫新模式,深入挖掘教育发展新内涵,努力让乡村建档立卡贫困户子女接受公平优质教育,阻断贫困代际传递,砥砺奋进、铿锵前行。

多措并举提升基础教育

——吕梁市岚县农村基础教育提升案例

为了全面落实教育扶贫、贫困学生资助的相关政策，提高贫困家庭脱贫能力，促进教育公平，使教育扶贫工作科学、合理、有序地进行，岚县县委、县政府认真贯彻落实党中央关于脱贫攻坚的重要指示精神，遵循"政府主导、社会参与"的工作原则，按照"精准扶贫，不落一人"的总要求，以提升岚县基础教育水平、资助家庭贫困学生就学为首要工作任

大蛇头中学老师给学生讲解教育扶贫政策

敦厚中心校精准帮教

务，以加强贫困生资助力度、确保适龄学生全部入学为主要工作措施，深入推进教育精准扶贫工作，通过教育提升岚县贫困家庭及成员的自我发展能力，彻底斩断贫困链条，助力脱贫攻坚。

树理念，强宣传，提高政策知晓率

岚县进一步提升政治站位，提高思想认识，把教育扶贫工作作为全县脱贫"摘帽"的重要环节，树立全员扶贫的理念，全面落实责任制，强化政策宣传。岚县将校长作为属地乡镇扶贫政策宣传的第一责任人，负责乡镇各村群众的扶贫政策宣传，学校把教师对扶贫政策的宣传纳入教师、班主任考核中，印制发放宣传资料近21000份，制作图版60余幅，讲座、家长会100余次，印制发放教育扶贫惠民政策明白卡8000余份，真正做到扶贫政策宣传进校园、进班级、进教师、进学生、进家庭，提高了全县群众扶贫政策的知晓率。

定办法，细措施，落实各项资助政策

岚县教育科技局制定印发了《关于教育扶贫规范化管理的实施办法》，加强了规范管理。一是要进一步优化资助流程。建立由建档立卡贫困家庭学生申请、学校审核、公开申报的学生资助流程体系。二是要进一步规范资金管理。建立从学校上报到教育局审核，再到资金以卡发放规范的管理体系，做到零失误。三是要进一步加强档案建设。对学前教育、义务教育、高中教育、职业教育的受助学生逐一进行登记造册，建立详细标准化的学生成长档案库，装订了教育扶贫专项资料300余盒。四是要精准发放扶贫资金，保证了建档立卡贫困家庭学生全覆盖。

家校连，结帮扶，提升群众满意度

岚县县委、县政府把"扶贫先扶智"作为脱贫的主要抓手，一是根据贫困村的实际情况，优先改善贫困村办学条件，加大对贫困村教师配备、扶持和管理力度，确保所有贫困户子女全部在校就学，没有一人因贫辍学。二是进一步拓展家校联系方式，建立精准帮教体系。开展教师学生结对"育才行动"，由一名或多名教师在学业和生活上结对帮扶贫困学生，特别是对乡村留守儿童进行心理和励志教育，共帮扶学生7985人次。三是依托职业中学培训基地，积极创造条件为初、高中毕业未能继续升学的建档立卡贫困家庭的富余劳动力，开展"土豆宴"、电子商务、酒店管理、面点和美容等职业技能培训，已培训40个班次、1729人次。

坚持"七个到位"
不让一个孩子因家庭困难而失学
——阳泉市平定县农村基础教育提升案例

平定县属于农业县区,经济相对落后,家庭经济困难需要资助的人员较多,教育扶贫任务大。近年来,平定县始终把扶贫助学作为凸显教育公平的民生工程来抓,切实把党和国家的资助政策落到实处,连续多年实现了"不让一个孩子因家庭困难而失学"的目标。

老师带领学生做实验

公交车辆定时、定点免费接送义务教育阶段寄宿生

精准识别到位

习近平总书记指出：抓好教育是扶贫开发的根本大计，要让贫困家庭的孩子都能接受公平而有质量的教育。为实现贫困家庭学生精准资助，平定县教育科技部门多次召开教育扶贫工作专项会议，专题研究教育扶贫工作中需要解决的问题和推进方式。针对全县学龄人口中建档立卡群体，实行领导包片、室站包点，进行任务分解，做到定点、定向对接，落实责任到人，任务到人。2018年县教育科技局先后4次深入全县100多所学校和1000多名学生家中进行调研，在县扶贫办提供数据的基础上，逐户逐人核实情况，掌握动态因素，随时更新调整，逐项核实汇总，形成了过程性资料，建立了管理台账。

政策宣传到位

平定县将教育扶贫的各项资助政策内容、受助条件、申报程序等以《告学生家长的一封信》的形式，印发40000多份，全部发放到学校和学生家长手中，确保学生和家长都能知晓资助政策，符合条件的能够及时申报。同时充分利用广播、电视、报纸、微信等媒体，广泛开展教育扶贫政策宣传；全县学校利用班会、黑板报、手抄报等形式及时传达教育扶贫政策，各级学校制作宣传标识版面50多块，发放宣传资料5000余份；在县扶贫办组织的农村干部和驻村扶贫队员培训活动中，教育科技部门工作人员进行了8次专题政策解读，参会人员1000余人，还安排专人深入乡镇和农村进行政策宣讲，把党的惠民政策宣传到位，让广大群众心知肚明。

资金落实到位

"雨露计划"教育扶贫由县农业主管部门负责落实，县教育科技局负责其余五项政策落实。2018年全年教育行业扶贫资助资金共计497.77万元，全部足额落实到位。2018年，县域内建档立卡人员中3—18周岁学龄人口共计1077人，符合享受教育扶贫资助的建档立卡人员共571人，共发放资助资金94.2万元。

校舍保障到位

大力实施农村学校办学条件提升工程。规划总投资11451万元在全县范围内实施义务教育薄弱学校基本办学条件改造工程，覆盖全县所有初中、小学和教学点，全县农村学校建设标准和基本装备配备标准实现了提档升级。2015年以来，新建高标准的农村学校32所，农村学校"煤改电"工程全部完成，农村中小学实现了校园安全监控全覆盖，农村所有学校都配备了安保人员。优先配齐配足了教育教学设施，42个贫困村校舍全部完成改造。

师资建设到位

大力实施农村教师素质提升工程。壮师资,及时补充完善农村学校教师,2015年以来,全县按计划共招聘中小学教师176人,大多数充实到农村学校任教,同时还采用"走教"模式,组织了57名专业对口、学历层次高的音乐、美术、书法、信息技术学科教师,轮流在不同的农村学校开展教学,解决教学短板问题。

资源共享到位

大力实施城乡学校教育质量结对帮扶工程。2016年以来,全县实施了以教育联盟为主,学区制管理、九年一贯制学校、合作办学并存的多元化办学模式改革,使教学质量好的优质校与农村学校结对帮扶,提升农村地区教育教学质量,在实现资源共享,缩小城乡、校际差别,整体提升全县

寄宿生三餐全免费的营养工程

义务教育学校教学、教研、管理水平等方面发挥了积极的作用，提高了全县义务教育均衡发展水平。

惠民实事到位

大力实施家庭经济困难学生民生关爱工程。实施孤儿学生从小学到高中的十二年全免费教育，义务教育阶段学生全部免除学杂费，免除教科书费，免除作业本费，实施了小学寄宿生三餐全免费的"营养工程"，实施了义务教育寄宿生免费享受营养早餐奶、营养膳食改善计划等各项教育资助政策，有效保障了家庭贫困学生公平受教育权益。进城务工人员随迁子女入学按照"两个为主"政策，全部安排公办学校就读。建立了农村留守儿童少年关爱体系和动态监测机制，开展了贫困学生和残疾学生资助活动，全县244名留守儿童和1373名进城务工人员子女全部正常入学。

"三个加强"助力乡村教育发展
——晋中市昔阳县孔氏乡泉口村农村基础教育提升案例

泉口村位于昔阳县城东45公里处，口上水库下游，紧靠339国道，属于边远贫困山区的贫困村。全村面积3288.93亩，其中耕地828.83亩，林地面积2460.1余亩，以生产干果核桃、小杂粮为主。养殖业以养羊、猪为主。2014年全村共有489户1151人，其中建档立卡贫困户212户523人，贫困发生率45.44%。2016年底实现整村脱贫。

泉口村小学教学楼

泉口村小学图书室

习近平总书记曾说过,扶贫必扶智,让贫困地区的孩子们接受良好教育,是扶贫开发的重要任务,也是阻断贫困代际传递的重要途径。"治愚"和"扶智"的,根本就是发展教育。相对于经济扶贫、政策扶贫、项目扶贫等,"教育扶贫"直指导致贫穷落后的根源,牵住了贫困地区脱贫致富的"牛鼻子"。可以说,一个木桶能装多少水不是由最长的那块木板决定的,而是取决于最短的那块木板。贫困地区的教育水平就是脱贫攻坚战中的最短板,脱贫攻坚就是要克服教育这块"短板"。

昔阳县孔氏乡泉口小学作为一所扶贫开发重点村薄弱学校,在昔阳县委、县政府的领导下,按照"扶贫先扶智、加快教育脱贫"的要求,以建档立卡贫困家庭学龄人口为主要培养对象,坚持以"教好每一个学生、温暖每一户家庭"为宗旨,以精准施教提高贫困家庭长远脱贫能力,为全县贫困家庭脱贫做出了积极贡献。

加强基础能力建设

全面改善农村义务教育薄弱学校基本办学条件是教育精准扶贫的重要内容。在昔阳县委指引下,泉口小学昔日破旧的校舍以全新的教学楼取代,原先建筑面积为200多平方米,经过新建后建筑面积为350.88平方米,学校的设施设备、校容校貌发生了一个质的飞跃。学校的教室全部配备较为先进的多媒体教学设备,更换了多媒体黑板,配备了教学仪器设备,教师每人一台电脑,使教师在备课教学上更便捷,学生有了更优质的教育资源。通过加大对泉口小学设施设备的投资力度,积极创造条件,为每一名适龄儿童提供接受公平教育的机会。此外,还通过不断探索优质数字教育资源开发利用机制,整合现有的教育资源,使之适合本地教育教学实际,实现资源充分利用。

泉口村小学教室

加强师资力量建设

泉口村加大对小学教育教学帮扶活动，利用"一师一优课、一课一名师"的活动，通过晒课、赛课等多种形式的活动对泉口小学举行重点帮扶，促进学校信息技术与学科教学深度融合，充分发挥教师个性化资源建设的主体作用，不断充实数字教育资源库。同时，积极利用联研教学教研模式，充分发挥优校、优师的标杆模范作用，逐步形成强校带弱校、优师带全体的制度化格局，实现优质教育资源全面共享。加大泉口小学教师补充力度，昔阳县新招聘教师优先向贫困村学校倾斜，解决泉口小学教师数量不足的问题。同时积极选派优秀教师到泉口学校支教，重点解决贫困村学校紧缺学科教师缺乏问题。鼓励优秀校长、教师到偏远薄弱学校任教。实施农村学校教师培养培训计划，根据薄弱学校学科需求，组织教师进行集中培训，提高教师的整体素质。

加强政策覆盖面

为进一步消除贫困家庭的后顾之忧，乡村对建档立卡贫困家庭与学生享受政策资助进行了梳理，确保了困难学生不失学。给建档立卡家庭经济困难的农村家庭每生每年发放1000元的政府教育助学金；发放义务教育阶段家庭经济困难寄宿生补助生活费及学前教育资助，每生每年1000元；发放义务教育阳光助学资金，每生每年300元。泉口学校所有建档立卡贫困学生全部享受到惠民补助，减轻了贫困家庭的经济负担，保证所有农村留守儿童不辍学或失学。

提升基础教育　助力教育扶贫
——晋中市寿阳县西洛镇西洛村农村基础教育提升案例

西洛村隶属晋中市寿阳县西洛镇，距离县城40公里。全村面积4237.9亩，其中耕地面积1330亩。主要种植作物有玉米，辅以种植少量杂粮；养殖业以养猪、养羊、养鸡为主。2014年全村共有190户610人，其中建档立卡贫困户37户71人，贫困发生率11.64%。2017年底实现整村脱贫。

自精准扶贫工作开展以来，学校按照扶贫先扶智，彻底斩断贫困代际传递的总体思路，遵循政府主导，社会参与的工作原则，深入推进教育扶贫工作，以提升基础教育水平，支持贫困家庭学生就学为重要政治任务，

改造前的学生宿舍

以加强贫困生资助力度，确保适龄学生全部入学为主要工作措施，通过基础教育提升加强贫困家庭的自我发展能力，从根本上消除因贫辍学。

大力改善办学条件　提升基础设施水平

资助学生

为进一步缩小与县城学校的差距，努力办好"老百姓家门口的好学校"，西洛村加大对学校的硬件设施建设投入力度。几年来通过实施"全面改薄"工程，改善了西洛村九年一贯制学校的校舍建设；在寿阳县教科局大力支持下，投资120余万元对西洛村学校的学生宿舍、教师宿舍、供暖管道等进行了集中改造。为减少燃煤污染、改善空气质量，积极响应国家节能环保政策，实施"煤改电"，投资100余万元安装空气能采暖设施，使用清洁能源，彻底改变了学校的供暖方式。2018年通过改薄资金进一步加强学校软件多媒体建设，配备19台教师备课用电脑和1台生物实验电脑、7套饮水设备、各类生物理化仪器、监控设备、急救箱3套，共计投入资金121380.9元，大大改善了村里的教育教学条件。

提高教师业务水平　提升学校教学质量

在完善学校基础设计的基础上，为进一步提高西洛村教师队伍的教学业务水平，西洛村九年一贯制学校与寿阳三中和城西小学建立了师徒结对帮扶工作机制，安排每位教师与结队学校的教师——对应结成对子，采取上示范课、做讲座、听课、评课等手段，在教育管理、教学理念、教学方

改造后的学生宿舍

法、教育科研、教学评价等方面互相切磋、相互促进、共同提高。同时结对双方学校通过校园艺术节、体育节等活动互派教师、学生参与等形式，开阔学生视野，提高素质。通过一系列举措大力优化教育资源配置，使贫困村学生也能享受到优质的教育资源，做到资源共享。

落实教育帮扶政策　减轻村民教育负担

"十三五"脱贫攻坚以来，西洛村通过多方渠道加大对贫困家庭在校学生的资助力度，累计资助贫困学生192人，资助金额90375元。其中，2016年资助初中生42人，小学生26人，资助金额39250元；2017年资助初中生44人，小学生22人，资助金额38500元；2018年资助初中生39人，小学生19人，资助金额12625元。这些资助金都及时发放到了每个学生手中，让每个贫困家庭的孩子能够上得起学，上得好学。

第六章

农村危房改造案例

脱贫攻坚从"危房清零"开始

——大同市灵丘县农村危房改造案例

住房安全是人民群众最直接、最现实的利益问题,是党和政府最关心、最关注的民生工程。脱贫攻坚以来,灵丘县以党的十九大精神和习近平新时代中国特色社会主义思想为指引,深入贯彻省、市关于加快农

大同市农村危房改造灵丘现场推进会

村危房改造的会议精神，以超常的力度、超常的举措，在全县范围内实施"危房清零"行动，一举拿下脱贫路上最难啃的这块"硬骨头"。

紧扣"一个目标"

这个目标就是全县危房彻底"清零"。在省、市下达8350户危改指标的基础上，灵丘县又对全县所有农村住房进行了全面排查，决定再提标改造4500户，合计12850户。为此，全县将1.1亿元危改资金、1600万保底资金与自筹的2.8亿元乡村提升资金统筹使用，全力以赴开展"危房清零"行动，彻底解决农村群众住房安全保障问题。

严把"三道关口"

一是严把精准识别关。按照优先帮助"住房最危险、经济最贫困"农户解决最基本安全住房的原则，动员全县"三支队伍"和帮扶责任人

武灵镇西福田村危改房现场

武灵镇西福田村危改后的住房

对全县农户进行深入排查，将建档立卡贫困户、分散供养五保户、低保户、贫困残疾人家庭和住房存在安全隐患的农户纳入危改"初选名单"，并交由专业评估机构按照"ABCD"四个等级对农户住房进行鉴定，将"CD"两个等级的农户列入危改"大名单"。再按照群众申请、村委评议、乡（镇）审查、县级复核批复的步骤，采取"实地看、逐户访、认真核、反复比"的方式，最终确定名单并进行公示。

二是严把工程质量关。实行"军令状"制度。县、乡、村三级干部采取"一盯一"、分片包干、责任到人的办法，大到改造材质选择、施工图审查、建筑节能设计等方面，小到铺砖、油漆、吊顶、刷内外墙涂料等各个工程环节，对房屋建设进行全程监督，坚决杜绝单纯换瓦、吊顶、换铝合金门窗这种表面简单改造，必须以解决房屋危险点为目标，做到质量、安全责任到人，监管到位，有记录、有影像资料，确保工作质量达标。同时，由脱贫攻坚巡检组对全县"危房清零"行动，按照不低于40%的比例进行定期不定期情况抽查，对抽查工作中存在的问题进行通报整改。

三是严把资金管理关。在严格资金审批管理程序的同时，采取公开、公示的办法，将用料选择、物资采购、工程款结算等全程置于村民和"三支队伍"的监督下，严防腐败问题发生。

做到"三个结合"

一是与易地扶贫搬迁相结合。坚持易地搬迁与危房改造互为补充，协同推进。在平型关大捷遗址所在地，东河南镇小寨村以"危房清零"和易地扶贫搬迁结合为契机，突出红色革命老区风貌，提取当地传统建筑元素，将"延安窑洞"住房风格融入建筑当中，将该村打造成为红色元素美丽乡村，得到了群众的一致好评，取得了良好的社会反响。

二是与乡村提升相结合。将"危房清零"行动与平型关国家有机农业公园建设和全域旅游示范县创建有机结合，总投资7.9亿元实施乡村提质工程，（其中平型关革命老区提升工程4.5亿元，大同市下发扶贫及农村提升工程资金2亿元，北山区六乡镇乡村提升工程1.4亿元），在解危、解困的基础上，坚持"拆旧"与"建新"同步推进，拆除久无人居、屋塌房倒的旧居，拆除隐患较大、残垣断壁的高墙，把农家小院的"绿"和"景"展露出来，把各村的特色和亮点彰显出来，把农民群众的生活习惯和思想观念转变过来，全县乡村品质实现再提升、再提档。

三是与基层组织建设相结合。建立了月通报制度，奖优罚劣，激发乡、村两级干事创业激情，基层党组织引领作用得到充分发挥，凝聚力、战斗力明显增强。在"危房清零"行动中，各村党组织之间逐步形成了"比、学、赶、帮、超"的工作氛围，不自觉地提升了引领协调、整合力量的能力，发挥了甘于奉献、攻坚克难的基层战斗堡垒作用，全面加强了基层组织的建设。

实现"三个效果"

一是居住条件明显改善。"危房清零"行动，不仅有效解决了住房安全这一贫困村退出的硬性指标,同时也建设了一批具有鲜明地方特色和浓郁乡土风格的新农房,让困难群众居住条件从"危"向"安"到"宜"逐步改变。

二是乡村品质有效提升。按照"依山就势、靠山傍水、错落有致"的自然布局,"拆旧"与"建新"同步推进,保持山水层次感、历史厚重感,使农村更像农村,打造出一批各具特色的美丽乡村,为生态旅游等产业发展奠定了基础。

三是观念意识得到转变。过去农村群众看惯了垃圾乱放、习惯了污水横流。通过"危房清零"行动,各级党员干部用实际行动,去感染、去带动群众,让"农村人"养成良好习惯、转变旧有观念,过上了"城市人"的生活。同时,全县干部党员深入结队帮扶群众家中,在同劳动中帮助群众解决困难,让群众深深地感受到党和国家的温暖,自觉地把"要我脱贫"变成"我要脱贫",全面激发起群众自主脱贫的信心、致富奔小康的决心。

安得广厦千万间
——长治市沁县农村危房改造案例

"每年让我们提心吊胆的有两件事，冬春两季的护林防火、夏天雨季的群众危房。尤其是每年雨季我们这些住建、乡镇干部都睡不着觉，牵肠挂肚，满脑子就是哪个村里危房多，哪家房子破，哪家住房不安全，需要采取临时安全措施。"这道出了广大住建及乡镇干部的焦虑和心声。

2014年以来，沁县通过对全县所有农村危房进行全面翻建维修，广大

翻修后的新农舍

沁县住建局领导带队排查危房

住房困难群众有了安全住房，实现了"安居梦"，正如不少危改干部所言："群众住得舒心了，我们也安心了。"

安全住房全覆盖　危改政策暖人心

农村危房改造是实现脱贫攻坚"两不愁三保障"的重要指标之一，是如期打赢脱贫攻坚战必须完成的一项重要工作，任务艰巨，责任重大。近年来，为确保脱贫攻坚不落一户不掉一人，给贫困户营造一个温暖舒适的家，沁县县委、县政府把农村危房改造工作作为最大的政治和民生工作来抓，采取积极有效措施，强有力推进危房改造工作，以全覆盖、应改尽改的目标，累计投入资金8343.14万元，对全县6510户农户实施了危房改造。

2017年11月沁县对全县农村危房开展了大排查，对全县摸排出的建档立卡贫困户、低保户、农村分散供养特困人员和贫困残疾人家庭等4类重点对象的存量危房全面实施危房改造，确定危改户2554户，其中四类重点户1620户，一般困难户934户。

下足"绣花"真功夫　破解危改大难题

沁县县委、县政府主要领导下乡调研走进一户贫困户家中，望着斑驳开裂的土坯墙和半边露天快坍塌的屋顶，沉默良久后，对所有县乡干部说道："群众住在这样的房子里，哪有信心脱贫？2554户！不打折扣地全面改造，实现全县农村危房清零，我们一定要克服一切困难圆了农村困难群众的安居梦！"几天后，"危房改造"议题被重点圈出，几个星期后，《沁县2018年度农村危房改造实施方案》《沁县农村危房等级鉴定工作安排》《沁县农村建筑工匠培训方案》《沁县农村危房改造追责问责办法》等一项项政策相继出台，一份份文件接连下发，各项工作稳步推进。

修缮后的松村乡郜家渠村

松村乡南西沟村村民李二岗和母亲住在祖辈靠山打的一孔土窑洞中，维修难度大，二岗又觉得自己快50岁了，老母亲也近80岁，新盖房子没有多大意义。在驻村工作队和村干部苦口婆心的劝说下，二岗心动了，为解除李二岗的后顾之忧，驻村工作队和村干部积极为其联系建筑工程队，采取包工包料的方式，从奠基到施工，直至达到入住条件提供一条龙服务，做到了省钱省事省心。随着铲车的轰鸣声，他家的危房改造正式开工，如今三间崭新的砖瓦房，窗明几净，成了村里一道靓丽的风景。这不是特例，在多年危房改造过程中，大多数困难群众通过政府补助和自筹都能盖上新房子。可还有不少像李二岗这样的困难群众由于这样那样的特殊原因即使有危房补助也无能力或无意愿修建。针对此种情况，沁县通过思想引导、社会帮建、统一修建等方式推进危改，让这些困难群众搬出了危房、住进了新房，从根本上改善了他们的居住环境。

"民心工程"实打实　托起乡亲安居梦

如今走进沁县农村再也看不到以前村内到处破屋烂房，残垣断壁的景象。随处可见的是"一砖到顶的红砖清水墙，崭新的防盗门，甚至连塑钢窗子都装上了双层中空玻璃"。

2018年，沁县为确保危房改造任务保质保量如期完工，采取每周汇报一次进度，每月进行一次督查，实行了"专人协调、专人分管、专人包村、专人包户、专人录入"的工作机制，县、乡、村层层落实责任，并成立三个巡查小组不定期对危房改造进行质量和安全巡查。各村支部书记负责改造对象的施工安排，对于深度困难的帮助筹措资金、联系施工队伍，及时解决施工中遇到的问题。各乡危改工作人员建立起危房改造档案，做到一户一档，规范管理。同时进一步健全县、乡、村三级责任体系，明确分工，责任到人，出现问题严格进行责任追究。危房改造真正做到了严把审批关、严把质量关、严把验收关，严把责任关，实实在在地把农村危房改造工程建成一项民心工程、德绩工程和贫困家庭的安居工程。危房改造，改的是房，暖的是心。

危房改造暖人心 乡村旧貌变新颜
——长治市壶关县农村危房改造案例

壶关县位于山西东南部,面积1013平方公里,辖5镇7乡1个经济开发区,总人口30万,387个行政村。境内地势东高西低,平均海拔1252米,是一个典型的山区县、农业县和国家扶贫开发重点县。

壶关县百尺镇寨河村统建房屋

集店乡北皇村村民入住新房

摸家底，推进农村危房改造

为全面贯彻落实不忘初心思想，切实解决农村民生问题，构建全面小康社会，壶关县委、县政府高度重视，将解决农村住房问题作为落实"两不愁三保障"的重中之重，出台了《壶关县农村困难家庭危房改造工作实施方案（2018—2020年）的通知》和《关于全县一般困难农户危房改造工作的补充通知》，主动作为，精准发力，全面摸清危房存量和建档立卡贫困户住房保障情况；精心规划，因户施策，规范化推进农村危房改造户如期推进。特别是对全县摸查出的疑似危房户进行了危房鉴定，鉴定出的危房户，需要加固维修的，由第三方公司出具改造方案，制定详细造价，需要新建的，由乡镇和村制定统建和自建方案及资金拨付措施。精准施策，责任明确，为顺利推进危改进程，打赢脱贫攻坚战打下坚实基础。

解难题，群众住上满意房

2016年以来，通过与危改户深入交流、积极宣讲政策、听取本人意

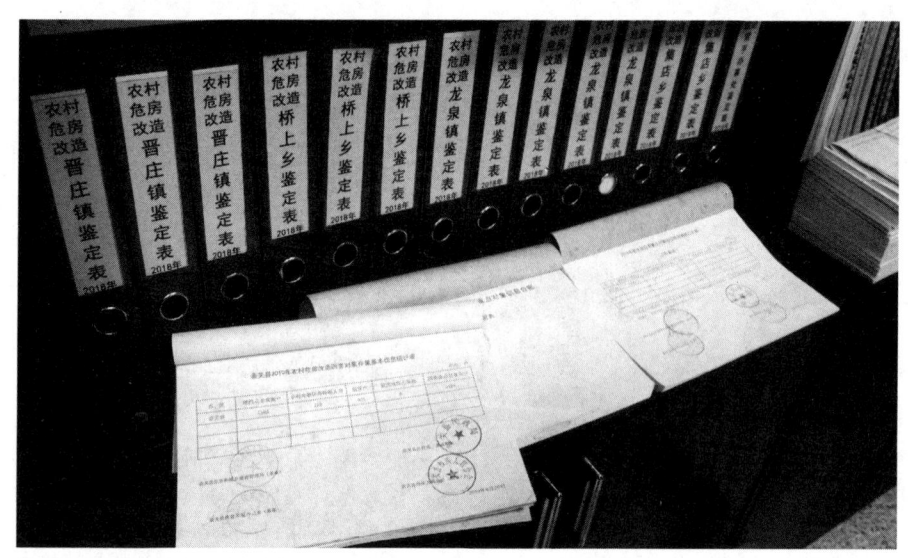

建立危房台账

愿，壶关县采取了"因地制宜、以户为基、一户一策"的办法，在既保证安全又不盲目提高建设标准的原则要求下，该县危改户基本实现"建得起、住得下、不浪费、又安全"的危改目标。

说起以前住的房屋，树掌镇神北村村民杨高生就有一肚子的话想说："以前我住的是土坯屋，非常潮湿，遇到下雨天，外边下大雨，屋里下小雨，抬头就能看到天。"虽然他所住的房屋为危房，但由于本人年纪大，收入低，一直无力自行改善住房条件，最后通过乡政府申请了农村危房改造，在乡村的关心支持下，房屋盖好了，也领到了农村危房改造补助资金，真是实实在在地解决他的住房问题，也减轻家庭的负担。看到现在住的房屋亮堂又干净，老人激动不已，总是笑着说"真是感谢党的好政策"。

抓全面，彻底消除危房户

一是持续宣传，普及政策。通过发放宣传资料、悬挂横幅、张贴标语、制作政策明白卡、在村务公开栏公示、广播电台广告等方式向群众宣传解答危房改造相关政策及技术标准，将补助对象资格、申请程序、等政策要点广而告之。

二是比拼赶超，狠抓进度。壶关县将危改工作作为全县当前重点工作，提前筹备施工材料、谋划实施方案，组织农村建筑工匠或有资质的施工队伍进行技术业务培训，已成为当前推进危改工作的常态。同时按照时间节点，由脱贫攻坚督察组加强督查，对开工情况、竣工情况，入户情况进行逐户实地查看，并对履职不力的公开曝光，以追责倒逼落实的举措，切实做到了危改户按时开工，按时竣工、按时入住的实施目标。

三是措施有力，亮点频传。资金上制定了分类分级补助标准；措施上，建立"三率"考核制度，制度完善、考核严格，2019年壶关县如期实现了"危房清零"。

四是完善资料，做好统计。按照"一户一档"的标准模式，壶关县实施的危改户，全部严格做到村档户情、实际情况、危改系统"三点吻合"并纸质档案资料，全部归档。在此基础上，该县还建立了新建户、维修户、统修户、安置户的工作等系列台账，为顺利通过竣工验收奠定了基础。

多渠道，乡村旧貌换新颜

壶关县把农村危房改造政策与村庄整治、传统村落、绿色村庄等政策相结合，完成传统村落保护9个，绿色村庄108个，完成乡村实用性规划3个，并为乡村振兴而编制了乡村建设规划。依托"七彩村庄"南平头坞村、"明清民居"芳岱村、"瓷器记忆"河西村等一批美丽乡村，通过危房改造实现了"危房基本解决、农房建设规范、设施总体配套、环境整洁有序、风貌特色明显"。比如，过去的百尺镇寨河村，原村内房屋破旧不堪，杂乱无章，朝向不一，房内脏、乱、差，通过农村危房改造政策的实施，对原址或异地已建新房的拆除原有危房，对可加固维修的危房进行修缮，对无能力的特困人员集中统建了崭新房屋，所有危房户均住上了宽敞明亮、功能齐全、环境卫生良好的新家，乡村整体风貌明显提升。全面实现了群众"住房安全有保障"的美好愿望。

安居就是最基础的民生
——晋中市昔阳县孔氏乡农村危房改造案例

农村危房改造工作是为了实现脱贫攻坚"两不愁三保障"中"住房安全有保障"目标而实施的重点民生工程,也是着力解决人民群众最急、最忧、最盼问题的民心工程。近年来,昔阳县孔氏乡认真贯彻落实中央、省、市、县委保障贫困群众安居的各项政策,坚持将建档立卡贫困户住房保障工程列入民生工程清单,精准规划、统一行动,克服阻力、不断推进,持续加大改造力度,切实保障困难群众住有所居、住有所安,助力脱贫攻坚战。

思想动员在先

为贫困群众讲清政策是危房改造的前提。为打消群众的顾虑,进一步优化扶持措施,在危房改造过程中,孔氏乡通过各种方式的宣讲和动员,提高群众对危房改造的知晓率,统一思想,凝聚共识,让群众充分认识危房改造的条件、改造要求、改造政策,破解群众"等、靠、要",没有指标不建房,没有好日子不建房,存在观望状态等困难和问题。特别是五保户由于人力、资金的不足的问题,孔氏乡党委政府组织村"两委"、驻村工作队对改造困难户进行了逐一走访，实行一村一策、一户一案的具体举措，制定了具体行动方案，因势利导地解决了改造面临搁浅甚至停滞的难题，以实际行动诠释了群众利益无小事的使命担当。

关注重点人群

根据国家政策，孔氏乡将低保户、农村分散供养特困人员、贫困残疾人家庭和建档立卡贫困户四类人员作为危房改造的重点对象。为推动重点困难贫困户住房改造，乡党委政府将孔氏村作为试点，经过认真查看、评估，与15户五保户签订了危房改造协议，同时在2017年9月1日与建筑施工队签订了旧房拆除及新建房屋的改造协议，统一规划，统一动工、购料，标准施工，经过近1个月时间按时保质保量圆满完成了危房改造工程。在施工中确保质量，乡党委政府动员村"两委"干部、驻村帮扶干部主动

危房改造前

危房改造后

参与到危房改造中来,在参与施工中监督工程质量,同时在协议中明确要求施工队高质量施工,确保群众放心。

尽心为民服务

细节决定成败。为使每一户贫困群众住得安心、放心,并尽可能减少矛盾,党员干部不辞劳苦,放弃节假日,连轴转、加班干,确保不遗漏一户一人。针对重病或残疾的低保、五保户,亲自组织专人上门测量、规划、设计,并因地制宜地提出个性化方案,随时根据住户要求修改方案,直到群众满意为止。针对无子女、有劳动能力或存在精神疾患的贫困群众,专门组织乡村班子管理全过程,成立工程领导组,整合类似5户以上贫困户,一体设计、集中推进、保证质量,并加强周边环境的绿化、美化,不仅保障了安全、提升了进度,而且促进了村容整洁。同时,加大对其他贫困户的实地指导，尽量寻找设计、施工质量高、责任心强的施工单位，尽量做到少花钱多办事、办好事。总之，一切为了群众，为了群众的一切。

  在乡、村干部的共同努力下，在示范户的带动下，全乡五保户住房都进行了整修。孔氏乡党委书记张兴华表示："尽管孔氏已经摘掉了贫困'帽子'，但脱贫巩固提升的任务还很重，今后我们继续将在习近平新时代中国特色主义思想的指引下，抓住乡村振兴契机，继续夯实'两不愁三保障'基础，多办民生实事，提升民生服务，进一步创优环境，努力把孔氏建设成美丽、富裕的新天地！"

以危房改造为精准扶贫突破口
——晋中市左权县麻田镇郭家峪村农村危房改造案例

郭家峪村地处左权县南部,距县城60公里。全村耕地面积仅870亩,荒山4400亩。主要经济作物为核桃以及少量大豆、柿子、花椒等,传统农耕作物为玉米。2014年全村共有242户719人,其中建档立卡贫困户166户436人,贫困发生率为60.64%。2018年底实现整村脱贫。

紧盯突破口

郭家峪村祖祖辈辈靠种田为生,收入微薄,特别是贫困农户住危房现象比较突出,严重影响脱贫成效,也引起了各级政府及相关部门的高度关注。村"两委"研究认为:"农户脱贫,住房为先。"农村危房改造,是群众最能感知到的实实在在的变化,是与群众切身利益最密切的扶贫举措之一。危房改造就是一颗"定心丸",住房条件的改善必然能坚定群众相信政府、依靠政府并与政府一道并肩作战的决心,增强群众脱贫致富的信心。改善了居住条件,就是稳定了脱贫攻坚的"大后方",就是让群众心无旁骛地将心思和精力放在发展上,放在突破上,放在致富奔小康上。因此,村"两委"最后将危房改造作为精准脱贫的突破口。

郭家峪村村容村貌

为扎实推进农村危房改造民生工程工作,落实好精准扶贫政策,麻田镇党委政府和村"两委"高度重视,采取多项措施扎实做好危房改造工作,确保危房改造民生工程真正落到实处。首先是要求村主干和驻村干部帮助贫困户算好建房明白账,随时跟踪施工进度以及监督工程质量,确保贫困户都能按时喜迁新居。其次是进行重点帮扶,并积极争取社会力量参与帮扶。在进行危房改造时,贫困户张海云年纪较大,儿女多年不在身旁,政府补贴1.4万元,但仍不足以支付危房改造。第一书记与村"两委"积极与施工方协商,包工头江洪亮听说后,主动承担剩余费用,自己贴付1万多元,让贫困户住上了安全放心的砖房子。张海云也倍加珍惜政府和社会共同为他改善的居住环境,主动提出在今后的脱贫工作中,积极主动配合村"两委",发挥自己的力量为村民谋实事。

2017年,全村累计投入54.6万元完成了39户贫困户危房改造。2018年,又投入基础设施建设资金58.1万元,其中实施危房改造23户、五洁净16户。

全力促提升

在危房改造基本到位后,全村又将工作重心转移到村容村貌、户容户

郭家峪村村主街道

貌整治上，持续改善人居环境，增强人民群众的幸福感和获得感。针对垃圾乱倒的现象，村中新建设十余座垃圾池，规范垃圾堆放；针对厕所脏乱差的情况，翻新村公共卫生间；针对污水乱排的现状，新建整修污水管道。通过一系列硬件设施的改善，让村容村貌焕然一新，街巷干净整洁，墙体喷涂彩绘，乱搭乱建、乱堆乱放全部清理，路两边没有任何杂物。第一书记和村"两委"还挨家挨户与村民沟通，做思想工作，详细说明卫生洁净的重要性。同时，加强制度管理，让村容村貌的改善得到制度保障。此外，村"两委"一致同意，将村中主街道的卫生环境交由分享光伏发电分红的20户贫困户，并划片管理，营造"扶贫不扶懒"的氛围。

如今，老百姓的院子里也装饰得色彩斑斓、夺人眼球：金黄的玉米扎上了漂亮的篱笆，火红的柿子连成串挂在墙上，沉甸甸的谷子用席子囤了起来，角落里的柴草堆放得整整齐齐，屋子里收拾得干净利落……通过危房改造和人居环境改善，整个村子彰显出文明和谐、蒸蒸日上的幸福景象。

第七章

农村道路建设提升工程案例

路通山乡咫尺近　车进万户幸福来
——长治市农村道路建设提升工程案例

长治市践行习近平总书记"建设好、管理好、养护好、运营好"农村公路的重要指示精神，攻坚克难，凝心聚力，在建设"四好农村路"的脱贫攻坚战中唱响了新的乐章……

武乡县新购置的纯电动公交车

襄垣县自主设计建设的农村客运候车亭

小康之路通山乡

"四好农村路",情系百姓出行,事关脱贫攻坚和乡村振兴,长治市委、市政府高度重视,专门成立了工程建设领导组,市领导精心组织,全面部署;交通运输部门严格把关,督导推进;相关部门大力支持,合力攻坚。2016年至2018年,长治市农村公路建设完成投资42.66亿元,建设"四好农村路"2798公里,实施农村公路安全生命防护工程1634公里,同时在全省率先铺开了18个项目240公里的"太行一号"旅游公路建设工程。全市"四好农村路"通进上党大地的山庄窝铺,成为农村群众的希望之路、致富之路、小康之路。

惠民公交到家门

"四好农村路"最直接的惠民效果就是在上党大地的山乡村庄开通了

公交车。2018年底，长治市共有农村客运班线202条，农村客车311辆，通客车行政村达到3394个，通达率为98.58%。全市共有在运营的汽车客运站14家，其中一级站2家，二级站10家，三级站2家，共有1606个候车亭，2011个招呼站牌，2019年新建190个候车亭。依托"四好农村路"建设成果，在行政村通客车的基础上，长治市开通18条城乡公交线路，投入农村公交车214辆，极大地满足了农村群众出行需求。

打破二元分割，推进城乡一体，长治市以平顺、襄垣、屯留、武乡、沁源5个县为重点，坚持以点带面，整体推进，在农村客运公交发展上做了有益的尝试，收到了良好的效果。平顺县实施"1166工程"，即：一城一中心六环六线，就是以县城为主体建设一个客运中心，开通6条循环公交线路和6条旅游直达线路；襄垣县规划开通乡镇至村的公交线路23条；屯留区规划屯留至长治等4条县际公交线路，投放33辆新能源纯电动公交车；沁源县规划开通城乡公交线路及旅游线路33条，投放105辆新能源纯电动公交车；武乡县在新增34辆纯电动公交车的基础上，结合村镇道路的特点，新增了22辆7座小型公交车，开通长治市首家"7座"公交，让百姓出行更便捷。

农村物流连成网

坐上公交，走亲串友，进城购物，这是"四好农村路"运营后带给农村老百姓实实在在的红利。然而，实惠还不仅仅如此，农村物流的发展是又一项惠民之举。按照"县建中心、乡镇有站、农村设点"的规划布局，长治市12个县区建成14个县级物流中心、98个乡镇物流站、1197个村级农村服务点，初步形成了以县城为中心、乡镇为节点、建制村为网点，覆盖全市、连接城乡的县、乡、村三级农村物流网络。与此同时，加强农村快递网络建设，全市建有367处快递服务网点，通过直投到户、投递到村邮站、投递到村级转接点等方式，实现全市建制村直接通邮比例100%、具备条件的乡镇快递服务网点覆盖率100%、具备条件的建制村通快递比例达到100%。

走进上党大地的乡镇村庄,在物流服务网点都可以看到长治市运管部门统一制作的农村物流标识。平顺县依托振东中药材园区、博淘电子商务公司、平顺县农资公司,目前全县农村物流电子商务服务网络已经搭建完成,12个乡镇全部设立了服务站,250个行政村设立了服务点。武乡县引导汽车客运站与农村电商物流合作,在汽车站设立农村客运物流配送中心,328个建制村设立农村物流服务点,以客运带动物流发展,通过客车将快递等货物配送到武乡县所有建制村物流服务点,从而提高配送效率、降低物流成本,实现资源高效共享,使全县328个建制村农村物流服务网点全覆盖。

花香自有蝶飞来

在建设"四好农村路"中,襄垣县高起点规划、大力度投入、全方位运营,对红官线进行了升级改造,沿途的上马乡11个行政村、近4000人

平顺县农村物流车正在装载货物

"出行难"问题得到缓解。不仅如此,在上马乡境内的"四好农村路"沿途栽种了格桑花、薰衣草、太阳花等花草,形成了"万亩花海",成为全市农村公路建设的一道靓丽风景。

路通百业兴,人在画中行。山苍翠、水清秀、路畅通,上马乡的村民依托"四好农村路"建起了农家乐、采摘园、特色小镇、村居民宿……构成了一幅农村公路"带动县域发展、引领乡村振兴"的崭新画卷。可以说,一条路火了一座城、红了一个乡、富了一方人。

你若盛开,蝴蝶自来。一条条平展宽阔的水泥路修到村口,一辆辆崭新的公交车通到家门口,一车车鲜活的农产品运出大山进入千家万户。长治市"四好农村路"如盛开的鲜花,方便四方游客领略上党美景,给当地群众带来越来越多的实惠。

最美的风景在"路"上
——吕梁市兴县农村道路建设提升工程案例

近年来,兴县认真贯彻落实习近平总书记对"四好农村路"建设的重要指示精神,"四好农村路"建设取得了实实在在的成效,为农村特别是贫困地区带去了人气、财气,也为党在基层凝聚了民心。

百里山乡,"四好公路"连成网

2017年,习近平总书记视察山西,第一站来到了吕梁市兴县,在这里,总书记特别提到了"吕梁精神"。为贯彻落实好习近平总书记视察山西重要讲话精神,打赢脱贫攻坚战,兴县县委、县政府强化顶层设计、加强组织保障、加大资金投入、精准定向施策,以多元化方式推进"四好农村公路"建设。县委、县政府和县交通局成立"四好农村路"建设领导小组,明确职责,细化任务;县交通局实行包片负责制,对"四好农村路"的管护细化责任到人,量化到路。与各乡镇签订"四好农村路"建设责任状,制定出台"四好农村路"建设管理细则,确保"四好农村路"建好、管好、养好。在资金投入上,积极争取农发行贷款,整合扶贫资金,截至2018年11月已投入7830万元用于"四好农村路"建设。

曲径变通衢，崎岖化坦途。如今，兴县已建成的高标准农村公路总里程达到1992.58公里，其中县道11条，421.426公里；乡道50条，633.940公里；村道264条，937.214公里，农村公路密度为62.9%。全县376个行政村全部通了水泥（油）路，306个行政村通了客车，行政村通车率达到81.38%。

山川秀美，"四好公路"养得好

俗话说："三分建，七分养。"到位的管护才是公路建设的延续和保障，而黄土高原的高坡连绵、千沟万壑使得农村公路的管护工程格外艰巨。为了使农村公路更好地为推进全县农业现代化服务，兴县按照"以县为主、分级负责，因地制宜、注重实效，全面管养、保障畅通"的原则，推动全县农村公路向建养并重、均衡发展转变，确保建即有养，养即到位。为此，兴县对所辖路段全部增加了排水设施、急流水槽、桥梁的泄水孔、伸缩缝，并组织专人定期进行清理和疏通。2017年以来，共出动机械210次，人工1020人次，修补路面13930平方米，新筑及维修涵洞板涵等19处，新筑挡墙1919立方米，新筑排水沟6648米，清挖边沟31050米，维修锥坡2处，清理塌方43590立方米，路面垫砂砾10000米，做侧墙2处

贺家会乡谷地岭村至马圈沟村"四好农村路"

160立方米，补坑槽134000平方米；新做安防设施3000米，清理石方1730立方米、土方8950立方米，新筑挡水带4500米。

公路兴，则百业兴。路好走了，客户多了，村里的中药材、小杂粮、土特产再也不愁卖不出去了。如今，兴县的百姓评价说：农村面貌变化最大的是农村公路，最美的景观是农村公路，农民满意度最高的是农村公路，最爱护的公共设施还是农村公路。

积聚财气，"四好公路"效用高

罗赵线赵家坪闫家塔村路段"四好农村路"

如今，兴县的"四好农村路"，规模由"线"成"网"，质量由"通"向"好"，形成了国省干线通达全国、县道辐射城乡、乡道往来交织、村道阡陌纵横的便利交通格局，极大地缩短了县城与乡镇间的距离。带动了农村物流、电商发展和村民增收致富。

在脱贫攻坚的大潮中，兴县贺家会乡作为一个纯农业乡镇，以小杂粮、中药材种植作为全乡支柱产业，全乡17个村共种植中药面积13700亩，居民人均收入近万元。农村老百姓辛苦一年，收成全看药材卖得好不好。"四好农村路"的建设，完善了县、乡、村的连通，打破了"土货不出、外货不入"的落后局面。如今，外来的药商上门进行药材收购，各类运输车在公路上来来往往，带动了特色种植业的发展。

"四好农村路"的提质提升，不仅改善了人民群众生产生活条件，更成为一道靓丽风景。

让"四好农村路"成为惠民幸福路
——临汾市安泽县农村道路建设提升工程案例

"要致富,先修路"。安泽县紧紧把握"四好农村路"建设与脱贫攻坚、全域旅游、乡村振兴有机融合发展要诀,全县公路里程达885公里,102个建制村道路硬化率达100%,客运班车通车率达100%。全县呈现出交通便捷、景美路畅、物阜民丰的可喜局面。

"四好农村路"助力脱贫攻坚

安泽县以"建好、管好、护好、运营好"农村公路为交通工作的主抓手,坚持把完善农村交通基础设施作为交通精准扶贫的切入点,优先实施"产业路"建设。以路带产,以产富民,通过公路延伸带动贫困地区产业发展。2017年至2019年期间,安泽县以县乡公路为主干,全面优化公路网络、提升技术等级,构成连接,形成循环,打通出境路、断头路、瓶颈路,构建布局合理、功能完善、便捷高效、畅通安全的现代化公路网络,形成"一纵五横两循环"的农村公路主框架,全面推进"富民平安路"建设。先后完成了27条乡道安全生命防护工程,安装波形护栏,设置安全标志、标牌,总里程为59.7公里;完成了府城镇孔村至桃寨良马乡、英寨村

和川镇罗云村道路

至上寨村、寺村至三交村等多段农村道路路面新建和改造工程，共计100余公里；完成了白村桥、湾里桥两座危桥的改造设计。交通条件的改善，有效地加快了广大村民脱贫致富奔小康的步伐。

"四好农村路"推动全域旅游

安泽县以建设"山水田园城、精品旅游县"为目标，树立"旅游+交通"的理念，大力推进以景引路、为景串线的旅游公路建设。互通互联的绿色旅游公路像一条珍珠项链连接各景点，实现从"景点旅游"到"全域旅游"的转变，使旅游效益最大化。红叶岭—麻衣寺连通公路、荀子文化园循环路、朱德路居地李垣村—红叶岭等多条绿色旅游公路已全面贯通；启动了以"美丽乡村"建设为中心的路域环境整治工程、以完善服务设施为中心的附属设施工程；完成以规范执法行为、提升旅游交通形象为中心的公路行业形象提升工程。为配合国卫创建、全域旅游、乡村振兴等工作的开展，安泽县在府城镇小飞田园综合体，投资近亿元，新建柏油路4000

余平方米、沿沁河骑行步道约17公里、旅游公路12公里。笔直平坦的柏油马路与悠闲散步、乘车、骑行的游人共同勾勒出了一幅甜美的乡村幸福画卷。

"四好农村路"建功乡村振兴

安泽县以"四好农村路"建设为抓手，着力改善全县贫困乡村路网结构和解决群众出行难的问题，谱写了"三农"工作新篇章，为实施乡村振兴新战略奠定了坚实基础。说起修路带来实际效益的事，和川镇孔旺村第一书记程鹏最有体会。该村的饮用水口感清爽、绵甜，泡茶更是口感上乘，十里八乡的人们都大桶小桶地来这里取水喝。这一发现引起了程鹏的兴趣。通过专家认证、相关机构的鉴定，2016年8月孔旺山泉纯净水厂成功投产。企业投产本是件高兴的事，可程鹏却一脸愁云。孔旺村通往外界的路成了制约企业发展的瓶颈。路不好走，送货司机怨声载道，客户来订货、老板来投资，看到蜿蜒崎岖、尘土飞扬、坑洼不平的交通环境都纷纷

马壁乡郎寨村至高峪村道路施工中

离去。程鹏看在眼里，急在心中。县、乡、交通部门的领导在调研中了解这一情况后，急事急办，短短20天就为该村铺装了一条9.8公里的高标准柏油路。路通了，客户来了、投资老板来了，孔旺山泉企业红火了。

顺畅便捷的交通环境，更为安泽产业发展带来无限良机。2018年8月，从四川省广汉市召开的第四届中国中药材物流大会上传回喜讯，晋南（安泽）中药材物流基地项目获专家组全票通过，即将在安泽落地建设。项目建成后，基地中药材年加工仓储总量将达到6.5万吨，加工仓储货值约23.97亿元，每年实现营业收入1.1亿元。

安泽县"四好农村路"建设不仅有力地推动了该县农业强、农村美、农民富的奋斗目标，更为全县经济社会全面发展注入了强大的生机和活力，真正让"四好农村路"成为安泽县的惠民幸福路。

一步到位建设"四好农村路"
——运城市平陆县圣人涧镇营村农村道路建设提升工程案例

圣人涧镇营村地处平陆县中部偏北,距县城22公里。全村面积7.5平方公里,其中耕地面积1500亩,林地面积752.5亩。主要种植作物有小麦、玉米、谷子和红薯等,养殖业以养羊为主。2014年平陆县圣人涧镇营村共有90户250人,其中建档立卡贫困户20户62人,贫困发生率为24.8%。

营村村道

通往营村的乡道

2018年底实现整村脱贫。

营村三面环沟、交通不便，除了东南与上面的冯卓村有200多米宽的土地相连外，与周边的黄庄新村、晴岚村、下郭村、顶村都属于"两村隔沟望，对岸把话讲；要想见个面，走路一半晌"的境况，是全县较为贫困的一个"孤岛型"独立垣面村。

多年来，农产品外运难、农资购进难、群众住院远、孩子上学远，交通不便是制约营村发展和经济振兴的根本"症结"。后来虽然修了公路，但因为人口少、车辆少、建设标准低、维修赶不上，仍没摆脱"破烂不堪、行驶不便"的厄运。在实施贫困村提升工程中，平陆县交通运输局从长计议，投资150万元，对1.8公里道路进行高标准改造硬化，基本改变了该村交通不便的问题。

一步到位，避免重复投资

农村道路因为建设资金的不足，今日修、明日烂，改造不断，与社会发展不能同步，造成许多不必要的浪费。在营村扶贫道路建设上，平陆县交通运输局力求一步到位，避免了许多不必要的浪费。

质量控制，一步到位。在营村的道路建设中，平陆县交通运输局力戒村子不大、交通量小、损坏因素少、质量控制不重要的观念，从路面厚度、原料质量、材料配比、工程养护上，严格要求、严格监理，实行道路质量一人终身负责制，确保了一步到位。

配套设施，一步到位。农村道路建设，配套设施建设不到位，一直是道路损毁的一个重要因素。在营村的道路建设中，坚持把配套设施建设作为重中之重去抓，实现了边沟建设配套、溢流渠道配套、农村污水和道路排水分流，一步到位，消除一切损毁道路的隐患。

道路绿化，一步到位。"你修你的路，我栽我的树"是过去多年来道路建设中存在的弊端，在营村道路建设中，县相关部门同村"两委"结合，把道路绿化考虑其中，实现了修成一条公路、绿化一条公路，一步到位、相互配套。

一步到位，广留发展空间

道路建设，本身就是民生工程，就是为社会发展服务的，必须考虑如何为社会发展、经济发展服务，必须为发展留下广阔的余地和空间。

坡度设计，一步到位。营村道路的建设，只是南侯县道与村的相连，周围还没有实现与冯卓村、下郭村的水泥路、油路相通。在设计中，平陆县既考虑了有多少钱就干多少活，建设一段、标准一段、产生效益一段的同时，也考虑了今后与周围村的相连，与村机耕路、田间路的相连，一步到位，坡度设计上给未来道路建设与衔接留下了空间。

宽度铺设，一步到位。营村面积7.5平方公里，耕地面积1500亩，人均耕地5亩多。全村耕地有效灌溉面积1300余亩，小麦、玉米等粮食作物种植930亩，苹果、桃树栽植面积220多亩，露天蔬菜、西瓜种植50多亩，富有很大的发展潜力。考虑到产业发展，平陆县在道路宽度铺设上，一步到位，为农产品的加工、收购、运输留下了广阔的发展空间。

道路选线，一步到位。新农村建设一直是近年农村建设的主题，在道路选线上，营村坚持"经济、实用、融合、长远"的原则，与老有村寨相结合、与新村规划相结合、与经济实用相结合、与未来发展相结合，一步到位，选一条线，享一辈子。

第八章 农村电网改造案例

播撒"光明"照亮脱贫路
——晋中市左权县农村电网改造案例

脱贫攻坚战役打响以来,左权县把电力扶贫工作当作一项重大政治任务,突出区域特点、发挥行业优势,加快电网改造步伐,继承和发扬不畏艰险、百折不挠、艰苦奋斗、无私奉献的太行精神,使老区面貌发生了翻天覆地的变化。

"三优一保",保障用电需求

围绕贫困村用电需求,左权县确立了"三优一保"工作机制,即:优先勘测设计、优先施工、优先送电,保证安全可靠供电,确保了全县所有贫困村项目用电需求。因此,无论是一个申请电话,还是一个报修电话,供电员工都会在第一时间给予处理和帮助。左权县麻田镇泽城村外出打工青年赵立返乡创业,和几个同乡投资搞养鸡专业合作社,左权县供电公司麻田供电所第一时间给予处理,不久就把电线拉进了合作社。2018年10月11日,来自左权县桐峪镇南坡村组的村民代表将一面写有"情系百姓、为民解难"的锦旗送到左权县供电公司,真诚感谢公司为该村46户回迁村民接通电源,解决村民燃眉之急。左权县桐峪镇南坡村组是左黎高速建设移

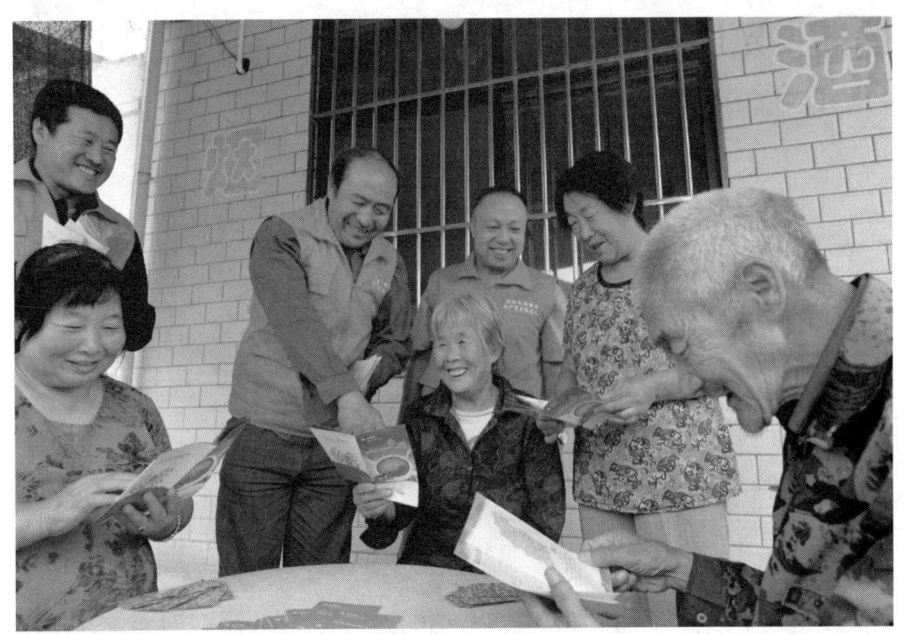
供电服务宣传

民搬迁村，在2012年整村进行了补偿搬迁后全部电力设施予以拆除。然而，多年来该村46户村民由于没有建设集中居住点一直分散居住，遇到农忙时还要回到村里春种秋收，生活十分不便，村民回迁居住成了政府和村民的头等大事，而解决供电问题更成为一件"愁事"！接到桐峪镇政府和村民求助后，供电公司立即筹措物资、组织施工人员对该村实施了供电恢复工作，共新架高低压线路2.9公里，安装100千伏安变压器一台，在短短一周时间恢复了供电。

光伏发电，开辟增收新路

在麻田镇，越来越多的贫困户靠着光伏发电项目，实现了稳定增收、脱贫致富。

赵建林家里的经济来源是种地，然而老伴儿生病，不能下地干活。2017年3月16日，赵建林家安装了光伏板并网发电，电费直接打入自家的账户。"当初种地也就一两千块钱。这一年打一两千斤玉米,一斤玉米也就八九毛钱。光伏发电的电费是两个月往账户打一次。天凉时发电可能就少一点,夏天天热时发电多一点,反正一年最少也有3000块钱左右的收益,生活越来越好了。"赵建林对现在的日子充满了希望。

围绕光伏并网接入,左权县从2017年至2018年累计投资4389.65万元,新建及改造10千伏线路30.33公里;新建及改造变台67台,容量18500千伏;新建及改造低压线路38.03公里;新建反孤岛装置147台,改造接户线45.3公里,安装光伏表箱1800只,新建光缆线路23.9公里,全力确保了全村级联村光伏扶贫电站、35座地面式光伏扶贫电站和贫困户屋顶光伏的配套并网。全县月均结算光伏发电量283.5万千瓦时,结算电费215万元,贫困户年均增收3000元,为贫困户提供了稳定的经济来源,真正实现了光伏扶贫路上"不落一户"。

农网改造施工

全面升级，完善供电服务

电，成了革命老区发展变迁的强大引擎。如今，贫困村百姓用电更加安全可靠，但老区供电服务没有止步。2016年至2018年左权县累计在配电网建设改造方面投资10043.35万元，共新建及改造10千伏线路230.23千米，新增及改造配变106台，容量26515千伏安，新建及改造低压线路81.44千米，完成了全县37个贫困村、9个中心村和5个（自然村）动力电不足村配电网升级改造任务，完成了拐儿、羊角、芹泉、麻田"7·19"洪灾电力设施恢复重建，惠及全县2000余户农户10000余口人。截至2018年底全县203个行政村、296个自然村全部实现村村通动力电，户均容量达5千伏安，电压合格率达到了99.979%。

坚强的配电网为县域经济社会发展及顺利实现2018年脱贫攻坚目标奠定了坚实的基础，直接为扶贫项目实施提供了可靠的供电保障，为左权县打赢脱贫攻坚战奠定了坚实的基础。

麻田镇泽城村电网改造后

以电为媒聚能量　精准施策扶真贫
——晋城市阳城县农村电网改造案例

阳城县共有130个涉贫村，15个贫困村，贫困人口9753人。近年来，按照省、市脱贫攻坚工作总要求，阳城县以电为媒，精准施策，强力推进电力扶贫，增强贫困村脱贫动能。2018年底，全县涉贫村经济状况全部达标，贫困村贫困人口全部脱贫。

供电公司在东冶镇秋泉村开展调研

实施电网改造　改善脱贫环境

东冶镇秋泉村地处阳城县东南约40公里的大山深处。2016年之前，村民靠沁河边的拴驴泉小水电站供电，线路质量差、配变重过载、动力电压低、照明常断电、安全隐患多等问题成为制约村集体经济发展和群众致富的一大障碍。而全县15个贫困村中，像秋泉村这样缺少电力支撑的贫困村比比皆是。

为彻底改变这种困境，阳城县将改善贫困村用电环境作为突破点，通过实地调研，及时制定了以电网改造、煤改电配套改造、低电压治理为重点的电力扶贫工作重心，在先行满足贫困村群众基本生产生活用电的基础上，将户均配变容量达到2千伏安作为贫困村提升发展目标。三年多的时间，先后投资320余万元，完成了东冶镇枪杆村、秋泉村、董封乡人参埌村、北留镇南岭村、河北镇河北村等8个贫困村的供用电线路及配电台区改造，新建及改造10千伏线路3.4公里，0.4千伏线路13.96公里，新增增容配电变压器25台7450千伏安，新增动力用户45户；先后投资2600余万元，完成了凤城镇上王村、北留镇横岭村、固隆乡沟东村等煤改电、电采

为横河镇供电的35千伏横河变电站

河北镇河北村光伏扶贫工程验收

暖改造任务，不仅彻底解决偏远贫困村供电能力不足、设备老旧、安全隐患等问题，而且实现了配电网从"温饱型"向"小康型"的转型升级。据不完全统计，在完成电网改造及煤改电工程的8个贫困村中，贫困群众年户均用电量由改造前的240千瓦时增加到277千瓦时，动力用户由改造前的33户增加到78户，群众的脱贫动力更足了。

服务光伏发电　做好增收文章

光伏扶贫是阳城县委、县政府的推行的主要扶贫政策。2017年，阳城县政府提出了单户30—100千瓦要求，并要求供电局对102个村及自然人用户光伏安装实施现场调研，确定光伏并网方案，全力推进光伏扶贫项目的实施。至2019年6月，包括15个贫困村在内，阳城县供电局共受理分布式电源项目新装达3811户44554千瓦，并网3811户44554千瓦，光伏扶贫成为贫困村群众脱贫增收的一大热点。

接收电网资产　提升脱贫动能

电力是助力脱贫攻坚的基础保证。在建档立卡贫困村中，由于历史原因，阳城部分村镇还处于自供电状态，这些地区的供电设备因经营不善、投资不足、基础较差，再加上设备运行年代较久，老化严重，由此出现了电网电能质量低、供电可靠性低、供用电设备安全状况差等一系列问题，极大程度影响了群众的致富热情。

2016年以来，阳城县将全县自供电区用户资产接收提升作为脱贫攻坚的重要手段，先后投资7800余万元，完成横河自供区、润城村等多处用户资产接收及提升改造，工程涉及横河地区新建35千伏变电站一座，新建改造10千伏线路74.188公里，新建及增容配变56台/10980千伏安，新建及改造低压线路69.7公里。用户资产接收并全面升级改造后，不仅使这地区的中低压电网安全健康状况得到根本改善，而且为广大群众脱贫致富提供充足的电力保障，极大地推进了乡村旅游事业的发展、扶贫产业上马、村集体经济高速发展。横河镇在实施资产接收前，户均用电量为644千瓦时，境内仅有小水电、木材加工厂2家企业。而随着横河35千伏变电站的投运及全镇中低压电网改造的完成，区域内年户均用电量上长升为1735千瓦时，全镇石材场、农家乐等集体、个体经济实体达到20个，小尖山、析城山、五彩河、红沙岭等一大批旅游风景区投入运营，成为阳城全县脱贫典范。

绿色能源效益好　脱贫攻坚动力足
——晋城市高平市寺庄镇芦家峪村农村电网改造案例

芦家峪村位于高平市西北部，辖芦家峪村、西沟村、北沟村3个自然村。全村总面积2.85平方公里，其中耕地面积590亩。2014年高平市芦家峪村共有116户368人，其中建档立卡贫困户47户143人，贫困发生率为

贫困户屋顶光伏发电

扩容后的变压器

38.86%。2016年村集体收入达到20万元，实现整村脱贫。

走进高平市寺庄镇芦家峪村，可以看到很多"蓝色屋顶"，从高处看就像一片蓝色的海洋。这片"蓝色海洋"为贫困户脱贫致富，特别是发展壮大村集体经济起到了积极的推动作用。

电网改造这一基础设施建设项目的实施，保证了芦家峪村村民正常用电，满足了村民、贫困户屋顶光伏安装并网使用，为村民、村集体特别是贫困户增加了收入。同时，还保证了村内正常生产生活，如打井、唱戏等大容量用电需求，为芦家峪村脱贫致富打下了坚实的基础。

乘着政策东风，扶贫产业扶摇直上

"2016年，咱们国家推进光伏发电节能环保项目，高平市委、市政府强力推动，寺庄镇党委政府大力宣传，我们村的党员干部反复商讨，一致同意发展这一切合我村实际的增收产业项目,我们芦家峪真正是找到了一条产业发展的康庄大道啊!"芦家峪村党支部书记王建国掩饰不住激动的情绪。

艰难困苦方显共产党人的担当。面对贫困村家庭人均收入偏低、集体经济收入薄弱的现状,如何带动群众脱贫致富,成为摆在村"两委"班子面前的头等大事。确定整村推进光伏发电项目后,村里原来的100千瓦变压器,容量远远无法满足光伏发电产业发展的需要,村集体申报建设的光伏电站项目因此一拖再拖。困难大、挑战大,共产党人的决心更大,如何突破制约脱贫致富的瓶颈成为芦家峪村党员干部推进光伏扶贫的首要任务,他们勠力同心、夙夜在公、风餐露宿,四处奔走,开启了芦家峪村探索增加变压器容量的求变之路。

心系群众方为共产党人的初心。为解决村内所面临的变压器容量不够、线路杂乱无章、隐患多等问题,芦家峪村于2015年投资36.7445万元实施了电网改造,变压器容量扩增至400千瓦,2016、2017、2018年共计

通往自然村的线路

为12户贫困户安装光伏发电；2018年由于实施村集体光伏发电项目，根据实际需求投资15万元将变压器容量扩增至800千瓦，村内线路一改之前的杂乱无章，变得整齐有序，既美化了村容，也消除了安全隐患。至此，村级电网改造工程打通了村级用电"末梢神经"。

借助绿色产业，精准扶贫成效卓著

"只要出太阳，蓝房顶就能变成钱。"贫困户胡喜门的幸福洋溢在灿烂的笑脸上。

坚守使命，绿色产业辐射式快速发展。当谈到整村发展光伏发电产业时，村委主任张志国说："当时村'两委'干部考虑到光伏电站无人力成本，维护成本较低，且有长期的国家政策扶持，光伏发电输出电量直接纳入国家电网，无销售瓶颈，前景极佳，属于绿色发展产业，极适宜农村发展，但是村民们当时不理解呀，我们干部和党员就带头安装，然后挨家挨户地去介绍。"芦家峪村村"两委"干部心系光伏产业，以"小康路上不落一个村民"的担当精神，大力推广光伏安装，使光伏发电成为芦家峪村增收致富的助推器。2016年开始，村民相继安装了家庭屋顶光伏电站。

电站收益成效显著，村民们幸福指数节节攀升。安装5.1千伏光伏的贫困户户均月增收约750元，安装10.07千瓦光伏的贫困户户均月增收约1900元。电网改造变压器增容后，2018年村集体申报的100千伏村级光伏电站也得以顺利实施建设，自2019年1月并网至今8个月的时间已发电约77000度，预计一年可发电100000度，按照0.332元/度的电价，预计一年可为集体增收3.3万元。芦家峪村的光伏发电项目实现了村集体、贫困户和农户三增收。

回首来时路荆棘密布，展望新时代胜利在望。电网改造的发展让满满的阳光能量转化为电流输入国家电网，换回实实在在的真金白银，让贫困山村走上了绿色发展、稳定脱贫之路。这一实实在在的民心工程，让芦家峪村一贫如洗的面貌成为历史，到处绽放着脱贫致富的光芒。

第九章

农村环境整治案例

开展环境整治　建设美丽乡村
——太原市娄烦县农村环境整治案例

改善农村人居环境是全面贯彻党的十九大精神，落实中央《农村人居环境整治三年行动方案》的一项重要部署。娄烦县委、县政府紧紧围绕脱贫攻坚决战决胜和建设全省农村人居环境整治示范县目标任务，以美丽宜居乡村建设规划为导向，以农村公共基础设施建设和村容村貌提升为主攻方向，启动了娄烦县人居环境整治暨基础设施建设（PPP）项目。项目投资46000万元，涵盖全县119个贫困村，致力于把该县贫困村建设成为绿水青山、生态宜居、稳定和谐的美丽乡村。

天池店乡河北村环境整治前

科学规划,注重模式引领

娄烦县把规划方案作为建设贫困村人居环境的基础性工作来抓,坚持先建机制、后建工程。为了保障规划方案的前瞻性、特色性和实用性,先后编制了《娄烦县农村人居环境整治三年行动实施方案》和《关于成立娄烦县农村人居环境整治及农村基础设施建设(PPP)项目协调推进工作机构的实施方案》。在项目运营模式的选择上,依据人居环境整治的规模体量和建设内容,选择政府与社会资本合作模式(PPP模式)中的"BOT(建造—运营—移交)模式"来组织运营。由政府出资人代表娄烦县美丽乡村建设有限公司与中标社会资本方山西建设发展有限公司和山西六建集团有限公司联合体组建SPV公司进行项目的建设。在可研方案编制、图纸设计过程中,要求符合贫困村实际,体现乡村特色旅游、产业发展和田园风貌要求。

天池店乡河北村环境整治后

因地制宜，强调示范先行

娄烦县地处吕梁山腹地，汾河中上游，地理环境复杂多变，水路网纵横。特别是东西山区地形复杂，自然灾害频发，交通、饮水、公共服务设施等条件较差。县政府依据人口规模、基础设施、地理位置、村庄特色，将136个村庄分为示范村（13个）、重点村（32个）、达标村（54个）、整治村（37个）四类村庄实施整治。按照工作目标，结合该县实际，分为三个阶段对136个村开展整治。第一阶段为示范整治阶段，主要针对13个示范村、32个重点村进行集中整治，围绕重点任务以及彰显娄烦县地域风情和乡土文化的特色项目，打造引领典范，形成示范经验。第二阶段为整体提升阶段，结合示范村形成的经验，以54个达标村为重点，力争全县农村人居环境得到大幅提升。第三阶段在前两个阶段的基础上，对示范村、重点村、达标村进行查缺补漏，同时结合37个整治村，确保农村人居环境整治提升实现全覆盖。

整合项目，基础建设是重点

娄烦县在人居环境整治整体部署的引领下和PPP项目实施的框架下，充分发挥政府主管、主导作用，立足解决制约当前农村发展的瓶颈问题，分类确定整治重点，分步实施。在基本生活条件尚未完善的村庄，重点解决饮水、道路、卫生、厕所粪污治理、生活污水、垃圾治理等困难和问题。在条件比较完善的村庄，实施以环境整治为重点的美化、绿化、亮化、净化工程，打造本县风貌，力求把建设重点集中在制约贫困村发展的关键问题上。

广泛宣传，群众基础是信心

项目启动至今，娄烦县委、县政府做了以下三方面的工作：一是广泛动员，2018年6月21日召开全县动员大会，集合县、乡（镇）、村三级领导，对《娄烦县农村人居环境整治三年行动实施方案》进行解读，并要求各级领导干部就方案中相关具体内容对贫困村群众进行不同形式的宣传发动。二是要求各级领导在制定方案以及相关设计时，结合当地实际情况，听取群众意见，制定具有科学性、前瞻性和实用性的相关规划。三是利用各类信息载体，对施工内容、施工期限、施工单位等信息进行公示，让广大人民群众来监督施工秩序和施工质量。

强化监管，机制建设是保障

娄烦县在项目启动之初就编制了《关于成立娄烦县农村人居环境整治及农村基础设施建设（PPP）项目协调推进工作机构的实施方案》，全面落实责任领导、工作职责和工作要求，并成立了娄烦县人居环境整治领导组，领导组下设指挥部，指挥部下设办公室，负责农村人居环境整治和农村基础设施建设PPP项目的实施推进工作。在为期1年的项目建设期后，SPV公司负责进行19年的项目运营，对建设完成的项目进行长期保养和维护，为美丽乡村建设长久助力。

截至2019年8月底，已累计完成投资约3.8亿元（估算数字，含项目二类费用），道路工程、饮水工程、污水工程、村级文化服务中心建设、村级卫生室新建及维修工程已基本完工。村容村貌整治项目也进入最后收尾阶段。

环境更优美　生活更健康
——吕梁市柳林县留誉镇柳家沟村农村环境整治案例

柳家沟村隶属吕梁市柳林县留誉镇北大门，柳石公路穿村而过，距离县城32公里，全村土地面积11.5平方公里，其中耕地1320亩，林地5169.9亩。2014年柳林县柳家沟村全村总户数290户1000人，建档立卡贫困户55户226人，贫困发生率22.6%。2015年实现整村脱贫。

柳家沟村村容村貌

近年来，柳家沟村按照五城联创目标，响应县委、县政府环境整治"三基本、五重点"的要求，努力做好村庄环境卫生这一民心工程，围绕公路沿线、沟坡地带、村庄三大主战场，积极开展环境卫生整治活动，推进村容村貌、户容户貌整治，让村庄环境更美丽、更宜居，广大村民幸福指数进一步提升。

广宣传，强带动，形成氛围

每天早上，柳家沟村村干部就开始对环境卫生长效机制以及垃圾不落地的政策进行宣讲，让村民树立基本的环境卫生意识，形成良好的卫生习惯。坚持以大众为主体，党员干部走在前，安排老党员、老干部、老战士、老榜样参加村环境卫生整治，发挥他们在大众中威信高、受人敬重、号召力强的优势，宣扬监督引导村民树立清洁卫生的自觉意识，形成环境卫生整治人人参加、自动整治、建造宜居美丽家乡的良好氛围。

抓队伍，建机制，运行有序

柳家沟村把年纪大、工作弱的监督员替换为作风硬、敢惹人、爱管事的人，每周二、五定期由镇里派专人检查考核，清扫清运人员根据清扫清运实际情况，分别给予5元到20元的奖惩，每天垃圾定时清理。通过建立基本环卫制度，清扫清运人员的管理意识逐步树立起来，做到职责任务真正明了于心，工作的积极性、主动性调动了起来。对清洁员进行末位管理，每月综合排名最差的，罚清理全村排水沟一次。实行村级卫生文明户评选活动，对村民一月进行一评比，评5户四星级卫生文明户、5户五星级卫生文明户，给予10元到20元卫生工具奖励。

治乱点，建新村，亮化美化

柳家沟村积极开展陈旧垃圾清理、坡面杂草清理、屋顶乱堆清理、"四堆"清理、乱贴乱画清理、烂沟渠治理、违章建筑清理等各项专项行动。经统计，整治期间清理"四堆"350堆，清理小广告30处，整治坡面13300平方米，整治违章建筑2处，粉刷40000平方米，栽植外茅32000株、油松200株、桧柏160株、云杉8株、梧桐树24株、榆叶梅30株、红叶小卜5000株、丁香60株、美国红枫20株、柿子树70株、山楂树50株、胶东卫矛球20株、华北卫矛球35株，建文化墙243平方米，安装体育器材32件，治理臭水沟3处，铺设涵管150米，回填土方5600方，清理垃圾渣土1700方。经整治，村容村貌、户容户貌有了很大的改观。

在深度贫困与生态环境脆弱交织的困难条件下，柳家沟村以环境卫生整治为突破口，以农民素质和生活质量提升为出发点，不仅改变了村容村貌，更带动了村民面貌的转变。

柳家沟村进村公路

环境得治理 村庄得提升
——晋中市和顺县李阳镇上石勒村农村环境整治案例

上石勒村位于和顺县北部，距县城约20公里，松溪河上游，207国道西侧。全村面积11444.93亩，其中耕地面积1054.97亩，林地面积5597.72亩，主要种植作物有玉米、马铃薯、杂粮等，养殖业以养牛为主。2014年全村共有224户625人，其中建档立卡贫困户186户537人，贫困发生率85.92%。2018年底实现整村脱贫。

近年来，上石勒村大力实施了以改善村容村貌、户容户貌为基础的贫困村提升工程，全村的环境面貌和基础设施得到了彻底改善。

抓村容村貌，全村形象大提升

近年来，上石勒村立足村情实际，狠抓村容村貌整治和基础建设、公共服务设施建设，彻底改变了"脏、乱、差"落后面貌，全村形象得到了极大提升。一是大力实施街巷硬化。投资32万元硬化入村路2.6公里，硬化街巷道路2400平方米，"晴天一身土，雨天两脚泥"的现象一去不返。二是大力实施环境改善。投资26万元新建"美丽乡村"老年休闲广场，山西省财政厅帮扶工作队为村里免费安装无线网，为村民提供了一个散步、乘凉、休闲、上网娱乐的好去处，成为上石勒村一道亮丽的风景线。三是大力实施健康工程。驻村工作队多方联系，争取资金20万元，建设篮球场一个、乒乓球台一个、羽毛球场地一个，赠送健身器械十余件，极大丰富了村民的文化生活。四是大力实施公共服务。投资19万元新建老年日间照料中心，解决了12名孤寡老人日间照料难的实际困难；投资60.8万元修建新戏台，丰富了群众生活水平，投资6万元建设了村级卫生所，群众就医难问题得到有效改善；投资25万元实施了饮水管道更换项目，全村的人畜饮水得到彻底改善。

抓户容户貌，家家户户有改观

为彻底提高村民的生活质量，上石勒村采取驻村工作队带头、村"两委"分片包干、责任到人、户户发动、分类实施的方法，着力开展以"五洁净、六要六有"为主要内容的专项治理，努力做到家家户户有改观，全

环境治理后的村容村貌

村主河道整治中

村的户容户貌得到有效提升。首先是户容实现"五洁净"。即：院内净——庭院内外干净整洁，不能有杂草杂物，不能有垃圾；卧室净——墙壁屋顶要粉刷，床被物品存放要整齐，窗户玻璃要明净；厨房净——厨房与卧室要分开，厨房留有通风口，厨具摆放有序，餐具灶具入柜；厕所净——定期掏粪便、定期清扫卫生、定期灭虫灭蝇、定期消毒杀菌；个人卫生——倡导勤洗脸洗手、勤洗脚洗头、勤理发刷牙、勤换洗衣物。其次是户貌实现"六要六有"。即：住房要安全，不能有危房，要有油漆粉刷一新的门窗；庭院要规整、不能有危院墙、危街门，对旧有的大门和围墙维修整洁；屋内要亮堂、要有床柜和桌椅；电器要添加、要有电视和电话；内力要激发、要有自信和自立；陋俗要革除、要有好的习惯和家风。全村筹集各类资金23万元，修建厕所41间，油漆翻新大门84户，刷新院内门窗51户，采用彩钢板新修围墙360米，为户脱贫、村退出提供了优美的环境。

脱贫攻坚改善人居环境
贫困山村旧貌喜换新颜
——晋中市灵石县南关镇吴庄村农村环境整治案例

吴庄村地处灵石县南部,距县城40公里。全村面积2597.7亩,无耕地面积,全部退耕还林。主要种植作物有玉米、马铃薯、红薯、核桃、中药

村文化活动广场上新添置的健身器材、客车候车亭

材等；养殖业以家庭小规模养鸡为主。2014年全村共有82户225人，其中建档立卡贫困户76户208人，贫困发生率92.44%。2016年底实现整村脱贫。

脱贫攻坚战役打响以来，灵石县委、县政府把脱贫攻坚作为全县重大政治任务和第一民生工程来抓，向吴庄村派驻了驻村工作队，围绕"两不愁三保障"标准，在全力因人因户精准施策、靶向脱贫攻坚的同时，多方协调，多措并举，大力实施贫困村环境治理提升工程。昔日贫穷落后、环境卫生脏乱差的吴庄村，通过精准扶贫、脱贫攻坚，发生了天翻地覆的巨大变化，整村环境卫生改天换地，群众精神面貌焕然一新，数百年的古老山村呈现出了傲人的青春活力。

提升基础设施，生活条件更加完善

为了提升整村基础设施建设，进一步增强群众的获得感，在县、镇两级统筹协调下，先后投资51.59万元实施吴庄村户户通绿化亮化工程，实

贫困户住房质量提升

环境整治后的入村主干道路

现了户通水泥道路，安装太阳能路灯25盏，并对村庄道路、荒山进行了绿化。2019年，又投资160余万元，实施了入村主干道路提升工程，3.082公里长的道路全部铺设柏油沥青，波形护栏、排水渠等附属设施也应有尽有，同时增设错车道8处，往日坑洼泥泞、尘土飞扬、进出困难的交通落后局面得到了根本性的改观，为老百姓的出行和销售农副产品带来了便利，有力地促进了全村经济的发展。

改善人居环境，村容户貌更加整洁

小康不小康，关键看老乡。建档立卡贫困户的人居环境直接反映着其本人的精神面貌。脱贫攻坚开展以来，结合灵石县建档立卡贫困户"五洁净六要六有"工作，吴庄村驻村工作队晋中银行灵石支行等帮扶单位筹资6万余元对全村村容户貌进行改善提升，对农户院墙、公共活动场所墙裙等进行维修喷色，在村口墙面醒目位置刷写精准扶贫标语、喷涂文化墙；

同时积极筹措资金34万余元对贫困户庭院大门、院墙进行了统一的新建和修缮；实施"厕所革命"，投资18.72万元为72户农户进行厕所改建，改善了人居环境，使群众的生活更加健康，更加有保障；发挥党员干部"帮扶带"作用，包村干部和帮扶责任人进村入户，帮助贫困户清扫庭院、规整物品、安装窗纱玻璃等，并积极向贫困户宣传卫生健康常识，引导贫困户养成自觉讲究卫生的良好习惯，改善了贫困户的精神面貌，从而进一步激发了贫困群众的内生动力。

三年多时间，是灵石全县上下合力奋战、夜以继日脱贫攻坚的三年，也是贫困村吴庄从贫穷落后逐步走向繁荣富裕的三年。现在，经过贫困村基础设施提升和环境卫生整治，如今的吴庄村房前屋后绿树环绕，农舍民居整齐美观，村容村貌已经大为改观，人居环境得到前所未有的改善，贫困户对未来的美好生活充满了期待和憧憬，一个崭新的吴庄村已经展现在世人面前。

初心不改总关情　一抹风景入画来
——运城市夏县禹王乡西赵村农村环境整治案例

西赵村位于夏县峨嵋岭最南端，距禹王乡政府驻地约4公里。全村有耕地面积1430亩，主要种植小麦、玉米等粮食作物，经济林以油桃、樱桃等水果品种为主。2014年夏县禹王乡西赵村共有184户605人，建档立卡贫困户42户150人，贫困发生率为24.79%。2015年底整村脱贫。

自脱贫攻坚战打响以来，西赵村干群凝心聚力，上下齐抓共管，农村环境卫生整治工作始终走在全乡前列，不仅是示范模板，更是标杆和榜样。

接力初心不止步　一枝一叶总关情

西赵村村"两委"干部把村环境卫生整治作为脱贫退出的一项重点工作。老支书郭俊民同志亲自挂帅，带领村"两委"干部、村民组长，走遍全村街道巷道，现场办公，未雨绸缪。当今的支部书记郭志红继承了老支书的做法，不仅身体力行，而且开创性地开展工作，对重点街巷道、重点路段，加大管理整治力度，安排专人定期进行清理清扫、对整治效果现场监督巡查，并按村组划分片区，确定责任人，广泛动员群众参与到环境卫

村中建筑垃圾清理

生整治行动中来,他带领党员干部在全乡率先兴建起第一座垃圾掩埋场,并动用自己的大型机械,对久放难以移动的石器,多年积存的垃圾、沙石、渣土进行彻底清理,用车辆运送到垃圾场进行集中清除掩埋。

精打细算强设施　统筹推进谋全局

新时代,新担当,新作为。村"两委"借脱贫攻坚之东风,利用贫困村扶持项目资金,进一步完善村级基础设施建设,以此推动农村环境卫生整治和脱贫攻坚工作向前发展。2017年,村"一事一议"项目街巷道硬化提升工程完工,6700平方米整洁干净的路面为村民生产生活提供了便利,成为农村人居环境的新亮点。2018年利用贫困村扶持项目资金和筹措资金共45万元,兴建了近400平方米的村文化活动中心,为提高村"两委"工作效率、丰富村民文化生活,美化人居环境提供了坚强保障;同时村"两委"有效管好用好扶贫项目撬动资金,吸纳十多名贫困户成员参与到环境卫生整治工作中,让他们自食其力,"造血"自强。环境卫生整治长效机制的运行,使西赵村环乡道路整治、林带管护、清扫保洁、巡查监管到贫困户庭院卫生，都大为改观，今非昔比。

市场运作抢机遇　环卫模式新挑战

2019年3月，西赵村农村环境卫生整治工作开始迈入市场化运作轨道。作为首批入选村庄，村"两委"干部提前入手，早做规划，以"改革创新、奋发有为"大讨论活动为契机，学习讨论，外出参观，更新工作思路，探索市场化运作之后，农村人居环境发展呈现出新动态、新方向。首先干群一道对环乡路沿线、村庄周边以及大街小巷环境卫生进行彻底清理整治，接受乡政府、保洁公司对环卫整治工作的督导、考评，确保按时按质完成移交工作，然后由村委会、乡政府统一与北京保洁服务公司签订协议，配合好公司垃圾桶位置堆放，垃圾收集、清运、填埋以及道路洒水作业等。村"两委"积极强化督导、监管、协调和服务等职责，共同建设西

西赵村新建的党员活动室

建设中的村级活动广场

赵村美好的明天！村民们深有感触地说道："现在村里村外干干净净、整整齐齐，看着这些真让人舒心爽快。"

路虽远，行则必至；事虽难，做则必成！农村环境卫生整治永远在路上，美丽生态宜居一直是西赵村村民追求的目标。以农村环境卫生整治来助推脱贫攻坚工作进程，才能实实在在增强群众的幸福感、安全感和获得感。

治污建广场　点燃新希望
——运城市新绛县横桥乡史家崖村农村环境整治案例

史家崖村地处新绛县西南部，距县城15公里。全村共有1340亩耕地，其中水浇地1280亩，主要种植作物有药材、油桃、小麦、玉米等。2014年史家崖村共有135户494人，其中建档立卡贫困户40户136人，贫困发生率为27.53%。2018年底实现整村脱贫。

史家崖村不仅具有贫困村的所有难点，还兼具着许多的"小"：村小、街小、文化广场小。在脱贫攻坚战中，村干部认识到只有沉下心来解难题、破解痛点燃希望，才能建设美丽农村，提升群众幸福感和满意度。

调查研判找症结

"泊池"是全村的泄洪主干道，也是村中心的垃圾场，它与杂草野树中一处处顽强挺拔的半壁高的土砌牛羊圈遥遥呼应，成了环境整治的污点。虽然"泊池"雨天会变成污水池，随着雨量暴涨的污水会淹没主街道，冲毁田间路，但在村里的老人们看来，"泊池"却是这个古老村庄的标志，是村民们心中抹不去的情结：哪怕它被垃圾填埋了十余年，没有了一块"条石"，没有太多实用价值，但就是"泊池"把小村分成了东西两

泊池整治前

片,有很多记忆沉绽在其中。

五间北房,外加从南到北的一个篮球场就是村集体活动办公的场所,一排柳树和树下的健身器材彰显着"小广场"的身份。初来此地的扶贫工作队员从它身旁悄然而过,都没能注意到村委会的存在。平日里村民的大型农机具,挖回来的果树树干,外加农民脱粒、吹晒的玉米、小麦占据着广场……广场的环境卫生成为村容村貌整治的难点。

除去环境整治的难点,作为基层战斗堡垒的村委会同样存在着痛点。村委的政策宣传板只能到位置较偏的五间北房的"山墙"上粉刷一块;"四议两公开"公示栏,只能用胶带在村委会门旁张贴备用。村"两委"办公场所与村卫生室、留守老年人活动室存在占用空间上的矛盾,基层组织的战斗堡垒作用受限。

对症下药燃希望

村"两委"与驻村工作队通过调研走访,仔细考量,史家崖村的巩固提升必须从整治"泊池"、清洁广场、扩建村委下手，逐渐改善村容村貌、户容户貌。随着相关扶贫政策的落地，史家崖村"两不愁三保障"突出问题逐步得到解决。2018年，经过反复讨论，"泊池"改造方案终于通过了村民代表会议审议。修建排洪管道，后移"泊池"，建设文化广场的方案也得到了新绛县扶贫办和横桥乡工作站的认可和支持，项目资金有了着落。

为了使项目更快推进，一个相对成熟的整改计划逐步形成。整治被垃圾填埋了十余年的"泊池"，为史家崖在村中心新开辟出800余平方米的发展空间。新建硬化300余平方米的文化广场，成为村民茶余饭后的活动中心；广场北边300余平方米的"新泊池"，成了史家崖村一道美丽的风景线；广场南边的主街道上改建的200余平方米文化墙，更是充分展现了史家崖村乡风文明的新时尚。

村容村貌实实在在的转变，让老百姓分享到新一轮脱贫攻坚工作的红利，新农村建设的希望在此点燃，一辆辆停在广场上回家探亲的小车，让史家崖村显得生机勃勃。

泊池整治后

第十章

农村产业扶贫发展案例

"五大模式"走出资产收益富民路
——大同市灵丘县农村产业扶贫发展案例

资产收益扶贫，是将自然资源、公共资产（资金）或农户权益资本化或股权化，相关经营主体利用这类资产产生经济收益后，贫困村与贫困农户按照股份或特定比例获得收益的扶贫方式。灵丘县紧紧围绕"资源变股权，资金变股金，农民变股东，收益有分红"的基本思路，多种模式积极整合盘活"沉睡"资源，深入探索"开发式"扶贫、"造血式"扶贫，走

灵丘县红石塄乡车河有机社区

资产收益分红现场

出了一条别具特色的资产收益富民路。

"有机农业+乡村振兴"模式

按照习近平总书记关于大力发展有机旱作农业的指示要求,灵丘县坚持把有机农业作为脱贫攻坚的一项主导产业来抓,以上下车河村为试点,实施农村产权制度改革,引导村民将1113亩耕地及林地等土地的承包经营权集中流转给全体村民参加的合作社,合作社再将经营权流转给"有机农业综合开发公司",由公司统一实施产业扶贫和新型社区建设,公司独立承担市场经营风险,保障合作社与农民的利益。村民在极大改变居住和发展条件的同时,可获得土地流转、劳务、旅游服务和公司分红等四项收入,2015年实现整村脱贫,是灵丘第一批退出的贫困村,2017年人均收入达到1.6万元,是2013年的近7倍。2018年5月23日,灵丘有机农业扶贫模式登上了"2018中国扶贫国际论坛"。

"折股量化+贫困户分红"模式

以"财政注资+企业经营+折股量化+贫困户分红"为主要模式的润生公司为代表。财政为润生公司的乳肉牛养殖项目注入专项扶贫资金620万元,以每股5000元折股量化给贫困户,贫困户的股份负盈不负亏,每股每年保底收益不少于500元,实际经营利润超出固定分红的部分,作为浮动收益,按照公司、贫困户、村集体5∶4∶1的比例进行分配,目前共有1240户贫困户受益。该模式是2018年财政部选定的山西省唯一的资产收益扶贫案例,在全国交流学习。

"光伏扶贫+生态修复"模式

灵丘县牢固树立和践行"绿水青山就是金山银山"的发展理念,将光伏扶贫与生态修复治理紧密结合在一起,除户用光伏外,2017年实施的9

灵丘县德威众创养猪基地

个村的村级电站项目与2018年新建的30兆瓦地面集中电站、98个村级电站全部建在独峪乡废弃的沙山上,实现了生态修复与光伏扶贫的双赢,共有4500多名贫困户年可稳定增收3000元以上。

"旅游扶贫+公司代管"模式

红石塄乡上下北泉村在推出大型农民实景演出《山水北泉》,打响乡村旅游品牌的基础上,县财政投入500万元扶贫资金,建设集装箱户外营地,委托给"灵丘山水北泉旅游营地度假有限公司"代管,每年固定给两村157户贫困户28万元的承包费,户均年增收1800元。盈利部分再按照公司、贫困户、村集体5∶4∶1的比例进行分红。

灵丘县独峪乡光伏产业园

"企业托养+保底回购"模式

按照"自愿合作+牲畜托养+优势互补+互利共赢"的方式，由龙头企业为贫困户免费提供技术、种苗或幼崽等生产资料，并进行统一技术指导，统一种养要求，统一防疫措施，统一投入肥料、饲料、兽药，统一保底回购，确保贫困户"保盈不负亏"，并覆盖非贫困户。此模式灵丘主要以德威公司生猪养殖和润生公司"1+10"育肥牛项目为代表，目前共带动贫困户80户，户均年增收1.3万元。

在以上五大模式中，灵丘县突出扶贫产业辐射到人，大力推行"产业覆盖+就近就业"模式。所有产业项目，优先安排贫困户入企入园务工，增加贫困群众的薪金收入。全县共计160名贫困人口参与务工，人均增收两万元。

改革创新再突破　畜牧建设再发力
——忻州市偏关县农村产业扶贫发展案例

偏关县依托资源优势，大力实施畜牧业"四个一"工程，组织建档立卡贫困户发展畜牧特色产业，坚持精准脱贫，着力打造产业扶贫新常态，实现贫困户稳定脱贫。全县1534户贫困户引调母羊15318只、公羊517只，

老营镇段家沟村黑山羊养殖

户均增收4676元；1393户贫困户引调仔猪2917头，建设猪舍635座，户均增收5332元；1408户贫困户引调鸡41530只，户均增收2182元；建设畜牧经营主体6个；培训养殖带头人、养殖大户300余人。

因地制宜上项目　产业发展促增收

偏关县健康养殖扶贫产业采取"政府+公司+合作社+贫困户"的发展模式，以扶贫农牧专业合作社带动建档立卡贫困户的模式全县实行"四个一千"健康养殖产业，培育新型畜牧产业经营主体作为村集体企业，获得财产性收入。

一是羊产业增收项目。根据农户饲养条件重点推广"211"养殖模式，即贫困户具有2个以上劳动力，可发展基础母羊10只，每3户补助种公羊1只。每户基础母羊10只，每只基础母羊给予补助600元，每户给予饲料补助1000元，农牧专业合作社每吸收3户从事羊产业生产的贫困户给予种公羊补助2000元。

二是猪产业增收项目。由合作社组织，贫困户新建（改建）标准化猪舍15平方米左右，每期饲养生猪3头，一年两期，每年补助一期。每头仔猪补助750元，每户每年最多补助3头，每个标准化猪舍最多补助3000元，同时政府为引调仔猪进行投保。

三是驴（牛）产业增收项目。采取"养殖场（专业合作社、公司）+贫困户"的模式，养殖企业或合作社吸收贫困户饲养能繁母驴（牛），每头基础母驴（牛）补助3000元，每户最多补助2头。

四是鸡产业增收项目。继续发挥两座万只养殖场的带动作用，稳定发展2000户建档立卡贫困户实施散养鸡产业增收项目，每只鸡补助30元，每户最多补助30只。

强化科技培训　实施振兴战略

偏关县以市场为导向，提升规模健康养殖产业，推动特色畜牧业大县向畜牧业强县转变，新建养殖园区1个、新建和完善家庭牧场9个，新发展养殖户4335户，培育新型畜牧产业经营主体6个。2018年规模养殖场粪污处理设施配套率达到100%，畜禽粪污综合利用率达到86.77%以上，实现了畜牧业废弃物资源化、产业模式生态化的绿色发展模式。同时按现代畜牧业发展的要求，对全县养殖带头人、养殖大户进行畜牧技术培训，培育一批技术过硬、懂管理、善经营、思想观念超前的养殖户。

强化利益联结　做实生态扶贫

偏关县依托畜牧业传统资源优势，把发展规模健康畜牧业产业作为实现精准脱贫的途径之一，初步实现了产业发展、群众增收的有机统一，探

偏关县母驴集中饲养

索出了一条畜牧业脱贫攻坚新路子。

一是制定了《偏关县产业扶贫实施意见》《偏关县畜牧产业扶贫工作计划》等指导性文件，构建了生态畜牧业助力脱贫攻坚政策支撑体系。

二是整合畜牧项目资金153万元，加强养殖场等基础设施配套建设，大力实施草畜联动、畜禽良种、畜禽粪污处理及资源化利用工程，稳固农民增收脱贫的基础。

三是引导贫困户以生产要素参与入股、订单收购等形式参与到新型经营主体，探索形成了经营主体与贫困户长期有效的利益联结机制。

以偏关县祥农羊饲料有限公司为依托，为养殖户提供优质羊饲料和技术服务。以偏关县鼎盛种猪繁育有限公司为龙头，与扶贫农牧专业合作社签订仔猪供应合同，公司低于市场价为贫困户提供仔猪。采取"养殖场（专业合作社、公司）+贫困户"的模式，贫困户委托企业代购基础母驴（牛），签订委托饲养协议（合同），采取贫困户入股，集中饲养、统一经营，为入股贫困户分红；同时鼓励贫困户积极参与生产、经营活动，经营主体在用人、用工方面优先雇用协议贫困户和购买贫困户饲草、饲料等。

立足脱贫攻坚根本　发展特色产业项目
——太原市娄烦县娄烦镇向阳村农村产业扶贫发展案例

娄烦向阳村地处县城东南，距县城8公里。全村总面积5800亩，其中耕地面积1280亩，经过退耕还林土地流转，剩余农户耕种的土地仅129亩。主要种植农作物有玉米、马铃薯、谷子等，经济林有核桃和杏树。2014年全村共有134户345人，其中建档立卡贫困户46户125人，贫困发生率为36.23%。2016年底实现整村脱贫。

脱贫攻坚以来，向阳村加快完善村里的公共服务基础设施，全村老百姓的生活水平有了显著提高，但让贫困人口有效、稳定脱贫，并走上致富之路，归根结底还是要依靠产业支撑。

思路决定出路

向阳村49户贫困户中有半数以上是因为年龄较大或身体不佳不能从事较重体力劳动和外出打工的。基于这样一种现状和条件，向阳村多次开会研究，怎样才能让贫困人口通过自己的双手发展生产，经营产业，自力更生脱贫致富。2018年初，向阳村"两委"班子和驻村工作队一同参观了童子崖的养蝎子产业，回来后大家普遍反映技术门槛高、投资大，不适合向

向阳村黄粉虫养殖收入兑现会

阳村发展。受这次启发，驻村工作队员想到了自己多年的老战友，退伍后正在发展黄粉虫产业，听说效益还不错。于是便多方打听，查阅资料，并与村"两委"探讨，初步认识到昆虫养殖在国内基本还是空白，且不会影响到水库周边的生态环境，最重要的是黄粉虫养殖技术门槛低，无疫情，环境要求不高，工作时间不固定，年老体弱者也可干，因此向阳村发展黄粉虫养殖还是可行的。黄粉虫非常适合妇女、老人甚至残疾人等体力不强且不能外出的人员养殖，此项目得到了大家的认同，在会上获得一致通过。传达到村民中间后，很快有6名贫困农户、1名非贫困户村民报名养殖。在驻村工作队和村"两委"的配合下，成立了以强建军为负责人的亿盛昌养殖专业合作社。

贫困户察看黄粉虫生长情况

众人拾柴火焰高

万事开头难，真正付诸实施，各种现实问题就接踵而来。首先是资金问题，一是贫困户客观上就没有什么闲置资金。二是主观上也存在不见兔子不撒鹰的心理，万一养殖失败，几千元的投资损失对他们来说也是一个不小的数字。面对这种情况，帮扶队员、第一书记、包村干部、村"两委"主干等都主动垫付，筹集到近70000元的启动资金。

项目启动以后，各种头绪的工作还真是不少。尽管从年初就开始多方考察黄粉虫的养殖情况，可一旦步入其中还真是忙得不可开交。首先，驻村工作队员对养殖户进行培训。开始是查找各种资料，上书店购买这方面的书籍，发给每个养殖户，然后集中讲解、相互启发、集思广益。有了一定的书本知识后，由驻村工作队员带领15位有意愿养殖的村民到400

公里以外的临汾实地考察取经，听取养殖专业户介绍养殖经验。其次，开设和整理养殖场地，并做好保温隔热设施，营造一个温度、湿度适宜，通风良好，操作方便的养殖环境。第三，请专家来村现场指导，解决各类实际问题。

政府社会齐助力

为了让黄粉虫项目能持续发展，向阳村将该项目向县里申报纳入项目库的同时，也争取对口帮扶单位的支持。最终娄烦县将该项目纳入2018年扶贫项目库中，并争取到了帮扶资金20万元，山西省综改示范区管委会也捐赠了一台黄粉虫烤制专用微波炉，使得黄粉虫项目有了后续发展的资金。

向阳村的黄粉虫养殖，从闻所未闻到大胆尝试，从大批死亡到正常繁育，在经过了不到两个月的摸索实践后，迅速走上良性循环的状态。从2018年9月份烤制出第一批商品虫至年底，短短3个月的时间养殖户户均纯收入达2600余元。

为了稳定脱贫成果，向阳村计划在2019年申请黄粉虫养殖二期项目，扩大再生产。年初村委主干已先后到中阳县、汾西县和大同市学习考察，目前正在起草实施方案。村民看到了黄粉虫项目的收益，有更多的贫困户愿意参与进来，他们在自己的脱贫道路上充满信心，辛勤劳作。持续稳定脱贫不再是一种念想，不再可望而不可即，而是变成了实实在在的勤劳致富的长远生计。

发展红色旅游　助力脱贫攻坚
——太原市阳曲县侯村乡店子底村农村产业扶贫发展案例

店子底村位于阳曲县南部，距太原市区20公里，由店子底、北岭坡、王家岭等6个自然村组成。全村总面积约20平方公里，其中耕地3178亩。主要种植各种水果、旱地蔬菜等农作物。2014年全村共有334户738人，其中建档立卡贫困户58户122人，贫困发生率16.53%。脱贫攻坚战役打响以来，店子底村成为知名的红色旅游村、美丽宜居示范村。2017年底实现整村脱贫。

因地制宜，让红色旅游资源"活起来"

店子底村位于牛驼寨制高点的正背后，是南下太原的必经之路。由于地理位置特殊，群众基础好，因而被作为1949年解放太原战役的"大后方"，可以说"家家有支前故事，人人是支前后人"。2009年建成全国第一家解放战争支前纪念馆——"店子底村支前纪念馆"。然而，当时村里还是土路，村民们仍然过着"土里刨食、靠天吃饭"的日子，村集体没有收入，通信设施不健全，村民吃水困难，纪念馆得不到宣传和发展。

2016年，在国家精准扶贫政策指引下，店子底村抓住机遇，依靠独具

在店子底村红色大讲堂举办现场教学

特色的红色历史基础，依托阳曲县全域旅游，开始打造"红色经典游"，作为弘扬支前精神红色教育基地，确定了"红色教育+红色旅游+旅游服务"的旅游脱贫模式。在县委组织部的帮助下，店子底村与县委党校合作举办"观支前馆、上支前课、走支前路、吃支前饭、体支前情"的"红色体验"教育，利用支前餐厅、支前市场、支前客栈等红色旅游配套设施，成功开办"红色讲堂"，不仅作为全村学习新思想、新技术的课堂，而且吸引了省、市有关单位前来学习听讲，累计接待10万余人。

近年来，阳曲县为店子底村发展红色旅游投入大量资金。红色旅游项目计划投资186.597万元，现已投资147.244万元，建设红色讲堂、停车场、旱厕、支前路等；投资42.92万元，新建3座店子底村旅游生态厕所。为保证资金的安全性，村"两委"严格按照"四议两公开"资金使用程序，将扶贫资金真正、及时地使用到了项目上。在此基础上，村"两委"成立了支前文化有限公司，发展红色旅游服务业，租用村民闲置的老院进

店子底村红色广场

行改造，以农耕文化、黄土风情为主题，发展窑洞民宿和休闲茶吧，贫困户每户年租金收入4000元。全村办起5户农家乐，带动贫困户3户4人就业。同时，村集体依托红色旅游收入设置了环境卫生、护林员、河道清洁员等公益岗位，带动贫困户4户4人参与打工，人均增收5000元以上。

多种经营，让红色旅游品牌"亮起来"

随着前来体验红色旅游的旅客不断增加，为了满足游客消费和餐饮需求，店子底村将红色文化、乡村旅游、乡村采摘融为一体，红色旅游走向立体化发展。

县扶贫开发中心等部门和单位帮助店子底村解读扶贫政策，帮助编制产业发展规划、提出申请，组织专家论证、会议研究，从2016年开始，投入扶贫资金600余万元，建成130亩拱棚和暖棚，吸纳60余户贫困户租赁种植，保证每户贫困户都分到一座棚，每座棚年均收入达到2万元。

在包扶单位太原市交警支队的帮助下，店子底村在支前纪念馆门前小广场上搭起支前市场，设立水果专卖、杂粮专卖等15个摊位，供贫困户免费使用。贫困户孔双喜家里种10亩庄稼地、3亩苹果树还有1座大棚。平时忙农活，一看见有客人来，就带着自家的土特产去赶集。最多的时候，一晌午就卖了300元的菜钱。2017年，村里还帮助老孔办了个农家乐，日子过得忙碌又充实，当年人均收入达到9500多元。日子越过越好的他，笑口一直合不拢！他说："现在支前的劲头又来了，村里一年一个样，荒山沟变成了金窝窝，土疙瘩变成了金疙瘩。"

红色旅游的发展给周边村480名村民带来直接实惠，家家户户都从红色旅游资源中获了利、得到了好处。村里还组织了"回村采摘""回村过年"的宣传活动，支前旅游品牌也越来越有影响。

激发内生动力，让贫困群众"富起来"

村书记石狗拴讲："我们村的人，要想跟以前不一样。就要讲文明、讲素质，红色旅游才能办好。"他经常利用村里的"红色讲堂"，向村民重点讲解扶贫惠民政策、文明礼仪、村规民约，开通红色讲堂微信群，村干部利用大喇叭开展"咱村的新鲜事"等宣传教育，让每一户贫困户都动起来，人人参与红色旅游，从中受益脱贫。贫困户张海忠以前是村里出了名的懒汉，被大喇叭"点了名"，通过在红色讲堂不断接受教育和帮扶队员的持续沟通，老张一改以前懒散的样子，整个人变得精神焕发，主动要求参与村里的旅游公司。村"两委"还帮助他修建了院墙，参与村里的清洁工程、拉运建筑材料、承包小型植树项目等，他每天忙得不亦乐乎，年收入超过2万元。

通过红色旅游的带动，店子底村贫困户口袋鼓了，腰杆硬了，这些在过去想也不敢想的事情，现在都变成了现实。

打造古长城 文旅开发第一村
——大同市天镇县逯家湾镇李二口村农村产业扶贫发展案例

"塞北长城看天镇，天镇长城李二口。"站在天镇县城向北而望，只见阴山支脉蜿蜒东来，山腰间一脉长城随山势起伏如巨龙盘伏，这是北方游牧民族与中原王朝碰撞与交融的见证，其中最为雄奇俊伟的当属"横看成戟侧成龙"的李二口长城。2014年李二口村共有人口119户349人，其中建档立卡贫困户33户85人，贫困发生率为24.36%。2017年以来，天镇县将文旅开发、生态治理与易地扶贫搬迁有机结合，坚持"345"模式，规划投资9864万元建设李二口旅游扶贫综合开发示范项目，进一步放大文化价值，注入精神内涵，凸显生态优势，提升脱贫质量，打造古长城文旅开发第一村。

"三色联动"提升脱贫内涵

攻克深度贫困是一场攻坚战，更是一场整体战。李二口村的巩固提升深度挖掘了天镇的红色、古色、绿色文化，有效注入示范项目建设。

提升红色内涵。天镇县是中国革命的红色摇篮，革命先驱王振翼把第一粒红色火种播撒到三晋大地；雁北地委第一任书记、革命先辈闫秀峰，以革命家风引领风气，红色精神传颂后世。李二口村以爱国主义和廉政教育为主题，筹建红色文化主题纪念馆，打造红色教育基地，让红色精神绽放出新的时代光芒。

挖掘古色底蕴。李二口长城地形险要、气势壮观，是晋北地区保存最好、最具观赏价值的一段。李二口村巧借全省"黄河一号、长城一号、太行一号"建设的东风，挖掘放大古长城蕴含的历史文化价值，与易地扶贫搬迁相结合，建设古长城文旅开发第一村，打造移民搬迁福地。

打造绿色名片。天镇山青水绿、天蓝气爽、环境优良，风光资源富足，生态优势独特，是享誉塞外的避暑胜地和长寿之乡。天镇县牢固树立社会主义生态文明观，坚持生态立县战略，挖掘放大李二口村依山傍水、杏林掩映的生态资源优势，以休闲旅游、生态康养为主题，彰显塞上古村风情，打造生态旅游胜地。

"四效齐显"展现广阔前景

社会效益。将有效地融入省、市全域旅游大盘子，与大张高铁、京乌高速建设相结合，打造天镇县对外开放的新窗口和展示形象的新平台，全方位、多角度展示天镇红色精神，绿色生态，古色文化，打响天镇文旅开

李二口村全貌

李二口村"错长城"秋景

发、生态康养的又一响亮名片，有效提升区域旅游开发的吸引力和集聚力。

发展效益。将有力助推文化旅游产业发展，带动旅游服务第三产业的发展，促进三产融合，培育新的经济增长点，不仅对李二口村，对整个天镇县域的经济也将发挥出重要的辐射带动效益。

生态效益。将进一步巩固放大本区域原生态、环境优质的比较优势，通过水源涵养、植树种草等措施，有效保护生态资源，持续提升绿化规模，有效改善区域生态环境，促进环境保护和资源利用，逐步形成生态型古长城景区，发挥出效果更好的生态效益。

民生效益。不仅有效提升居住区基础设施和公共服务整体水平，大幅改善贫困群众人居环境和生产生活条件，同时，通过实施文化旅游开发，建设塞上古村，将有力推动农家乐、乡村旅游等产业发展，不仅成为促进经济社会健康发展的重要举措，也将有效拓宽群众增收渠道，加快群众脱贫步伐，成为脱贫攻坚的生动实践，发挥出重要的脱贫效益、民生效益。

李二口长城是明长城的典型代表，经历近500年的风雨剥蚀和无数次的战火硝烟，墙体已经残破斑驳，然而，唯其如此，才更能体现出历史的厚重感。相信不久之将来，李二口这个原本籍籍无名的小村，在易地扶贫搬迁与旅游扶贫综合开发示范项目的合力助推下，必定成为文化旅游界的一颗"塞上明珠"。

强力脱贫攻坚　建设美丽乡村
——忻州市原平市南白乡下西岗村农村产业扶贫发展案例

下西岗村地处原平东南方向，是一个远离城镇的小山村。全村占地面积1162亩，其中耕地面积680亩。2014年全村共有115户295人，其中建档立卡贫困户39户105人，贫困发生率35.59%。2016年底实现整村脱贫。

2018年下西岗村集体经济效益分红现场

千方百计寻出路

2016年5月26日,下西岗村通过开展"双带"活动(村支部带党员,党员带群众),6位村民自筹资金到河北省昌黎县葡萄沟考察,当他们看到一座仅有500平方米的暖式葡萄大棚年收益达到5万余元,相比下西岗村每亩地种玉米年收益仅有500元的现实,上百倍的收入差距令大家震撼了,一致同意引回葡萄种苗。之后,下西岗村驻村工作队又分8次组织村民参加农业科技培训讲座,鼓励村民自主创业。不仅如此,村"两委"还引导村民注册了仁宝食用菌种植合作社和南白乡爱伟养殖合作社。2016年11月,村第一书记宁新军又带领食用菌产业带头人去山东省寿光市考察,后辗转到河南省西峡县购置了生产设备,同时还洽谈聘用技术员等事宜。考察回来五天后,村里便从河南请回了技术员,技术员手把手将食用菌种植技术传授给村民。很快,菌棒的成活率便能达到99%以上,确保了食用菌产业的快速稳步发展。

下西岗村扶贫散养土鸡专业合作社养鸡场

下西岗村食用菌扶贫产业基地

因地制宜兴产业

按照"一村一品一主体"的扶贫策略,在山西陆军预备役某师的帮扶下,下西岗村支部多次组织"产业扶贫重造血"讨论会,制定了下西岗村三年脱贫致富的发展规划。

由于村民长期处在经济落后、信息闭塞的环境下,对市场了解很少,村"两委"决定公开从全村在外打工人员中招聘,最终请到能吃苦、懂经营的两位村民回村发展枣林散养鸡、食用菌两个产业项目,带领贫困村民脱贫致富,同时还将38户贫困户全部纳入两个合作社,使贫困户成了产业最大的受益者。

带头人王建伟回村后,村委会为他提供水、电、大棚等设施,当年就生产菌棒12000袋,获利9万多元。现在食用菌种植专业合作社已发展到共2400平方米的规模,10座大棚3万菌棒,日产鲜菇400斤左右,畅销原平、五台及定襄等县。散养土鸡专业合作社土鸡5000多只日产鲜蛋达100

多斤，畅销市场。

2018年，村"两委"引进山西万林源生态农业开发有限公司承包经营。现已从贫困户手中流转土地90余亩，枣树800余棵，通过土地流转户均增收800元左右。他们还在鸡场旁新建起养鹅场，养白鹅3000余只，每年可上交村集体收入达13万元。

2018年3月引商而建的元花牛驴养殖场，目前已投入100多万元，引进山东"乌头驴"和"三粉驴"共48头，牛46头，年上交村集体2000元，并消化了当地玉米等大量秸秆。

随着产业链的延伸，村"两委"带领村民建设了"互联网+智能化"的管理销售链。与网络平台合作，发展成了可视鸡场、可视猪场、食用菌在线加工直播，增强了消费者对原产地的关注与互动。

村民腰包鼓起来

2018年，下西岗村散养鸡场消化玉米150多吨，不仅解决了村民卖粮难的问题，还增加村民收入27万多元；军民养殖基地使用玉米300多吨，谷糠100多吨，秸秆90万斤左右，给村民带来53万元收益；元花牛驴厂用玉米和谷类秸秆90万斤左右，给村民带来18万元收益，户均增收1800元。还有养鸡、养猪、养牛驴和食用菌加工生产用工2300多个，每人每月收入1500元。一系列产业的发展，让贫困户参加劳动，得到收益的同时，也学到了种植、养殖技术，为以后共同致富打下了坚实基础。

现在，村民手里有钱了，观念也更新了，由"口袋富转变成了脑袋富"。村委及时把握时机，带领村民成立了老年协会、老年活动中心、文化站、失能老人爱心食堂等，丰富了村民的文化生活。

整合资源建设未来乡村
引领农民共创美好生活
——晋城市阳城县横河镇牛心温村农村产业扶贫发展案例

牛心温村地处阳城县西南部,距县城45公里。全村面积17平方公里,其中耕地面积570亩,林地面积2858亩。主要种植作物有藜麦、谷子和木耳等,养殖业以土蜂养殖为主。2014年牛心温村共有34户55人,其中建档立卡贫困户13户28人,贫困发生率为50.91%。2018年实现整村脱贫。

牛心温村进村门楼

牛心温村农家乐

拨开迷雾

牛心温村是由牛心温、王甲两个贫困村合并而成,组合之前,老百姓在贫困的迷雾中迷失,已濒临绝望,但天无绝人之路,合并之后牛心温村赶上了脱贫攻坚、乡村振兴的大好机遇,在包村领导、单位的指导下,村"两委"确定了依托正在开发的析城山景区,通过整合村集体和农民的闲置资源,大力实施民宿乡村建设,从而引领农民"兴建未来乡村,共创美好生活",走出了一条兴村富民的通道。

创新发展

通过集思广益,结合外地经验,在稳固产业扶贫的基础上,牛心温村立志依托析城旅游景区建设,创新性地把牛心温村建成全县、全市乃至全省旅游扶贫示范村。通过外出考察,实地论证,设计规划,村"两委"最终制定出一套"打造特色民俗村"(体验式乡村休闲度假村)的总体思路:即以本村地处析城山景区独特的地理优势,以村内原有的传统村落及民居建筑为载体,以"吃农家饭、住农家屋、干农家活、享农家乐"为主要内容,并将外地学来的经验结合牛心温村的实际,采用"三权三起三变三乡"(土地所有权归集体、农民房屋所有权归农民,农民拥有使用权,将闲置土地和房屋的经营权流转给合作社经营;组织起农民,整合起资源,交易起产权;变资源为资产,变资金为股金,变农民为股东;调动市民下乡、能人返乡、企业兴乡)创业模式,将农村、农民、农业纳入特色乡村旅游的大格局中,在充分保证村民闲置房屋宅基地、土地等资产资源的所有权不变的基础上,与村民签订建设合作协议,盘活村内本已破败闲置资源,按照"修旧如旧、建新如旧"的原则,聘请专家对全村民房进行整体规划设计,着力打造集旅游观光、休闲避暑、康养娱乐于一体的特色旅游民宿项目,大力发展乡村旅游,拉长旅游产业链,助力村民脱贫致富。在全村的共同努力下,2018年牛心温村被评为山西省首批100家旅游扶贫示范村,是阳城县唯一的省级旅游扶贫示范村。昔日的边远山区贫困村,通过努力,现在已成为阳城山区农村开发旅游的典范。

施工中的牛心温村民俗工程

初显生机

2016年还是破破烂烂的山庄窝铺，已经被呈现在森林之中的石头村取代，一眼望去，"修旧如旧"，整齐有序，生态原始。牛心温村如同一幅亮丽的油画，点缀在析城山西门的山腰里，它像一颗珍珠，被牛心温村的石板特色公路串连着，挂在了析城山美丽的颈项上。走进村里，首先映入眼帘的是一个不大的，石板铺设的，被一溜"古色古香"的文化长廊围抱的袖珍广场，如同一个托盘一样托举着一层一层的石头院落，这就是现代版的牛心温民俗文化村。

牛心温民俗旅游文化村，一共由17个石头院落组成，统一以心字命名，改建后的17个院落组成了17个不同的、美好的庭院文化，像17个心愿一样，展现给了每一个来到牛心温村的客人，鲜明地表现了牛心温村独特的地域文化色彩。而且，表面看上去一幅原生态模样的石头房，里边却完全实现了现代化，让你住在农家屋里，如同四星级宾馆一样的享受。

展望未来

2018年，初步建成的牛心温民俗文化村于端午节试营业，"十一"国庆节正式投入运营，游客盈门，受到社会各界的一致好评。运营管理方面牛心温村引进专业的运营管理公司——山西艾特旅游发展有限公司进行运营管理，致力打造休闲避暑基地、文创基地、团队拓展基地等三个基地。通过特色民俗乡村项目全村村民均可根据自身评估入股的资产，实现由农民到股东的身份转换，每年均可获得股金（资产）分红，除此之外，每个人可根据自身素质在相应岗位就业，增加经济收入，收入较过去成倍增长。预计项目全部建成后，年营业收入可达到200万元，村民人均年收入可突破20000元。牛心温村将重新焕发生机和活力，彻底告别贫困，步入小康，实现"农业强、农民富、农村美"的美好愿景。

一个贫困村的华丽"蝶变"

——晋城市阳城县河北镇河北村农村产业扶贫发展案例

河北村位于阳城县城西南11公里处的河北镇政府所在地,全村耕地面积1541亩,林地面积291亩,主要种植农作物有玉米、小麦、谷子、豆子等,养殖业以鸡、猪为主。2014年河北村共有426户908人,其中建档立卡贫困户119户253人,贫困发生率为27.86%。2016年底实现整村脱贫。

村集体从"零"到实现年收入20多万元;全村贫困户稳定脱贫;年人

河北村农特产品进入国网晋城供电公司消费扶贫专柜

河北村107户光伏发电户电费结算兑现仪式

均收入从原来的不足2000元突破7000元,创造了脱贫领域一个不小的"奇迹";村上率先在全市创立以共享为主的扶贫"爱心超市"……

"这几年变化实在是太大了,去年种辣椒挣了点钱换了辆三轮摩托车,养土蜂的吴富民更厉害,今年都要翻新房子了。"贫困户崔天胜说,这几年村干部和驻村干部团结干事,老百姓激情创业,整个村子的人都在撸袖鼓劲奔小康。

精准定位 扶到点上

2016年初,通过协调争取,河北村被确立为阳城县第一个"百村光伏扶贫工程"试点,村集体100千瓦光伏发电项目仅用了半年就建成投运并网发电。2016年底村集体从中获益8万多元,一举实现了集体经济破零。帮扶单位国网晋城供电公司第一时间抽调精兵强将,组织实施配套电网设计施工,为村里新增、改造4台400千伏安变压器,架设10千伏线路430米,改造接户线6810米,新增电缆分接箱48台,电杆58基,按期完成配套电网建设工程施工任务,确保光伏项目顺利并网发电。

集体收入破零以后,为了让更多的贫困户在光伏产业中受益,村集体通过宣传发动、政策解读工作，办理并网手续，联系协调光伏生产企业和贷款银行，促成银行贷款85%、光伏企业垫资15%，为全村107户安装屋顶分布式光伏项目，其中涉及贫困户87户。村民不用出一分钱，只需在五年内，每年将光伏收益的90%用于还贷，10%留作自用。贷款还清后，光伏收益全部归村民所有，户均每年能拿到1.4万元的稳定收入。

创新模式　融合发展

农村还是要发展农业，而且要发展特色农业，河北村采取"公司+合作社+农户"模式，发展种植油用牡丹187亩、羊角辣椒300余亩，亩均年收入达3000元。积极探索"互联网+农业"发展新路，开通"我的农村亲戚"电商平台，帮助贫困户销售小蒜辣椒酱2万余瓶，葵花油、菜籽油2000余桶，总收入近20万元。2018年8月，帮助村集体建设40余亩有机蔬菜基地，帮助管理销售西红柿等农产品，每年增收3万余元。多方筹资80多万元，修建的8栋食用菌大棚及冷库，每年可为村集体增收24万余元，帮助30余户贫困户家门口就业，每年每户增收1万余元。利用电商平台、职工食堂、消费扶贫等渠道，帮助销售农副产品17.5万元。

近年来，河北村在各级部门的共同帮扶下，精准识别，精准对接，统筹规划，通过发展光伏发电、特色农产品电商、食用菌大棚产业、有机蔬菜基地、"我的农村亲戚"电商品牌等，以集体收入破零和群众致富增收两大目标为工作重心，扎实推进脱贫攻坚工作。经过四年的努力，河北村从一个窝铺山村变成了一个脱贫示范村，一瓶小蒜辣椒酱和传统手工制作的西红柿酱带动周边村镇一同发展，更是成为河北镇的特色品牌。脱贫工作受到省、市、县各级党委政府的表彰，被《人民日报》专题报道，由此拍摄的专题片《向阳花开》，被中组部评选为全国典型事迹片。

如今，河北村几乎人人都能在家门口找到活儿干，村集体和村民都有了稳定的收入，为建设"美丽乡村"奠定了坚实的基础。

小木耳　大产业　致富路
——运城市垣曲县英言乡关庙村农村产业扶贫发展案例

关庙村地处垣曲县英言乡北部,距县城40公里,共13个自然村。全村耕地面积420亩,主要种植作物有小麦、玉米、烟叶、辣椒等。2014年关庙村共有575户1486人,建档立卡贫困户208户569人,贫困发生率38.29%。2018年底实现整村脱贫。

关庙村支书赵小民看着不远处地里密密麻麻盖着草帘子的木耳棒,乐呵而自豪,2018年种植的35亩木耳,一年共产出干木耳16万斤,按每斤40元计算,年产值达600余万元,仅木耳收入为村民增收360万元,村集体经济收入增加15万元。

走进英言乡关庙村黑木耳基地,一排排整齐划一的标准化大棚映入眼帘,地里的木耳长势正旺;制菌室内,十来个村民正在紧张而又娴熟的拌料、装袋……

靠山吃山,木耳走上起步路

面对艰巨的脱贫任务,村"两委"班子在脱贫攻坚之初就达成共识:"一定要让全体村民过上好日子,脱贫致富的路上绝不漏一户,不落一

关庙村木耳种植大田场景

人。"经过苦苦寻求,关庙村最终确定了通过种植黑木耳带领群众实现脱贫的目标。

刚开始,包括赵支书在内的村干部都很担心,村民也有顾虑,以前都是从山里采木耳,从来没有自己种过黑木耳,大家心里都没有底,算是新媳妇上轿头一回。

"生产菌棒需要制菌、灭菌、发酵等一系列过程,技术要求也很高,前期投资也不是一笔小钱,钱从何处来?产出后能不能销出去……"很多村民提出这样的疑问。

"好不容易有了一个思路,不能就这么放弃了。"赵支书不再犹豫,立即组织村组干部和村民代表先后到大同、长治、临汾等地考察学习,还专门到太原食用菌研究所进行咨询。回去后,他越发坚定了在村里发展黑木耳产业的信心。

艰难前行,村民走上脱贫路

说干就干。2016年10月破土动工,共需资金120多万元,虽然争取到60万元扶贫资金,但缺口还差一半。赵支书就动员村"两委"班子7名成

关庙村村"两委"成员查看菌棒发酵情况

员先行垫资,他率先拿出4.8万元,没几天时间就筹资32万元,合作社社员又垫资了近30万元。经过几个月的紧张施工,1300平方米的生产车间及13座大棚先后建成,共培育木耳菌棒60万袋,其中45万袋先让首批90户贫困户参与种植,剩15万袋分配给其他村民大田培植。2017年产出干木耳5万多斤,合作社负责回收、包装、销售,收入100余万元。

因户施策,扩大规模创佳绩

为了实现年底整村脱贫"摘帽",使黑木耳产业健康稳定发展,2018年初,赵支书在英言乡党委政府的带领下,参观考察了闻名全国的陕西柞水木耳小镇,回来后就确定了"支部+合作社+农户+基地"的产业扶贫模式,带领贫困户、低收入家庭和无劳动力家庭按照符合自身特点的方式因户施策,迅速展开了一场脱贫攻坚大战。

58岁的村民马更云,身体不太好,老伴偏瘫卧床七八年了,是典型的因病致贫户。村"两委"根据他家实际情况，制定了让老两口流转土地种植木耳的脱贫策略。2018年，合作社免费给了马更云家5000袋木耳菌棒，由村集体雇人代为种植和管理，年底除去雇人的劳务费外，土地流转费、木耳收入达1.2万元，顺利实现脱贫目标。

理念升级，实现转型新突破

2018年底全村已经脱贫，对于日后如何巩固提升，赵支书心里早已有了打算："今年，我们要在乡党委政府的支持下，建设一个集养殖、观光为一体的鹿园项目，依托木耳基地，结合英关路上的西河千亩连翘、羊肚菌基地，共同打造一个'田园示范综合体'。另外，还计划以合作社为载体，在传统种植黑木耳和销售木耳棒的基础上，向研发培育多菌种领域拓展，实现食用菌产业集约化发展之路。"

关庙村的生活正在悄然发生改变，村民的日子越过越好，信心越来越强，干劲越来越足，大伙都坚信在赵支书和村支部带领下，关庙村一定会顺势而为、高歌猛进。

村民在木耳基地采摘黑木耳

第十一章

壮大村集体经济案例

俺县的合作总社，真能！
——吕梁市兴县壮大村集体经济案例

兴县地处山西黄土丘陵沟壑区，十年九旱，老人们常说"风吹石头跑"，一眼望去，皆是光秃秃的山。吕梁山片区深度贫困县，全县有贫困村102个，贫困户7465户18961人，脱贫任务繁重。2016年以来，山西省以吕梁山区为起点，提出实施"生态扶贫"工程，鼓励发展组建脱贫攻坚造林专业合作社，将其作为脱贫攻坚的重要举措。明确规定，将以往由绿化公司为主导、通过招标进行绿化，改为由脱贫攻坚造林专业合作社通过议标形式，承接造林绿化工程，贫困户参与比例不低于60%。通过发展脱贫攻坚造林合作社，兴县掀起一场全民绿化行动，曾经光秃秃的山坳坳里，如今已栽满小树苗。

造林合作社全覆盖下的致富路

兴县的脱贫攻坚造林专业合作社已实现贫困村全覆盖，共吸收贫困户1300多人参与造林。仅在兴县绿之源扶贫攻坚造林合作社里，就吸纳周边贫困户100多人，贫困户一天能赚200多元，全年有4万元收入。

兴县县委县政府认为，脱贫攻坚造林合作社不仅要增绿，更要帮助贫

蔚汾镇河儿上村经济合作发展总社实施退耕还林绿化项目

困群众增收,要把'绿被子'和'钱袋子'结合起来。如今兴县贫困群众不仅造林、护林积极性高涨,脱贫内生动力也变得更强了。

村民集体参与下的合作总社

脱贫攻坚造林合作社推广开来后,兴县的"升级版"造林合作社雏形显现。

"我们把它叫作'经济合作发展总社',之所以这么称呼,是因为除了通过造林帮助脱贫,这个合作总社能做的还有很多。"兴县政府办主任裴文杰说。比如,村子里的小型水利工程、小型交通工程、基础设施建设工程,只要难度不大、通过培训可以由村民来完成的,都通过议标方式交给经济合作总社来做。同时,经济合作总社还可以在之前造林专业合作社的基础上,更广泛地吸纳人员进来,做到每个村子都成立经济合作总社、每个经济合作总社都把本村人全部吸纳进来。

搞合作总社，贫困户尝到了更多甜头。河儿上村的贫困户杜满唐今年已经85岁，可身子骨还硬实，今年在该村的中药材产业基地里做一些播种、除草的活，三个月下来劳务收入4300元。这对于平时靠种谷子、玉米为生的他来说，是一笔不小的收入。除了劳务收入，2019年底，他和老伴预计还可以分得450元。"普通社员能分150元，贫困户可分225元。这是因为，分红是按25%归村集体，10%归管理人员，10%分配给贫困户，15%用作合作总社继续发展、技能培训，剩余的40%由所有社员再平均分配。也就是说，贫困户可以享受两次分红。"包村干部雷凯兵介绍。

特色产业推进下的长期"造血"

一年以来，兴县已成立村级合作总社370个。借助这个平台，给各村带来了更多的工程，也带来了实实在在的收益。

兴县的目的，不仅在于让村民变股东，更重要的是帮助村里完成积累、利在长远。兴县县长刘世庆说："一方面，合作总社是抓手，通过这样的办法，村集体能有效加强凝聚力和组织力。另一方面，通过短期内农村项目的'倾斜和照顾'，让集体账上有了钱，自己选择产业、自己主导发展，才是真正地长期造血。"

杨家坡村就选择了蒲公英产业。"我们村就种植了发展见效快的蒲公英产业，与公司签订单，按每公斤4元的保底收购价。按照每亩产400公斤算，合作社一年后每年可收入50万元。这都是能分配到每个社员、每个贫困户头上的。"

正值寒冬，从杨家坡村村委办公室可以望到，后山山坡点缀着若干植被，那是夏天种下的蒲公英。天气寒冷，山体呈现出灰色，但来年开春，待新种的蒲公英发芽，荒山又将披绿，也将"摇下钱来"。村支书杨勇兵说："村里有了今年积攒的底子，来年把加工厂也做起来，到时候，出去的年轻人估计都想回来咯！"

因村施策　探索创新
——运城市闻喜县壮大村集体经济案例

闻喜县辖7镇6乡343个行政村，1562个居民小组，农户7万户，农业人口34.95万。近年来，该县按照因地制宜、统筹发展、大力扶持、多元发展的思路，把发展壮大村级集体经济作为加强农村基层组织建设的重要举措，积极探索村级集体经济增收途径。截至2018年底，全县村级集体经济收入达5万元以上的村101个，收入在5万元以下的村242个。全县2018年农村集体经济总收入为3471万元。

创新载体，积极探索发展模式

近年来，闻喜县在发展农村集体经济中，因地制宜，因村施策，积极探索农村集体经济发展的新模式，取得了良好的成效。一是对集体资产、资金闲置的村，村集体以农村集体"三资"管理专项清理整治为契机，认真核查闲置的校舍、厂房、工业用地、水利设施、机械设备等资产和征地补偿费、集体预留款、结余积累等闲置资金，通过承包、转租、拍卖、资产对换、年限抵债或理财、投资、入股等多种灵活方式，提高闲置资产利用率和资金的周转率，增加集体收入。二是对具有民俗民间文化、山水自

闻喜县县委领导检查指导产业扶贫

然条件、历史人文资源、农特产品优势的村由村集体统一组织和服务，进一步深挖文化内涵，打造特色村落，开发农家乐、采摘园、度假村、红色旅游、文化旅游、生态旅游等项目，增加集体收入。三是对集体统一经营的机动耕地、林地、滩涂、沙石和荒山、荒沟、荒丘、荒滩等四荒地，以及工业用地、建设用地等资源，通过创业经营、自主开发、合作开发、发包出租或入股经营等方式，进行开发和综合利用，开展适度规模经营，提高利用率和资源配置效益。

政策扶持，切实增强"造血"功能

闻喜县委、县政府坚持"输血"与"造血"并重，把发展壮大村级集体经济作为乡村振兴的一项重要内容，研究制定相关优惠政策，鼓励乡村盘活资产，加强管理，为村级集体经济的健康发展创造更大的效益。一是

运城市闻喜石门乡香菇基地

项目倾斜政策。明确把涉农项目、扶贫项目等资金重点用于建设村级集体种植基地、养殖基地、农产品加工基地等，通过实施相关项目来培植发展村级集体经济。二是用地优惠政策。支持村"两委"在遵循乡镇、村土地利用总体规划的基础上，合理开发集体现有土地，发展村级集体经济。同时，明确因实施农村环境整治、土地复垦整理等新增有效耕地，归村集体所有和经营。三是人才支持政策。引导支持优秀年轻党员干部到农村集体经济组织任职，吸引外出务工人员、工商企业经营者等人员中的优秀人才到农村集体经济组织及集体企业任职。村"两委"负责人可以按程序和章程通过选举担任（兼任）集体经济组织负责人。四是金融互助政策。在县委、县政府的支持下，由乡贤组织起资金互助合作社，汇聚乡间闲散资金，在本村范围内扶危济困、敬老助学，为创业者播撒"及时雨"。通过"乡贤+金融"的合作模式，截至2019年6月，全县已经发展专业互助合作社9个，拥有社员467人，其中乡贤社员187人、长者社员203人、普通社员77人，另有集体社员1个，入社资金达到533.31万元，其中乡贤社员入股373.31万元，占比70%；政府依照3∶1原则配套扶持资金160万元。

强化服务，健全完善保障机制

闻喜县在发展新型村级集体经济过程中，积极探索并建立了四项工作机制，全力保障村级集体经济有序发展。一是健全完善服务奖补机制。建立了由县委组织部牵头，发改、财政、农委、畜牧、林业部门和乡镇党委、政府参加的协调服务机制，集中协调解决村集体经济发展中遇到的困难和问题，保障村集体经济的良性发展。二是健全完善对口帮扶机制。坚持把"挂帮包"活动与发展壮大村级集体经济紧密结合，建立了机关（部门）与行政村对口帮扶机制，充分发挥包村单位信息、技术等方面优势，帮助和指导对口村规划发展项目，主动对接涉农部门、上级单位或农产品企业，积极争取项目和资金，不断发展壮大村集体经济。三是健全完善监督管理机制。进一步规范村级集体经济管理，对有集体经济收入的村全部建立了村级集体经济台账，并实行定期核实制度，确保集体经济"三资"（资产、资金、资源）的真实完整。严格落实"四议两公开一监督"制度，凡村级集体经济发展的事务严格按该制度执行，真正让党员和群众拥有知情权、参与权、表达权和监督权。

合作社助推贫困村提升
——忻州市宁武县东寨镇坝沟湾村壮大村集体经济案例

坝沟湾村位于宁武县管涔山后山地区两山之间的峡谷地带，全村占地面积1.2万亩，其中耕地485亩，林地11000亩，以种植小杂粮为主。2014年全村共有220户492人，其中建档立卡贫困户60户121人，贫困发生率24.59%。2017年底实现整村脱贫。

坝沟湾村旅游农家乐

坝沟湾村免费停车场

粗放管理缓增收

坝沟湾村位于汾河源头、万年冰洞、悬崖栈道、悬空村、悬棺等旅游景点必经之地，区位优势明显，但一直以来，该村村民守着金山银山过着贫困的日子。2015年宁武县结合旅游开发，先后对汾河源头至万年冰洞河道进行了综合治理，其中在坝沟湾村附近河道采用景观石堆治的方式，修建九座拦河坝，形成独具一格的叠水景观。景观初建后，坝沟湾村部分村民利用九座拦河坝自发开展了皮筏子、橡胶船、橡胶自行车等水上游乐经营活动，村民收入有了明显提高，人均年收入达到2000元左右。但配套设施不完善，加之农户单独经营、互相压价，导致资源利用不充分，整体效益低下。

穷则思变走新路

2016年，宁武县东寨镇坝沟湾村村"两委"成员、第一书记、驻村工

坝沟湾村水上游乐设施

作队员、党员及村民代表反复讨论贫困的现状，分析村里地理优势、旅游资源，最终提出了"立足资源禀赋整合资金，因地制宜打造脱贫产业；完善基础设施，创新模式，规范运行，实现可持续增收"的发展思路。按照宁武县委、县政府提出"3467脱贫举措"和精准使用扶贫资金的要求，坝沟湾村立足实际，集思广益，走出了一条"扶贫资金捆绑使用、集中投放，借旅游东风、打产业脱贫牌"的扶贫道路。

规范机制稳增收

合作社成立后，坝沟湾村村"两委"积极建立健全经营管理制度，停车场和厕所均不收费，采取集中售票的方式，按大型船筏子、橡胶船、橡胶自行车每人50元的票价，小型的每人30元的票价售票。同时，本村村民在周边开展小型商业活动，如：烤土豆、卖桶面、凉粉等农家土特产，同时安装了儿童户外移动式气模玩具。参股户按照贫困户每人每年3000

元,非贫困户每人按贫困户分红的10%的比例进行分红,节留部分为村集体经济收入。同时以务工的方式吸纳贫困劳动力,安排卫生员、安保员、船员等岗位,根据岗位不同,给予每月800—1500元的工资。

村民乐了,自我脱贫积极性高了,村"两委"更有信心了。2018年仅仅5个月的时间,客流量达到10000人次,共收入29.8万元,除去工人工资12.3万元和标识牌、监控设备、路标牌等基础设施费用7万元,所剩10.5万元,率先为入社23户贫困户户均分红3000元,非贫困户待明年收益后分红,剩余3.6万元纳入村集体。该项目吸纳8户贫困劳动力务工,共计支付工资123000元。实现5户自主发展贫困户户均增收20000余元。

坝沟湾村组建合作社充分发挥了农民增收致富的桥梁纽带作用,使贫困户变"单打独斗"为"抱团发展",同时也使非贫困户和村集体得到了实惠,实现了稳定脱贫的扶贫目标。

一张蓝图绘到底　山村实现小康梦
——晋中市左权县龙泉乡连壁村壮大村集体经济案例

连壁村位于左权县城南20公里处，距乡政府所在地10公里，全村总面积1.6万亩，其中耕地面积1800亩，以传统种植业为主。2014年全村共有160户376人，其中建档立卡贫困户85户185人，贫困发生率为49.2%。2016年实现整村脱贫。

连壁村四大产业介绍

连壁村组织开展核桃技术培训

科学规划　持续发展

连壁村村"两委"认真贯彻落实党的扶贫政策,按照"五个一"方针的指引(即一个好支部带动、一批好政策扶持、一套好机制运作、一名好带头人引领、一群好村民奋斗),通过产业扶贫带动村民长效增收、稳定脱贫。2012年始,陆续召开多次会议研究连壁的发展思路,根据村里的实际、因地制宜,对该村做了科学合理的规划,全村发展分三步走:第一步先做基础设施方面的工作,用几年时间重点建设和改善村里村容村貌的生态环境。第二步在土地、粮食种植增产增收上做文章。第三步在全村调整产业结构、发展经济林、解决农民经济持续增收和养老问题。

产业带动　稳定增收

连壁村的种植基地分为两大区域,村前大部分为村民们的口粮田,主要以发展农业种植杂粮为主,村后山大坡广以长远增收发展核桃树间作杂

连壁联村村级46.4兆瓦光伏扶贫电站

粮药材为主。2011年，根据左权县委、县政府发展"核桃大县""一村一品"的号召，村"两委"经过多次会议研究决定，结合连壁村的实际情况，因地制宜，用集体的资金，在连壁村立体开发千亩核桃杂粮基地，以壮大集体经济，更好地为村民理好财、服好务。2012年7月4日，连壁村在黄家岭山上竖起了"抓机遇、谋发展、促民生、增效益""村民干部一条心，敢叫荒山变成金"的两条标语，拉开了"黄家岭核桃种植基地"建设的序幕。如今黄家岭核桃种植基地第三期工程已经完成，村里的3000亩荒山变成了核桃林。

壮大集体　惠及村民

连壁村山大坡广，人少地多，集体经济一直停滞不前，如何实现集体经济和农民增收双赢，是党支部面临的一个新农村建设课题。在村支书的带领下，连壁村党支部、村委会紧紧抓住山西汾西集团蓝焰煤层勘察的契机，把每年给村里的35万元补偿款用于发展集体经济。当时，村民大部分都想将这笔钱平分到人,但村"两委"没有走其他村的老路,不分光吃尽,他们不厌其烦地做党员、群众工作,发扬"连壁精神",心系群众,把群众的利益摆在第一位,充分利用这笔资金开发荒山荒坡,发挥这笔资金的撬动放大效应,不直接给老百姓分到钱,而是艰苦奋斗、发展产业,让老百姓打工就业增收。村集体统一组织村民上山打工,男劳力每天80元,女劳力每天70元,一年下来男劳力一年能领到工资1.5万多元,妇女们也能领1万元。使老百姓实现了种地打工两不误,不出门也可以挣到钱。

如今连壁村满山坡的核桃树纵横交错,阡陌农田的小杂粮郁郁葱葱,树成林,果飘香,粮丰收,民富足。3000亩核桃林将产生效益,林下经济2000亩药材、2600亩杂粮加工已初具规模;阳家岭集中连片荒坡2000亩,28.8兆瓦光伏电站项目,以核桃、杂粮、药材、光伏四大产业支撑,为连壁村实现稳定脱贫走向小康奠定基础。村"两委"又积极为连壁村规划下一个明天:发展旅游产业。采摘垂钓园、停车场、观光长廊、连壁精神展览馆等项目正在如火如荼的建设中,全部工程完工后,连壁村将成为集农产品采摘、农事体验、农业观光、乡村度假,融合生产、避暑、采摘、田园体验、垂钓、健身、农宿为一体的乡村旅游示范村。

抓党建　强产业　固基础　壮大村集体经济
——阳泉市盂县上社镇外独头村壮大村集体经济案例

外独头村在距离盂县城北20公里处，总面积4平方公里，其中耕地面积700亩，主要以种植玉米、土豆、谷子等为主，是典型的纯农业村。2014年外独头村共有人口113户214人，其中建档立卡贫困户33户99人，贫困发生率为46.26%。2017年实现整村脱贫。

近年来，在大扶贫的背景下，积极探索村级集体经济发展的新路子，通过肉牛养殖和光伏发电两大支柱性产业实现了村民稳定增收。2018年村集体经济达到5万元。

抓党建，引领壮大村集体经济

"村民富不富，关键看支部；村子强不强，要看领头羊。"近年来，外独头村把发展壮大村级集体经济作为加强农村基层党组织建设的重要内容，立足实际、创新思路，走出一条突出特色、发挥优势的发展壮大村级集体经济之路。利用村"两委"换届时机，通过村民推荐选举，把真正"愿意干、能干好"的人才举荐到能够发挥作用的岗位上来，进一步激发了党员干部参与扶贫、建设美丽家园的积极性。村"两委"和驻村工作队

外独头村屋顶分布式光伏发电站

为巩固村"党建+扶贫"的帮扶工作成果，积极开展对已脱贫户"回头看"活动，为每个贫困户量身定做《党员干部结对帮扶计划表》，制定贫困户年度帮扶计划措施，做到帮扶更精准、措施更合理。外独头在村党支部书记冯润北的带领下，加快推进农村产权制度改革，将闲置的土地、房屋变为集体资本，通过存量折股等形式切实增加集体经济收入。

强产业，推动壮大村集体经济

为切实帮助贫困家庭脱贫致富，实现村级集体经济和产业扶贫合作共赢。外独头村坚持把扶贫增收重点放在扶贫产业培育上，不断建立健全利益连接机制，激发内生动力，促进贫困户持续稳定增收。村"两委"与驻村工作队一起对当地经济基础和产业结构现状进行摸底调查，经与村民代表研究决定将肉牛繁育和发展光伏产业作为推进精准脱贫、农民增收的主打产业，走出了一条产业扶贫的路子。并积极探索推广"合作社+农户"的扶贫模式，将产业利益分配调整为"3+3+2+2"模式（贫困户普惠3、奖补3、村集体2、非贫困户2），使村级集体经济占一定比例的模式，为村级

外独头村肉牛繁育基地

集体经济拓宽了收入渠道。

2016年，村集体筹集资金50万元，建成50头规模的肉牛繁育基地，从贫困人口中选出了3名有饲养经验的人员经过培训后担任饲养员，每人每年可增加收入2万元。贫困户通过"贫困户普惠3、奖补3、村集体2、非贫困户2"的产业利益分配模式每人每年可增收300余元。采取同样的模式，筹集资金70万元，建成100千瓦屋顶分布式光伏发电站1座，年均发电量8万度左右，不但为贫困户分了红，还为村集体增了收。

固基础，助力壮大村集体经济

为增加村级集体经济收入渠道，外独头村利用帮扶单位争取到的32万元资金修建了连心石拱桥1座，解决了本村和邻村老百姓跨河出行的交通安全问题，结束了外独头村村民需要蹚水过河，农产品无法走出村庄的历史；村里吃水难的问题一直困扰了村民几辈子，帮扶单位想方设法在村西投入13万元打出一口150米的深井，不仅满足了村民的生活用水，还能供牲畜养殖和农田灌溉使用，解决了村民的生活和养殖及种植需求；针对村里土地土层薄，作物产量低，帮扶单位和村"两委"对这些贫瘠的土地"动手术"，对土地进行了复垫，复垫后每亩可增产500余斤、增收400余元；为符合条件的22户贫困户办理了扶贫小额信贷，年可增加收入3000—4000元。

近年来，外独头村通过完善通村公路硬化、引水入户、老年日间照料中心、村容村貌等基础设施建设，改善了村民生产生活环境，为发展壮大村集体经济发展提供坚实的保障。

外独头村复垫土地秋收后受益村民接受电视台采访

壮大柿子产业　　发展一方经济
——运城市夏县祁家河乡西北庄村壮大村集体经济案例

西北庄村位于夏县祁家河乡西北方向5公里处，距县城70公里。全村共有林坡21000亩，耕地2300亩旱地，以种植玉米和烟叶、柿子为主。2014年夏县祁家河乡西北庄村共有221户731人，其中建档立卡贫困户62户282人，贫困发生率38.58%。2017年底实现整村脱贫。

近年来，该村"两委"一班人以整体脱贫为目标，以产业发展为龙头，以夯实基础为支撑，以经济增收为重点，带领群众走出了一条脱贫致富的宽广大道。截至2018年12月底，该村固定资产204.8万元，农民人均

西北庄村柿子醋酿造车间

去皮自然风干的牛心柿

纯收入4700元。集体经济收入5.06万元，实现了整村脱贫。

谋划思路定方向　紧贴实情绘蓝图

2012年12月，在上级党委、政府的引导和支持下，西北庄村村"两委"一班人改变思路，开拓创新，由村委主任卫展鹏发起，全村76户共计260名社员入股参加，注册资金150万元，成立了西北庄柿子种植专业合作社。合作社的成立使该村的主要种植作物由原来的玉米和小麦转型为种植特色水果牛心柿。

创新合作新模式　统筹规划致富路

西北庄柿子种植合作社采取"种植+生产加工+营销"的经营模式，由村民入股的800亩种植基地和生产加工车间及办公场所组成。生产加工车间建在祁家河乡政府所在地祁家河村，占地6.5亩，现有固定资产585万

合作社产品网上销售

元,包括300平方米的牛心柿饼加工包装车间、800平方米的特色柿子醋生产加工车间及280平方米的办公区,生产设备和办公设施齐全,满足了合作社产品生产加工和经营管理的要求。

合作社与社员签订"土地入股合作"合同。合作社为社员无偿提供柿子树苗木,统一提供种植技术指导,统一嫁接经优选的牛心柿枝芽,统一田间管理,统一采购化肥等生产资料,并按照市场价统一收购。符合标准的大牛心柿加工成当地特产牛心柿饼,比较小的柿子加工成具有当地传统特色的柿子醋,由合作社统一销售,利润按社员入股土地分红,极大地带动了当地经济和贫困户增收。

发展壮大集体经济　做强扶贫龙头产业

工作中,村"两委"一班人发挥典型示范作用,先富带动后富,不断激发贫困户内生动力,坚持扶智与扶志相结合,目前,该村25户贫困户中已有19户57人加入合作社。合作社与展鹏农业签订了长期供货合同，采取"公司＋村集体+合作社+基地+贫困户"的模式。2016年，他们将10万元集体经济发展撬动资金注入展鹏农业，村集体经济每年收入1万元。2018年，该村又利用70万元村集体经济扶持资金，修建了1000立方米的冷库一个，并在祁家河街道设立"展鹏农业特产店"一个，完工后以固定资产方式融入展鹏农业，占其15%的股份，根据公司每年的盈利情况给予分红。2018年，西北庄村集体经济收入达到了5.06万元。2019年该村的集体经济将会得到更加可观的收益。

强化队伍建设　规范制度落实

西北庄村集体经济从无到有，从起步到日益发展壮大，得益于党和国家对农村的好政策，得益于各级党委政府的大力扶持。一是党组织的有力引导。"火车跑得快，全靠车头带"，在村党支部的领导下，该村积极行动，紧跟步伐，学经营、学管理，全心全意为老百姓办实事。二是有一支班子团结的党员干部队伍。遇到困难时，西北庄村党员队伍敢想敢干，用实际行动化解了群众的质疑，起到了党员干部的先锋模范带头作用。三是规范管理，制度落实到位。在村级集体经济发展过程中，他们严格遵守"四议两公开"的议事程序，做到"村里事村民定"，绝不搞"一言堂"，取得了老百姓的信任和支持。

考虑到牛心柿子基地将迎来年年增产的高产期，接下来，该村立足实际，精心规划，计划投资500万元，帮所有社员和贫困户修建科学的柿子晾晒棚、购买柿子去皮机、修建田间路等基础设施，确保老百姓的柿子不受自然灾害影响，保障产品的品质。该村还计划发掘西北庄传统柿子酒酿造文化，发展观光农业，打造集农优特产销售、乡村生态旅游观光于一体的产业模式，用极具地域特色的"柿子文化"助推当地旅游经济，拓宽西北庄老百姓的致富路。

发挥"四优势" 演绎新下丁
——运城市闻喜县神柏乡下丁村壮大村集体经济案例

下丁村位于闻喜县城西北部，距县城9公里。全村由下丁主村、下丁上庄、下丁下庄、枭柏肴四个自然村组成，全村面积6.5平方公里，其中耕地面积7275亩。主要种植作物有小麦、玉米、谷子和红薯等，主导产业以花椒和药材为主。2014年闻喜县下丁村共有550户1660人，其中建档立卡贫困户188户625人，贫困发生率为37.65%。2017年底实现整村脱贫。

下丁村村级光伏电站

近年来，下丁村党支部、村委会和全体党员干部、群众及有志之士实干、苦干，村级集体经济收入破零，积累达到35万余元，走上了以发展村集体经济带动全村各个方面得到长足发展的道路。

利用资源，发挥红色优势

下丁村是个革命老区。1936年5月，时任中共河东中心县委书记嘉康杰避居下丁村，发展农村党组织，组建农民抗日武装，开辟农村抗日根据地，下丁地区抗日烽火被点燃。抗战期间，老一辈革命家嘉康杰、金长庚、柴泽民等人曾在此活动。下丁村先后被命名为"山西省弘扬延安精神教育基地""运城市党史研究教育基地""闻喜县农村廉政文化教育基地"。多年来，该村先后接待全国各地和当地党员、干部、群众参观学习达2.1万人次。村"两委"充分利用发挥这一红色资源优势，2018年新建村史馆1座，投资18万余元，建筑面积700平方米；投资40余万元，改建房屋21间，建筑面积430余平方米的宾馆式房间；主街道两侧文化墙，全部书写红色革命传统，新时代社会主义核心价值观，"下丁精神"、新农村建设目标等宣传标语，让家国情怀、时代传承、德孝文化蔚然成风，村里基础设施和村容村貌发生了显著变化。

一业为主，发挥地理优势

结合下丁村丘陵地势，该村把发展花椒作为主导产业。为了确保工程的实施，由村"两委"牵头，成立了"九凤种植合作社"，先后栽植花椒树2000余亩，人均1亩。投资30余万元，新建500平方米花椒库房1座，购置烘干设备1台，实现产、供、销一条龙服务，村民个个挣钱，户户收益。通过这种方式增加集体经济15万余元。另外投资75万余元，建100千伏光伏发电站1座，增加村集体经济收入10万余元。同时村"两委"一班人积极争取资金办实事。近年来，围绕产业硬化了田间路4公里、砂石路6

下丁村蝴蝶加工产业

公里,新建蓄水池2个,铺设管道6000余米,配合北赵引黄水建泵站2个,铺设管道50000余米,支渠占地30亩,该村末段支渠4000米,增加水浇地2000余亩,通过农田综合开发和土地复垦等工作,进一步改善丘陵旱作条件,增加农民收入和村集体收入。

打造特色,发挥能人优势

下丁村青年丁国辉,医学专科毕业后,在太原工作,接触养殖蝴蝶后于2010年返乡回村搞起了蝴蝶养殖。因前三年是学习阶段他在小庄老家的小院搞养殖,村"两委"为其提供信息,大力宣传,提供各种便利。2018年,村里又为其提供场地,建养殖棚20个。村里投资55万余元,建蝴蝶观光园1座,集观光采摘、特色小吃为一体,打造红色休闲旅游的特色,为村民增加收入,村集体经济收入预计达10万余元。

本村青年吕俊旺自22岁在外打工就做纸箱加工。2014年回村在自家老院搞起了纸箱加工。2015年参加了村里的春节团拜会后,他有意向和村集体搞股份纸箱加工厂。2016年村"两委"利用村原老中学的闲散地盖起了700余平方米的厂房,做纸箱加工,效益可观。2018年,村"两委"在争取县财政局的支持下,投资123万余元为纸箱厂建起了集抗震、防水、防火的1100平方米的仓库,带动村民就业,每年增加村集体经济收入15万余元。

制度规范,发挥党建优势

下丁村集体经济从"零"发展到现在的年收入35万元,是"辛勤劳动,崇实尚俭,不等不靠,自力更生,与时俱进,善于创新"的"下丁精神"的有力体现。得益于"党建+"工作的有力引领,得益于有一个坚强有力的支部班子,有一支团结向上、共谋发展的党员干部队伍,有一套完整规范的运行制度。他们始终坚持民主决策和财务管理制度,做到严格落实"四议两公开"议事规则。村集体经济的开支,全部公开公示,给村民一个明白账,得到了群众的信任和支持,使村集体经济平稳健康发展。

下丁村花椒产业发展势头良好

第十二章
提升村级治理水平案例

激活乡村"末梢神经" 打造治理"鲜活样本"
以《二十五条》率先探索加强乡村治理新路径
——晋中市提升村级治理水平案例

长期以来,乡村治理面临着问题复杂、人才匮乏、风险叠加等严峻形势,特别是作为乡村工作主体的乡村干部,普遍存在观念转变滞后、队伍递进机制不健全、考核与奖惩缺位错位等问题。为此,晋中市着力在破解乡村治理难题上立新意、出实招,紧抓乡村干部队伍建设这一核心,用好改革关键这一招,出台了涵盖加强乡村两级班子建设、提高乡镇财力和乡村干部待遇、优化乡村管理职能、强化乡村干部管理考核激励、建立乡村干部减负容错机制等方面措施的《晋中市提升乡村治理能力二十五条(试行)》(以下简称《二十五条》)。

突出领导核心,让基层组织更有凝聚力、更具号召力

《二十五条》针对基层领导弱化的问题制定了切实可行的具体措施,自出台以来,晋中市已经有6名科级以上干部回村担任支部书记,昔阳县还创新提出"带资回村",对回村任职的书记,一次性给予所在村5万—15万元的工作启动经费;榆社县将现有的5支便民服务工程队进行规范,转

榆社县环云竹湖旅游路助推全县脱贫"摘帽"

变为集体所有制性质的队伍,做到自己的活自己干,自己的事自己办,在村民增收、集体经济壮大的同时,提升了村民参与家园建设的主动性,增强了基层组织的凝聚力。

树立选用导向,让乡村干部工作有劲头、政治有奔头

《二十五条》明确了干部选拔重用向乡镇一线倾斜,每年提拔重用具有乡镇党委书记工作经历的干部不少于10%,增设两个事业副科建制岗位从乡镇事业人员中选用,具备一定工龄的乡镇干部可调任县城。这些政策的出台,进一步拓展了乡镇干部的晋升空间,打通了乡镇干部的交流渠道,拓宽了事业人员的调任途径,促使乡镇干部的工作更有劲头、政治更有奔头。据统计,自《二十五条》出台以来,提拔的市管干部中,有40%以上具有乡镇党政正职工作经历,保证乡镇干部有了展示舞台;有14名35周岁以下的年轻干部担任乡镇党政正职,优化了乡镇干部年龄结构;全市33名优秀年轻干部主动到乡镇一线挂职锻炼,乡镇岗位更具吸引力。

提升待遇保障，让乡村干部动力变压力、压力变责任

从乡镇民生事务保障经费的设立到农村主干工资待遇的提高，从科级干部回村任职享受一定待遇到优秀农村干部可担任乡镇党委兼职委员，从生活条件的改善到干部身心的健康，但凡是乡村干部关心关注、急需解决的问题，《二十五条》都做出了规定，都有了回应，真正把组织关爱变成了制度安排，这给乡村干部安心工作提供了坚强保障。目前，晋中市每个县（区、市）每年为乡镇设立民生事务保障经费达到1000多万元，比如东山县农村主干的平均工资在2万元以上，平川县农村主干的平均工资在3万元以上。乡村干部待遇的提升，不仅让乡村干部感受到晋中市委、市政府的关心，更重要的是让他们感觉到了压力，感受到了责任。

优化管理职能，让乡村治理运行更规范、服务更到位

《二十五条》出台后，左权县将村级社会化管理人员由原来的1565人

平遥县东泉镇圪塔村艺术节

左权县拐儿镇后板峪村屋顶光伏扶贫电站

精简为1057人,人均工资由过去的1000多元提高到了现在的8000多元,并采取公开聘用、竞争上岗的方式,重新对相关人员进行择优录用,并实行岗前与日常融合培训制度,实现了人力资源的优化配置,形成了运行高效、责任到人的良好格局。"整合村级社会化管理人员,实现一人多职多能多挣钱",这只是左权县创新乡村管理模式、落实《二十五条》的一个缩影。效果是唯一的"试金石",借落实《二十五条》的契机,晋中市各县(区、市)都在积极探索乡村治理的新模式。如今,县县都有新气象、村村都有新面貌,有了这一味"良药秘方",沉寂已久的乡村活络了筋骨,焕发了生机。

加强管理考核,让乡村干部责权更对等、履职更精准

《二十五条》的出台,不仅为乡村干部提高了待遇,而且为他们明确了硬任务,提出了新要求,实现了责权一致。这次提出的乡镇考核内容更

加突出重点，主要分交办任务、自选任务、日常任务三方面，解决了过去对乡镇考核上下一般粗、面面俱到的问题。在结果运用上更加明确，对考核优秀的给予重奖，真正形成重基层、看实绩的鲜明导向。同时，《二十五条》制定的管理措施不仅在面上有要求，而且在点上更严格，比如乡村干部走读、请销假、杜绝吃空饷等管理措施很具体、很细致，极大地提高了乡村干部的规矩意识。明确的考核任务，让乡村干部履职的目标更强；严格的管理要求，挤掉了不作为、慢作为的空间。

实行减负容错，让乡村干部精力更集中、做事更担当

《二十五条》明确为基层松绑减负，年初为乡镇列出责任清单，对临时性阶段性工作和各类检查督查，必须经过县委常委会或县政府常务会研究批准，明确乡镇党政正职原则上每月回县城开会不超过3次，同时建立了乡村干部容错免责机制，对职权范围、履职情况做了明确规定。乡村干部一致表示，今后可以放下包袱，腾出精力，担当作为。

左权县芹泉镇蔬菜基地

强党建 筑核心
——吕梁市临县提升村级治理水平案例

临县下辖23个乡镇，631个行政村，18个社区，总人口65.07万人。共有基层党组织1192个，其中党委39个、总支部30个、支部1123个；共有党员24613名，其中农村党员15280名。

筑牢战斗堡垒

临县将开展基层党组织整体提升年活动作为"三基建设"工作的有力

临县在中央后委机关驻地——双塔村举行"重温入党誓词"大型活动

省农业农村厅农业广播电视学校对大禹乡农民进行培训

抓手，不断提高农村党组织的凝聚力和战斗力。一是建立了县级领导包联、乡镇党委书记包抓、包村干部包干、党务骨干协调联络、组织委员全程指导、组工干部跟踪督导、驻村第一书记和村党支部书记主动配合、驻村工作队员积极参与的县、乡、村三级联动8人联包工作机制，全面开展督促指导。二是建立了县委组织部一月一提醒、一督查、一通报，乡镇党委一月一研究、一安排、一报告"六个一"工作推进机制。三是搭建视频会议系统，并在每月召开基层党组织整体提升年视频推进会。四是积极推行县直帮扶单位党组织与帮扶村党组织每季开展"结队帮扶，组织共建"活动。五是组织帮扶干部、农宣员、党员教师7000余名深入农村一线全面宣讲十九大精神，并举办"纪念改革开放40周年成就展"等系列活动，以党建为引领凝聚起打赢脱贫攻坚战的强大合力。

夯实基础保障

出台了《关于进一步规范乡村两级活动场所建设管理和使用工作的通知》，明确了乡镇"八有"、村级"六个一"32项建设标准、19项管理措施、25项使用要求。自"三基建设"开展以来，按照村级活动场所"六个

驻村帮扶工作队在大后沟村脱贫攻坚讲习所讲党课

一"目标，临县已新建或改扩建活动场所261个；同时拿出县管党费211万元，给每个行政村配备取暖设备和标准国旗，分批次统一村级活动场所标识。其次，村级运转经费提高到9.5万元，村"两委"主干基本报酬提高到9942元，按不低于所在村主干岗位报酬80%的比例发放村会计岗位报酬，落实了县派农村第一书记每人每年5000元工作经费、每人每天50元的生活补助。最后，临县在择优选取10个行政村开展村集体经济试点工作的基础上，给347个贫困村平均每村建设300千瓦的光伏电站1座，占行政村总数的54.9%，保守估算每村可至少增加集体经济收益5万元。

做好基础工作

临县在总结林家坪镇南圪垛村试点经验的基础上，在全县23个乡镇铺开了人才培养和集聚工作，引进118名大中专毕业生及本地优秀人才；为每个行政村统一印制了《临县农村基层组织建设规范化管理手册》（每套5本）和《"三基建设"学习读本》；制定了《临县支村"两委"班子及成员绩效考核办法》等15项规章制度；每月月初通过提醒卡及时通知应开展或完成事项，每季对乡村两级档案资料进行随机抽查；临县还统一部署开展了"新时代新担当新作为""扫黑除恶、弘扬正气"等主题党日活动7次、组织生活会2次,以开展"改革创新、奋发有为"大讨论活动为契机,将三交镇中庄村党支部组织生活会拍摄成影像教材,以鲜活的事例、通俗易懂的形式对全县农村党支部书记进行培训,确保农村基层党组织的组织生活会开出实效,对照"六方面的问题",找准下一步努力的目标和方向。

提升基本能力

依托农村干部培训基地、乡镇党校和农民夜校,临县多次举办习近平新时代中国特色社会主义思想学习班、读书班、网络专题学习班,培训各类干部2万余人次,还选派5名革命老区村党支部书记到深圳市、9名贫困村党支部书记到清徐县、333名贫困村党支部书记到太谷县进行培训。与山西农业大学共同举办"脱贫攻坚·乡村振兴"专题培训班、村级后备干部大专班,着力培养造就一批"懂农业、爱农村、爱农民"的村级后备干

临县人大举行重温入党誓词活动

部。为完成中央西北局、中央后委旧址修缮和布展陈列，临县挖掘提炼"忠于组织、忠于事业"等4条红色临县精神，命名6处"爱国主义教育基地"和6处"党员干部教育基地"，促进全县党员牢记历史使命，强化责任担当，凝聚奋进力量。

优化攻坚力量

临县有23个乡镇，各级挂职干部215名，农村第一记465名。县里对驻村帮扶干部进行了轮换调整、优化充实，全县驻村工作队达447支，帮扶人员达1.32万人，并为每个乡镇选派了扶贫大队长，挂任乡镇党委副书记。临县还对第一书记、驻村工作队进行了调整优化，严格执行定期例会、考勤周报、请销假、APP定位签到等制度。将每月15—17日确定为"结对帮扶日"，定期开展帮扶工作。每月确定一个"无会周"，县乡领导干部带头践行一线工作法。除此之外，县委、县政府还举办了脱贫攻坚"奋进奖、贡献奖、奉献奖、创新奖""最美临县人""文明户""孝心子女"等评选表彰活动，并且通过狠抓三个专项治理，着力营造风清气正的干事创业环境。

解码七墩村之"七变"
——大同市阳高县罗文皂镇七墩村提升村级治理水平案例

罗文皂镇七墩村位于阳高县东北部20公里处。全村共有耕地面积2213亩，以种植业和养殖业为主。2014年七墩村共有人口318户789人，其中建档立卡贫困户108户225人，贫困发生率为28.5%。2018年实现整村脱贫。

腰包鼓了村民富了，道路硬化了出行方便了，管道重修了吃水不愁了，"危房"清零了住房安全了，村里干净了村容村貌变美了，旱地能浇了生产条件改善了，民风转变了干群关系融洽了……这"七变"成为七墩村最大的改变。

"两行泪"泣诉"山村怨"

脱贫攻坚初期，包扶七墩村的阳高县委副书记庞君和镇党委、政府主要领导到该村调研座谈时，有一位从军十年，在解放华北、西南等数不清的战役中都没喊过苦的93岁的村民张普说："七墩村是有路不能走！刮风天是'扬灰路'，下雨天是'水泥路'，平常天是'摔跤路'；有水不能吃！截流的山水香甜可口，可就是管道没人维修，水流不进家；有街不能坐！

七墩村村口

村里的一块空地上堆了一个垃圾山，夏天熏得人不能坐在街上一起聊聊天。"

既穷，又脏，还乱，是七墩村村民对以前村里的印象，而且群众骂干部无能，干部怨群众刁蛮是常有的事。对干群关系的紧张程度，从市里来任职第一书记、工作队长的郭建军有切身的感受。他上任第一天入户走访时，处处吃闭门羹，好不容易进了一户家，谁知没说两句话就被赶了出来，村民放言道：再别来了，再来就放狗咬你！郭建军说，那个时候群众根本不信任干部。

"三步棋"修理"火车头"

一番分析，找到根源：穷因在村，更在人！谁之过？罗文皂镇党委、政府把板子打到了干部身上。

一是换"当家人"，解决信任的问题。广泛征求意见，听取民意，2016年，年仅28岁的张子明在众人的推选下走马上任村主任。为啥选他？村老支书张银说了三条：在外闯荡过有见识，祖上当过村支书有人品，年龄小有干劲儿。果不其然，张子明上任后不久就把父母从建档立卡户中退出。引得众人不服：你父母百分之百够贫困户的识别条件，全村人都没意见,唯独你不同意。但不论谁劝都无法改变张子明以身作则的决定。

二是换工作法,解决凝聚的问题。"当家人"换了,工作方法也要变了,一言堂变群言堂。救灾钱物给谁,危房改造谁够条件……大事小情开会商讨定!

三是换新形象,解决人心的问题。原来是"玻璃破门窗烂,大门常锁没人看"的村委会现在变成了便民服务的平台。既是文化活动的场地,又是学习政策的课堂,还是调解矛盾的中心。村民们说,就拿复印身份证这个小事来举例,过去得上镇里,还得花10元路费,如今直接到村委会就能解决。

"四合力"绘出"七变图"

"七变图"咋绘就的?罗文皂镇长杨国一一口气说出了"四个合力":班子合力,干群合力,内外合力,上下合力。

阳高县发改局、水利局下了大功夫,硬是在干山头上凿出了4眼井,七墩村耕地从此全部变水地,产量翻了一倍多;交通局把进出村的路全部

七墩公园围墙

硬化、亮化，从此与"摔跤路"说再见；水利局把全村吃水管道重新铺设，解决了村民吃水问题；争取项目资金，改造了危房，搬走了垃圾山建成了小游园……更喜人的是往后的日子，大同市公交公司已规划利用全市千余辆公交车，为七墩村小杂粮免费打广告，并每年包销5万斤；积极发展林下经济，土鸡散养场已建成，所有收入全部用于贫困户分红……

与其说有"七变"，不如说是"抓党建促脱贫、抓脱贫强党建"，增强基层治理能力在七墩村的一次生动实践。

党建引领是乡村振兴之魂
——大同市广灵县斗泉乡南岳庄村提升村级治理水平案例

南岳庄村位于广灵县城北10公里，全村占地面积5.2平方公里，其中耕地面积2560亩，林地面积1200亩。2014年南岳庄村共有人口398户1052人，其中建档立卡贫困户232户610人，贫困发生率为57.98%。2018年底实现整村脱贫。

在两年的提升工程中，南岳庄村先后完成投资950.89万元，铺设柏油路1100千米，完成街巷硬化22247平方米，安装太阳能路灯185盏，拆违

南岳庄村文化广场

南岳庄村村主街道

治乱2482米，清运垃圾3658立方米，使村容村貌焕然一新。

落实党建主体责任，促进后进村的根本转变

南岳庄村在过去是一个令人头痛的"老大难"村，支部软弱涣散，很多工作难于开展，老百姓怨声载道，上访群众成群结队。为了改变这种局面，2017年10月，斗泉乡党委派乡干部廉守军到该村担任党支部书记。55岁的廉守军上任后，首先落实党建主体责任，加强支部建设，组织全村40名党员认真学习党的十九大精神、学习习近平新时代中国特色社会主义思想和习近平总书记视察山西重要讲话精神。他走村串户，深入百姓家中了解情况，多次召开由村"两委"干部、全体党员和村民代表参加的会议，共商兴村富民大计，特别是重大问题的决策，完全按照"四议两公开"的程序进行，问计于民，公之于众，受到了广大党员及群众的信任和拥戴。通过他的率先垂范，南岳庄村党支部的战斗堡垒和全体党员的先锋模范作用得到了充分发挥。

落实党建主体责任,增强村民的凝聚力

由于党建主体责任的深入落实,南岳庄村不仅党风和社会风气实现了根本好转,村民的素质也有了很大提高。在乡村环境提升工作中,为了拓宽道路,需要拆除村里的一些旧房旧墙,甚至需要占用部分群众的院落,所涉及的群众都能够积极配合,主动谦让,竟没有一家提出补偿要求。在建造公园、停车场和铺设水泥路面的施工过程中,需要砍伐几位村民的19棵树木,而这些树木正在生长成材阶段,如果这事搁在以前,几乎是无法完成的事情,然而当支部找到几位村民时,他们都欣然同意,毫无怨言。2019年3月,邻村的杏树园失火,村里大喇叭一喊,全村的青壮年全部出动参加灭火行动。

落实党建主体责任,丰富村民的文化生活

南岳庄村在落实党建主体责任的同时,不仅注重以脱贫攻坚为核心的

村民文化活动——鼓舞

物质文明建设，同时引导村民移风易俗，倡导文明新风，使全村群众文化生活丰富多彩。昔日的麻将馆关闭了，红白喜事大操大办取缔了，封建迷信消失了，取而代之的是广场舞、健身操、二人台、唱红歌等健康向上的文化活动。自编自演、自娱自乐、积极乐观的文明新风成为人们追求的新生活风尚。南岳庄村还举办了杏林风情文艺活动，在村民中引起了强烈反响。

落实党建主体责任，从实际出发，创造性地开展工作

南岳庄村在环境提升过程中，始终坚持因地制宜、从本村实际出发的原则，既坚持标准，又不贪大求洋。在党支部的倡导下，工程队的用工坚持以本村村民为主，特别是注意吸收建档立卡户中有劳动能力的村民，使本村村民的收入有了一定程度的增加。据统计，南岳庄村工程队的用工，本村村民占到了75%以上。同时，他们因陋就简，变丑为美，新建的广场是在村边的一座废弃的石灰窑上建起的，新的公园是在村民倾倒生活垃圾的一条沟壕上建起的，不仅美化了环境，而且节约了大量的人力物力，尤为可贵的是，在乡村环境提升工程中，南岳庄村所有的建筑垃圾都集中倾倒在指定地点进行清运，不再是随意倾倒在村口、路旁、河道等处，造成二次污染后再清运。

"问渠哪得清如许，为有源头活水来"。南岳庄村通过加强党的建设，落实主体责任，不断增强党员群众的责任意识和凝聚力，不仅村级治理水平走在了广灵县前列，各项工作也开创了新的局面。

加强基层组织建设　　提高村庄治理水平
——忻州市神池县龙泉镇荣庄子村提升村级治理水平案例

荣庄子村隶属于龙泉镇，位于神池县城东3.5公里处，是全县新农村建设重点村和脱贫攻坚重点推进村。全村占地面积5348亩，其中耕地面积2980亩，以种植业和养殖业为主导产业，主要种植黑豆、红芸豆、莜麦、黍子等小杂粮和土豆、玉米等；养殖业以养羊为主。2014年全村共有102户251人，其中建档立卡贫困户61户143人，贫困发生率56.97%。2017年底实现整村退出。

长期以来受地理环境、社会环境及生活习惯等因素制约，荣庄子村大部分贫困户思想观念落后、精神消极、自身发展动力不足。针对存在的问题，村"两委"班子和驻村工作队，坚持思想先行，攻坚克难，通过宣传教育，彻底根除贫困户的思想问题，在全村营造了良好的脱贫攻坚意识。

加强基层组织建设，提升支部凝聚力、战斗力

荣庄子村非常重视基层组织建设，加强软件、硬件、制度建设，逐步健全完善村级组织活动场所，同时，认真开展党内学习教育活动，有力提

荣庄子村新时代文明实践站

升了村党支部的凝聚力、战斗力。

一是加强软、硬件建设。在硬件建设方面荣庄子村对党支部和党员活动室进行了整体翻新改造，做到了有固定场所、有支部标牌、有党旗党徽、有设施设备、有党建图版。在软件建设方面做到了有党建制度、有书籍报刊、有活动记录、有微信平台、有宣传专栏。在组织活动方面做到了有党内生活、有主题党日、有特色创建、有教育培训、有结对共建、有志愿服务。

二是加强制度建设。建立完善了支部委员会会议、党员大会的议事规则和程序，修订完善了党日制度、三会一课制度、学习制度、民主评议党员制度等一系列规章制度，为支部开展工作提供了制度遵循。

三是加强学习教育。荣庄子村党支部严格按照上级的安排部署，连续开展了群众路线、"三严三实""两学一做""维护核心见诸行动"等党内学习教育活动，不断推进"两学一做"学习教育活动常态化、制度化，支部党员受到了严格的党性锻炼，党性修养进一步增强，全心全意为人民服务的意识进一步强化，党支部的战斗堡垒作用和党员的先锋模范作用进一步发挥，有力地促进了脱贫攻坚和全村各项工作。

加强"三基建设",提升服务群众能力

一是广泛动员,提高认识。根据中共神池县委、龙泉镇党委《加强"三基建设"工作实施方案》,结合荣庄子村实际,研究制定了《荣庄子村加强"三基建设"工作实施方案》,召开支部党员大会进行学习动员,并把村委会成员纳入学习范围,深化"三基建设"学习讨论,认真做好学习笔记,切实提高村"两委"成员对加强"三基建设"的思想认识。

二是建立机制,确保长效。成立以党支部书记为组长、第一书记为副组长、其他支委为成员的加强"三基建设"领导组,领导组成员明确责任,密切配合,确保"三基建设"有目标、有计划、有重点地稳步推进。结合本村实际并学习借鉴其他村加强"三基建设"的先进经验,不断充实工作内容,形成规章制度,持之以恒地做下去。

三是联系实际,注重实效。紧紧围绕基层组织、基础工作、基本能力

荣庄子村种羊发放

荣庄子村级组织活动场所

建设重点，着力加强村"两委"建设，把加强"三基建设"与脱贫攻坚、农村环境集中整治等工作有机结合起来，通过具体工作和实践锻炼有效提升村"两委"成员的素质能力，让群众切实感受到干部作风的转变、工作能力的提升、各项工作的成效，不断增加群众的获得感。

完善制度机制，提升村庄治理水平

一是健全完善村党支部领导下的村民自治机制。村党支部选择确定了34名村民代表，进一步健全了村"两委"扩大会议和村民代表会议的组成人员。挑选政治过硬、办事公道、公益心强、群众威信高的党员、群众担任村务监督委员会成员和村民理财小组成员，明确村务监督委员会的监督内容和监督程序，核实、压实村务监督委员会、村民理财小组组成人员的工作职责，有效推进了村级事务的民主管理。

二是严格落实"四议两公开"制度。村"两委"严格按照相关规定，做到应当公开的事项一定公开，能公开的尽量公开，按政策和文件要求不能公开的，给村民做出合理解释。村里的扶贫政策落实、资金使用、项目实施等相关会议，都要形成会议记录，会议决定的内容张榜公示，进一步加大了党务、村务公开力度。

三是切实加强村集体"三资"管理。党支部书记和村委会主任及时与乡镇"三资"代理中心对接，切实做好"三资"转移支付工作和村里各项开支报销工作，坚决杜绝优亲厚友、暗箱操作和贪污腐败问题的发生；村里各项收支情况，要开会告知村"两委"成员，并按规定张榜公示，接受村民监督。

荣庄子村"两委"将深入学习贯彻习近平新时代中国特色社会主义思想作为永恒的课题，认真贯彻落实中央和省、市、县脱贫攻坚决策部署，在龙泉镇党委、政府的正确领导下，团结带领全体村民勠力同心、真抓实干，在脱贫攻坚和各项建设发展中做出新业绩，取得新成果。

提升治理水平　助力脱贫攻坚
——晋中市昔阳县沾尚镇瑶村提升村级治理水平案例

瑶村地处沾尚镇西部，距离县城35公里。全村面积6750亩，其中耕地面积545亩，林地面积2400亩，主要种植作物有玉米、小米，养殖业以牛、羊为主。2014年全村共有85户204人，其中建档立卡贫困户28户76人，贫困发生率为37.25%。2017年实现整村脱贫。

近年来，瑶村党支部坚持党的领导核心，遵循民主集中制原则，积极

瑶村村党群服务中心

瑶村村党务公开栏

探索村级治理"自主议事、自治管理、自我服务"的模式，严格做到"法治、德治、自治"相结合，村级治理水平不断提升，不仅为脱贫攻坚、乡村振兴提供了制度支撑，而且开辟了农村综合治理的新途径。

拆除"隔心墙"，人民群众有了知情权

坚持"从上到下"与"由下向上"的互动式畅通民意，"从上到下"，即村党支部研究提出本村需要办理的重大事项、涉及村民利益的热点问题，以召开村民会、走访等形式，征求意见，使群众清楚村"两委"在做什么；"由下向上"，即组织村民向村"两委"提出需要办理的事项，由村"两委"提出解决的方案和措施。近年来，瑶村在创办奥森养殖合作社、绿怡造林合作社等扶贫合作社时，都采用这种工作方法，经过大家的充分酝酿，所有重要环节都由村民商议通过。同时，村干部充分发挥"领头雁"作用，党支部书记积极参加"领头雁"工程培训，全面提升自身领导决策水平，充分带动村级各项事务有序开展。

不当"旁观者",人民群众有了参与权

群众只有真正感觉到自己的主人翁地位,才能积极投身公共事业。对村支"两委"换届、财务收支、基础设施建设等重大事项,都要召集村"两委"成员、党员和村民代表召开联席会议,让群众参与整个事务的全过程,建立了以村务监督委员会监督为主导、以党员监督为辅助、以群众监督为重点的多元化、立体式监督体系,形成村级事务事前、事中、事后全程监督模式,确保了村务阳光操作、公平公正,群众信服。

杜绝"一言堂",党员群众有了决策权

村务决策可以体现党员群众的地位,也是村级民主的重要表现形式之一。村支部按照支部提议、村"两委"会商议、村民代表大会决议三个步骤,将涉及资金使用管理尤其是扶贫项目资金、公益事业等重大事项,全部纳入表决范围,不搞"一言堂",从源头上消除决策不科学、管理不民主、办事不公开等问题,维护了村民的合法权益。同时,对村级重要决策情况和村级财务年度收支情况都要及时在村务公开栏中进行公示,在村内环境整治、道路维修、设施配套、产业发展等工作中,全部做到过程公开透明,从根本上杜绝了暗箱操作、违规操作现象,村民对结果普遍满意,使村级决策管理和财务活动真正走上规范化、制度化、公开化轨道。

栽上"摇钱树",产业发展有了新气象

近年来,瑶村党支部围绕强村富民,积极探索特色产业,全面激活发展要素,形成了党建统领,脱贫致富的发展之路。通过实行"自主议事、自治管理、自我服务",实现了基层治理有效,促进了乡村文明,赢得了群众的理解支持,村党组织凝聚力、影响力和战斗力全面提升,进一步带

动村级产业发展和基础设施建设。为探索旅游产业发展，争取帮扶单位晋中市供销社投资5万元修建7个养鱼池，购买遮阳伞12把，桌椅10套，配套完成休闲垂钓农家乐项目。推动5户村民自愿投资改造自有房屋建成农家乐，共同完善休闲旅游基础设施，打造休闲旅游产业。投资4万元新修徒步线路3公里和景区红砂石路2公里。同时，发动新型经营主体带动贫困户，比如，奥森养殖专业合作社吸纳贫困户14户，为贫困户分红27006元；凯惠种植专业合作社带动贫困户14户45人，每户分红571元。此外，还通过劳务用工增收，绿怡造林合作社吸纳贫困户投工投劳，覆盖贫困户17户54人，共支出劳务费130140元，平均每户增收7655元，这些产业的发展开辟了脱贫致富的新途径。

第十三章

农村乡风文明建设案例

"道德银行"：为"精神贫困补钙"

——临汾市蒲县农村乡风文明建设案例

脱贫攻坚战打响以来，蒲县积极探索补齐贫困群众"精神短板"的路子，在充分调查研究、广泛征求意见的基础上，2018年7月决定在山中乡先行试点建设"道德银行"，彻底改变了一些贫困群众"等、靠、要"思想严重，一些帮扶队伍进村帮扶"入不了户、说不上话、办不了事"，干群关系僵化，帮扶干部简单地给钱给物而引发非贫困户与贫困户之间的矛盾，非贫困户要争当贫困户等不良现象。通过县级拨付资金、村集体经济收入和社会捐助资金共统筹10万元，作为"道德银行"资本金，制订出台了《开展"十星农户"评选活动方案》和《积分管理办法》等一系列制度，并在所辖7个行政村设立了"道德银行"和"积分超市"，很快全乡群众的整体精神风貌、道德素养发生了翻天覆地的变化，同年9月，开始在全县推广"道德银行"建设，通过不断完善的组织保障和运行机制，以"存美德、取实惠"的方式培育优良乡风，持续激发广大贫困群众脱贫致富的内生动力，开启了"精神扶贫"新模式。

山中乡山中村召开"道德银行"集中发分会议

坚持问题导向，增强评选的操作性

在"道德银行"建设中，蒲县层层成立"道德银行"办公室，形成"县级总行、乡镇支行、村级网点"的运行机制。同时，对"星级农户"评分内容进行细化、量化，增强了评选的可操作性。结合社会公德、职业道德、家庭美德、个人品德"四德"建设和社会主义核心价值观，设立了"政策明白、勤劳创业、孝老爱亲、团结互助、卫生整洁、文体活跃、热心公益、诚信正义、移风易俗、绿色生态"10个"基本星"，简称"十星农户"。此外，各村根据工作需要，也可以设立"动态星"。这些正向的激励使"道德"可以衡量，无形中影响了群众的日常行为习惯，进一步增强了群众的是非善恶观，让正能量强起来，将负能量挤出去，使善行义举成为行动自觉。

坚持农民主体，增强评选的民主性

在"道德银行"建设中，蒲县充分发挥农民的主体作用，增强评选的民主性。帮扶干部拿着评分手册进村入户，对照"十星农户"评分标准进行分散记分，积极培育引导群众争当"星级农户"，对发现的好人好事等"随手公益"现场记分，变给钱给物为培育引导。评星工作由本村威信较高的评星员来进行，评分小组、评星小组召开评议大会，村民群众现场监督，公开评定当月"十星农户"并进行公示。发分工作由村"道德银行"办公室召集村民群众、评分小组、记账员、超市管理员参加，充分发挥民主，最大程度地实现"全民监督"。获得积分后可以到"积分超市"兑换所需物品。此外，蒲县还将全县帮扶单位捐赠的物品列入"积分超市"的"爱心专柜"，鼓励社会捐助和集体经济注入"积分超市"，增加了"道德银行"的源头活水。

坚持普惠原则，增强评选的广泛性

扶贫贵在精准。在"道德银行"建设中，蒲县将受益对象覆盖到贫困户和非贫困户。一方面是物质奖励，引导群众"挣"积分，用积分兑换生活物品。对村级和乡级"十星农户"，分别奖励50和500积分；对县级

村级表彰大会上村民参加升旗仪式

山中乡山中村村民通过积分兑换生活物品

"十星农户",发放"道德银行"绿卡,提名"蒲子好人"候选人,享受贴息贷款、体检、技能培训等方面的优惠政策,有效激发了群众参与"道德银行"建设的积极性,真正实现了有德者有所得。另一方面是精神奖励,通过表彰唤醒群众内心的荣誉感。表彰奖励大会设"升国旗奏国歌、宣读事迹、奖励积分、表态发言和颁发奖牌"五个固定环节,隆重表彰当月"十星农户",让村民在精神层面有更多的荣誉感、仪式感、获得感、幸福感。

虽然是"小超市",但彰显的是"大情怀",凝聚的是"大民生",体现的是"大境界"。"道德银行"圆梦超市这一创新举措,在全社会弘扬了"道德无价,德者有得"的主旋律,让爱心能够"量化存储"、让美德"保值增值",引导贫困群众树立信心、鼓足志气,全面提升了贫困群众的"精气神",真正培育了良好村风,提升了农村的整体文明水平。

鼓声阵阵催人奋　多彩文化助脱贫
——阳泉市平定县岔口乡红岩岭村农村乡风文明建设案例

红岩岭村位于平定县岔口乡北部，离县城约70公里，由主铺掌和主铺庄合并而成，全村耕地面积400余亩。2014年全村共有人口128户278人，其中建档立卡贫困户78户154人，贫困发生率为55.39%。

红岩岭村文化墙

近年来，通过政策补助、土地流转、产业分红、劳务输出、创新创业等增收途径全部实现脱贫，特别是采取"文化+贫困户"的扶贫模式，取得了可喜成就，2017年底实现整村脱贫。

组建锣鼓队，敲响扶志主旋律

红岩岭村有着深厚的文化底蕴，曾组建过戏剧团队，吹拉弹唱的人才较多，他们的演奏深受群众喜欢，名声远扬。但近年来由于人员外流，活动资金及基础配套短缺，导致活动形式单一，文化影响力衰落。2018年以来，村"两委"根据文化扶贫的相关政策，结合本村实际，同帮扶单位积极组织、广泛宣传、编制节目，添置活动器材和服装，村民参与热情高涨，人数已达20余人，组建了以郭梅祥为团长的锣鼓队，并组织演出了几次，受到广大群众的热烈欢迎，切实把文化扶贫工作推上了新台阶，实现新突破。身患重症的王玉英家庭情况复杂，因病致贫，生活困难。锣鼓队

红岩岭村锣鼓队排练中

红岩岭村最美全家福

成立后,她不顾疾病缠身,勤学苦练,她说:"参加这类活动,身心愉快,忘掉烦恼。"同时,她和丈夫养了近200只鸡,里里外外忙中取乐。至此宁静的山村里再次敲起了振奋人心的鼓点,激励着村民们走向脱贫致富的新生活。

刷新文化墙,描绘脱贫新蓝图

近年来,村"两委"围绕建设"美丽乡村"的整体思路,先后投资15万元,在村主干道和显著位置刷新文化墙,利用形象逼真、引人入胜的墙面立体画,宣传传统孝道和社会主义新生活,加大精准扶贫、金融扶贫、生态旅游扶贫等政策力度,起到美化乡村和扶志与扶智结合的教化作用。

新建读书屋,精神知识补营养

扶贫先扶志,扶志需读书,读书需要环境、需要读者。村"两委"针对农村居住分散,中老年人居多的情况,2018年新建读书屋,将闲置的书籍充分利用起来，让书籍有人管，有人借，有人看。随着农村产业的科技化、现代化、多元化，贫困户的知识需求也越来越多。贫困户王玉存养鸡养羊三年，驻村工作队帮助他销售鸡蛋，与他一道在读书屋里学习养殖知识，并送给他各种书籍。养蜂户王金贵从书籍里找到了养蜂知识后，养蜂规模从6箱发展到20多箱，蜂蜜供不应求，实现了精神知识的营养化。

举办活动多，敬老孝老成风尚

红岩岭村人居分散，老龄化严重，村"两委"近年来为老年人修建了多处共享场地。一是红岩岭景区活动场地。每年元旦及旅游旺季，在这里举行全村孝亲敬老大聚会活动，大家一起包饺子，吃团圆餐，载歌载舞，锣鼓喧天，老人们乐在其中。二是舞台文化。每年举行至少两次传统庙会活动。除了外请专业剧团，更主要的是村民自演。91岁的梁宝元每年都登台演唱晋剧片段，风采不减当年。贫困户王狗蛋、王栓梅自编自演，能说会唱，快板书、晋剧选段，表演丰富多彩。三是广场舞活动。由村里的中老年妇女自发组织排练表演。四是修建日间照料中心两处。这里既是老年人集体吃饭的场所，也是文化活动进行的场所，配有健身器、乒乓球台、音响设备等器材，满足老人活动需求。五是春节、中秋节、重阳节等节日慰问老人形成传统。村"两委"积极做到"三老"，即老有所做，有能力的有活干，比如：有在村里打扫卫生的，有参与合作社务工的，有喂鸡、种树的，以多种途径，增加收入。老有所养，60岁以上的老人可以在日间照料中心就餐。老有所乐，参加锣鼓队、舞蹈队、乐器队等。老人们依靠集体，依靠自身，依靠子女，形成了浓厚的孝亲敬老的良好氛围。

激发文化活力　助力脱贫攻坚
——运城市夏县禹王乡中秦村农村乡风文明建设案例

中秦村位于夏县禹王乡鸣条岗腹地，土质肥沃，水资源丰富，全村共有耕地1720亩。2014年全村共有336户1273人，其中建档立卡贫困户70户127人，贫困发生率为20.83%。2015年实现整村脱贫。

为加强乡村文化建设，丰富群众文化生活，树立文明乡风，中秦村紧紧围绕"举旗帜、聚民心、育新人、兴文化、展形象"的使命任务，不断加强乡村文化基础设施建设，挖掘打造传统文化和特色文化，并积极创新产业发展，让广大村民在富口袋的同时，富脑袋、丰内涵，为老百姓营造了有认同感、归属感的精神家园，在乡间田野奏响了一曲乡风文明之歌。

突出"党建引领"这个根本，为乡村振兴指明方向

中秦村按照乡党委政府的各项工作要求，狠抓支部建设，为乡村文化建设提供组织保证，确保政治方向。坚持把选优配强村"两委"班子作为发展乡村文化建设的首要任务，强化村党支部在各类文化活动中的领导核心地位，将党的思想理念贯穿到各项文化活动之中。在具体实践中打造出想干事、能干事、会干事的知行合一的党员队伍，将乡村文化建设与脱贫攻坚紧

中秦村锣鼓队阵容

密结合，此举作为一项重要工作，长期谋划，重点推进，责任到人。

紧抓"阵地建设"这个抓手，为乡村振兴蓄能攒劲

中秦村积极争取乡党委政府及县财政部门、驻村工作队单位支持，筹措资金40万元，建设文化舞台，并安装了18平方米的LED电子屏，每晚7点准时为村民播放富有教育意义的经典戏曲和电影；修建了村图书室、文体活动室、篮球场等活动场所，对文体中心室内室外墙体进行美化粉刷、安装窗帘，同时争取县文化局支持，无偿捐赠健身器材一套并及时安装投入使用，筹资15000元购置锣鼓等乐器20余件，为丰富群众精神文化生活提供了坚实的阵地和物质保障。

聚焦"品质提升"这个关键，为乡村振兴凝神聚气

中秦村大力挖掘本土人才，壮大新乡贤队伍，传承本土优秀传统文化和技艺技能，鼓励引导禹王籍在外成功人士立足本地特色，回乡创业，助力家乡脱贫攻坚。2017年以来，每周周末在中秦村文化活动中心举办乡

"禹王锣鼓"讲座，由禹王传统锣鼓文化的传承挖掘者、山西信息规划设计院院长薛亥申同志主讲，全乡16个村的600余人的锣鼓文化爱好者先后参加，大力弘扬古禹文化，传承大禹精神，为禹王锣鼓列入市级非物质文化遗产打下坚实的基础。

突出"形式多样"这个导向，为乡村振兴助力增效

中秦村推出一批具有浓厚乡村文化特色的节庆活动，如农民艺术节、唱戏、老年协会活动、广场舞比赛、消夏红色经典电影月等，真正实现天天有活动、周周有比赛、月月有节目、人人都参与，以此助推脱贫攻坚。在"改革创新、奋发有为"大讨论活动期间，邀请夏县蒲剧团演出；2018年、2019年农民文化节中，大年初一在村文体广场，以"弘扬时代新风、汇报村情发展"为内容的文艺节目展现在全村村民眼前，为全村老少奉上一台精彩纷呈的"文化大餐"，让乡村文化根植农村，面向群众。

强化"激励鼓劲"这个重点，为乡村振兴扬帆续航

为鼓励广大群众投身文化事业建设、弘扬大禹精神当中，中秦村利用

"红色文艺轻骑兵"走进中秦村

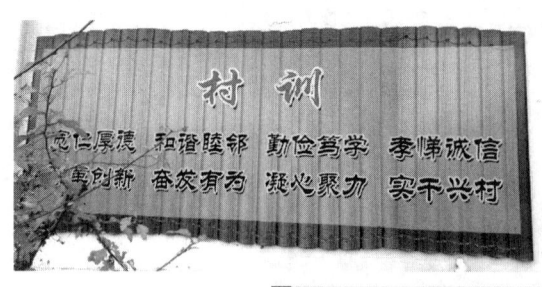

中秦村村训、村规

节庆活动积极组织各类文艺汇演，并对优秀群众文化艺术精品进行表彰，树立、宣传、表彰一批有影响力的文化传承标兵，通过开展丰富多样的文化活动，吸引和影响更多群众参与。2019年中秦村按照乡党委政府工作要求，开展了乡级文明户创评工作，全村评出五星级文明户8户、四星级文明户15户、三星级文明户160户，创评结果得到群众的认可，全村风貌为之一新，为引导村民转变生活习惯、倡导社会主义新风尚、构建和谐文明村起到积极的作用。

助力"脱贫攻坚"这场战役，为乡村振兴牢守底线

中秦村党支部及扶贫工作队从扶贫扶志的工作角度积极探索扶贫工作新模式，不仅从物质上给予帮助，而且从知识上、意志上予以扶持。一是建立"爱心超市"帮扶积分制。贫困户参加相关的活动即获得相应积分，进而在"爱心超市"中兑换物品，这充分调动了贫困户的内生动力，变"要我脱贫"为"我要脱贫"。二是开展扶贫培训。先后多次开展农业技术、厨师、家政等培训，为贫困人员提供技术。三是对贫困户开展不定期卫生检查排名，促进村风文明建设。

完善村规民约　助力乡村发展
——运城市稷山县太阳乡下王尹村农村乡风文明建设案例

下王尹村地处稷山县稷王山脚下，距县城15公里。全村面积7.3平方公里，其中耕地面积6741亩。主要种植作物有小麦、玉米、中药材和干果经济林等。2014年全村共有837户2780人，其中建档立卡贫困户165户503人，贫困发生率18.09%。2017年底实现整村脱贫。

进入山西省稷山县太阳乡下王尹村，街道两旁的宣传墙画映入眼帘，顺着道路进入村里，知识趣味极强的"二十四节气"和多彩丰富的"稷王故事"墙画一字排开，特别是其中的社会主义核心价值观宣传画格外引人注目。

完善村规民约　规范村民行为

2018年，下王尹村委会经深入研究决定，在原有村规民约基础上，融入社会主义核心价值观中民主、法治、文明、和谐、友善、诚信等新的内容，体现村委会和村民双方的权利和义务。在广泛征求群众意见的基础上，由村里威望高、群众信得过的老党员、老干部共同制定了村规民约，最后经大家的反复讨论，完善了村庄事务、社会治安、村风民俗、邻里关

下王尹村文化墙

系、守德敬孝以及环境卫生等6个方面内容，建立了23条《村规民约》，经广大村民一致同意，《村规民约》得以形成，并成为广大村民共同遵守的"行为准则"。

"村规"明确规定党员干部要带头学习贯彻国家各项法律和法规，廉洁自律，带头履行《村规民约》，处理村内事务要公平、公正、公开，保障村民权益，为村民服务，接受村民监督；全体村民遵纪守法，诚实守信，自觉遵守《村规民约》，积极参与村内各项集体活动；反对邪教，抵制黄、赌、毒；凡村内大事，严格按照"四议两公开"程序讨论通过，由村委负责实施，监委会监督落实；严格执行财务管理制度，公开上栏，并接受群众监督。

树立核心价值　倡导文明新风

在文化建设方面，下王尹村大力提倡社会主义精神文明，移风易俗反对封建迷信及其他不文明行为，树立良好的民风、村风；红白喜事由红白喜事理事会管理，喜事新办，丧事从俭，破除陈规旧俗，反对铺张浪费，反对大操大办；不请神弄鬼或装神弄鬼，不搞封建迷信活动，不听、不看、不传淫秽书刊、音像制品，不参加邪教组织，建立正常的人际关系，不搞宗派活动，反对家族主义；积极开展文明卫生村建设，搞好公共卫生，加强村容村貌整治，严禁随地乱倒乱堆垃圾、秽物，修房盖屋余下的垃圾碎片及时清理，柴草、粪土定点堆放；建房服从村庄建设规划，经村委会和上级有关部门批准，统一安排，不得擅自动工，不得违反规划或损害四邻利益。

为了引导广大村民执行《村规民约》，下王尹村增设星级文明户评比活动，每个居民小组评出两个示范户，再由全体村民评定，由村委会给予适当奖励，从而极大地增强了广大村民恪守《村规民约》的积极性和主动性，激励广大村民遵守《村规民约》，自觉树立新风。

自《村规民约》建立和实施以来，下王尹村发生了巨大变化：村民讲法制的多了，违纪违法的少了，遇事靠村规民约解决问题的意识逐渐形成；讲和谐团结的多了，大家更加注重和谐相处，村民们开始热衷于学习科学文化知识，健康的生活方式逐渐形成；讲正气的多了，搞歪门邪道的少了。村里完善了文化书屋和大队舞台，并对村口的小广场进行了植被补栽，村民闲暇时到文化大院读书看报，参加文娱活动已成为一种时尚。几年来，全村始终保持着违法违纪的零记录。宣传《村规民约》，遵守《村规民约》的良好风气已经形成。

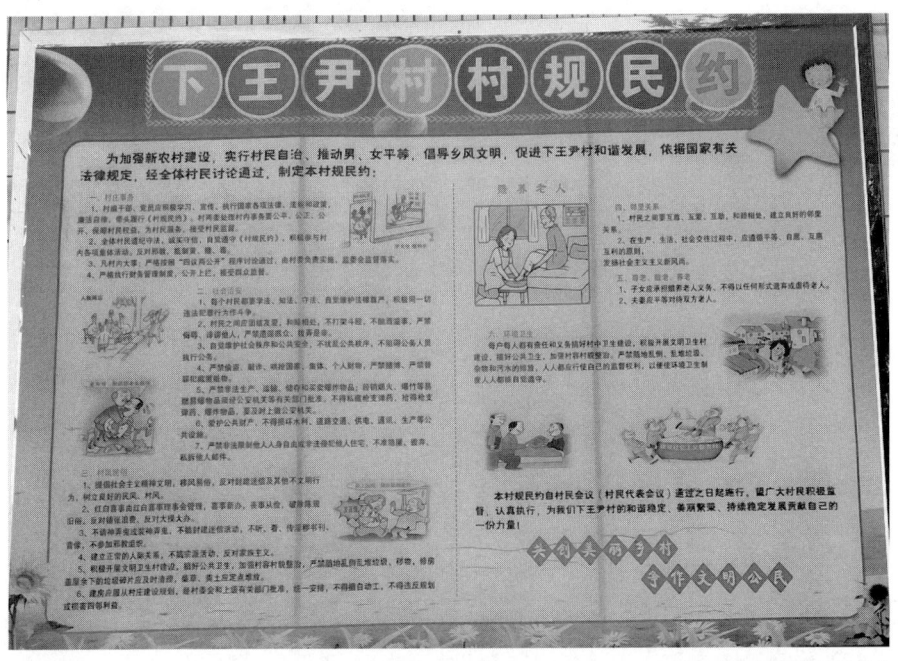

下王尹村《村规民约》

第十四章

激发内生动力案例

铆足精气神 立志拔"穷根"
——太原市阳曲县激发内生动力案例

"扶贫越往后越是难啃的硬骨头,但不能有'蹲在墙根晒太阳,等着别人送小康'的思想。"习近平总书记多次强调"扶贫先扶志、扶贫必扶智"。在"要我脱贫为我要脱贫""要我发展为我要发展"的转变过程中,阳曲县于2016年5月创造性地提出搭建"周末学堂"平台,"周周一小时,

杨兴乡组织养殖技能培训

人人都学习",从而激发了全县干部群众尤其是贫困群众的内生动力,最大限度地调动起当地群众的积极性。截至2018年底,全县344个基层党支部(其中农村党支部123个),开展"周末学堂"5500余次,党员干部参与1.1万人次,群众参与10.7万人次,"送学下乡"325次,基层党员干部思想观念有了明显转变。

干部群众同学习

坚持从群众最需要的地方抓起,做到学用结合、知行统一,形成先进"学堂"学本领,再出"学堂"搞创收,先富"脑袋"再富"口袋"的良性互动。

一是县领导"送学"。阳曲县领导通过讲党课,参加分包乡镇、村"主题党日"等形式,集中学习习近平新时代中国特色社会主义思想和扶贫工作重要论述,宣传党的路线方针政策,把党的声音传播到千家万户。二是帮扶干部"领学"。村看村、户看户、群众看干部。市、县帮扶干部通过"我讲你听""我干你跟""你干我帮"等形式,以上率下,示范帮扶。帮扶单位也发挥自身优势,纷纷走上讲台,为群众解疑释惑。三是专家教授"讲学"。阳曲县聘请省、市委党校老师讲党课,聘请山西省农科院专家现场咨询,聘请10余名高级农技员,常年开展大棚蔬菜技术的讲授和田间地头的技术服务,巡回指导全县近10万亩大棚菜、旱地菜,成为菜农眼里的"香饽饽"。四是贫困群众"跟学"。"周末做什么?""到'周末学堂'去学习。"县里成立"周末学堂"工作领导小组,出台活动方案,做到"七有"即:有场所、有安排、有制度、有教师、有教材、有成效、有档案,实现"全覆盖+常态化"的效果,形成全民学习风气,起到了立志气、树正气、强底气的积极性。

贴近实际立标杆

"周末学堂"形式上多种多样,重视现场教学、案例教学和情景教学。坚持"课堂在基层、教材在眼前、教师在身边"的理念,让参与学员学有所得、学有所用。缺什么补什么、群众需要什么教什么,把选择权交给村民群众,由单一理论学习向多学科、多领域、实用性转变。在培训的内容上,形成了以理论政策、党章党规、社会主义核心价值观、家风家教、诚信建设等为基本框架的干部群众培训体系。组织基层干部和群众"走出去",赴大同、汾阳等省内外扶贫工作开展较好的地方参观学习,从中找差距,激发群众自主脱贫意识。如今,阳曲县"周末学堂"灵活多样的形式,为贫困人口的思想注入新活力,带领贫困人口走上脱贫致富的"快车道"。

宣传教育树形象

"周末学堂"不仅是学政策、学技术的课堂,更是教育群众、弘扬正

种植技术现场指导

黄寨镇南留南村广场舞

能量的重要场所。一是针对贫困户致贫的不同原因和现状，采取励志教育的方式，运用励志故事和邻里脱贫事迹进行宣传，鼓励贫困人口自力更生，自强上进。激发贫困群众的热情，珍惜所得到的帮助和取得的脱贫成果。二是利用"周末学堂"，开展法律知识的宣传教育，重点讲德讲善、讲礼讲法，在全县10个乡镇、11个社区、123个村实现公益宣传广告全覆盖，引导农民学法、懂法、守法，杜绝赌博、封建迷信、红白喜事大操大办等不良风气和封建陋习。三是邀请专家、道德模范、身边好人，开展家风家教、乡贤文化等宣传教育，倡导领导干部、公众人物带头弘扬良好家风，遵守公序良俗，履行家庭责任。"周末学堂"达到了以学立德、以学增智，以学促干，为实现"经济强、百姓富、环境美、风气正、社会文明程度高"的美丽阳曲提供了强大的文化凝聚力。

"幸福都是奋斗出来的。扶贫先扶志，扶贫必扶智。"阳曲县委将以更大的决心、更精准的举措和更超常的力度，"扶思想、扶观念、扶信心，扶知识、扶技术、扶思路"，拔除贫困群众思想和能力上的"穷根"短板，凝心聚力，持续推进精准扶贫、精准脱贫事业，为乡村振兴和全面小康而努力奋斗。

志智同扶　精准施策
——忻州市河曲县激发内生动力案例

河曲县以"聚焦一个目标、明确三大抓手、实施八大行动、开展八项主题活动"为主要内容，全民动员、各方努力，扶贫与扶志、扶智、扶德有机融合，变"要我脱贫"为"我要脱贫""我能脱贫"，为全县整体脱贫"摘帽"奠定了坚实的群众基础和精神动力支撑。

前川乡南也村评选出的"脱贫攻坚示范户"

我要脱贫——播下希望的种子

河曲县以"四联三强化"为抓手,选强将,用智者,强班子,全县25个党组织成为五星级标杆;实施本土人才回归工程,290名贤人、能人担任了村"两委"主干,占总数的52%;开展"我是党员我示范、精神扶贫我带头"等主题活动,培养党员致富带头人628名,带动975名贫困群众稳定脱贫。

身边的人和事群众信得过,最有说服力。河曲县选树一批自强自立的典型,为全县脱贫"摘帽"凝聚强大的精神动力。比如脱贫带头人冯毅、自强不息的老人王槐树、好家长王兴弟,他们的先进事迹在报纸、广播、电视、网络、微信等媒体的显要位置、黄金时段不断地滚动播出。榜样的力量是无穷的,使一批穷而有志的优秀青年不断涌现。他们之中,有"家贫不自卑,勤学拔'穷根'"的张彩艳;有"节假日打零工,靠自己赚学费"的王晓霞;还有"人贫志气高"的杜国敏、樊虎、钟慧、周菊芳等28位贫困户子弟。

我会脱贫——让希望变成现实

河曲县的精神扶贫变"输血为造血",靠立业来立志,通过技能培训,贫困群众身怀技能勇闯市场。培训方式是"三个结合":即市场需求与个人意愿相结合,集中与分散相结合,短期与中长期相结合。这"三个结合"既保障了参加培训人员能真正学到自己需要的技术,又实现了就业。同时开展培训实行"送餐式"和"点餐式"并重的"量身定做"模式,比如山西纳英杰手工编织公司有订单,但缺少编织工,河曲县人社局就与该企业签订用工协议,开设了手工编织培训科目,为贫困群众开展"送餐服务"。目前培训结业四个班次175人,都与公司签订了就业协议。

为把培训效果放在第一位,认真搞好主体班次的培训,同时,对基础

贫困户劳动力服装加工培训

差的学员,进行个别辅导,实施"大锅饭"和"吃小灶"互补策略。文笔镇南园村贺奶秀是城中村的贫困户,为改变命运,年过半百的她还要与儿子一起同堂学技。由于无基础、年龄大,学起来比较吃力,所以培训班给她开了"小灶",进行了一对一辅导,最终成为优秀学员,并被江苏祥鼎祥服装公司聘用,月平均收入达到了2000余元。

目前河曲县已举办10期劳动技能培训班,结业贫困劳动力684人;举办60期农业技术培训班,结业贫困劳动力5100人;建立服装加工车间,让100多名培训结业的贫困劳动力上岗就业。

我能脱贫——希望在田野永存

乡村建立乡风文明"红黑榜",是河曲县精神扶贫的一个规定动作,目的就是要惩恶扬善,风清气正。"红黑榜"有6个方面的标准:孝老爱亲、环境卫生、移风易俗、遵纪守法、热心公益、脱贫致富;每一个方面又确定了"红榜""黑榜"的具体标准。

旧县乡杨家洼村正在制定"一约四会"制度,同时商议评选"红榜模范户"

"红黑榜"明确了奖惩办法：上"红榜"的，实行"积分制"予以奖励，在"爱心超市"兑换相应物品，同时，还要在农村各项惠民政策上给予适当倾斜；上了"黑榜"的，实行"一对一"精神帮扶、谈心谈话、教育引导、依法惩治；对农村党员上"黑榜"的，要视情节轻重给予党纪处分。

前川乡南也村第一书记、党支部书记冯毅建立道德评议会，惩恶扬善，弘扬正气。旧县乡杨家洼村制定了乡村"一约四会"（村规民约、村民议事会、道德评议会、红白理事会、禁毒禁赌会）制度，规范村民，村民自治；以"三句半"、二人台小戏等群众喜闻乐见的艺术形式，反邪教、禁赌戒毒、反铺张浪费、顶陈规陋习。楼子营镇柏鹿泉村开展精神扶贫"六个一"（组建一支宣讲队伍、开展一项志愿服务、开办一个道德讲堂、建造一面美德文化墙、选树一批脱贫致富典型、开展一系列主题活动）系列活动，激发贫困人口的内生动力，形成了自主脱贫、我要脱贫的浓厚氛围。

河曲县在立志、立业、立德上下功夫，打好了精神扶贫主动战，让贫困户变不想做为主动做，变要我做为我要做，变不会做为我能做，变我不做为我该做，大大激发了贫困群众的内生动力，广大贫困人口通过辛勤劳动、艰苦奋斗实现了光荣脱贫、稳定脱贫，自主脱贫人口占到了90%以上。

弱鸟也可先飞　至贫也能先富
——晋城市沁水县土沃乡岭东村激发内生动力案例

岭东村地处沁水县西南部，距县城27公里左右。全村土地面积1488亩，其中耕地面积1018亩，主要种植作物有玉米、谷子、豆子、马铃薯等，养殖业以养猪为主，新发展的有鹌鹑养殖。2014年全村共有97户240人，其中建档立卡贫困户45户152人，贫困发生率为63.33%。2018年底实现整村脱贫。

为切实巩固脱贫成效，土沃乡党委政府、岭东村村"两委"和驻村帮扶单位拿出愚公移山的精神，下足"绣花"功夫，用三年时间，在历山脚下书写出"三扶三帮"的"岭东模式"，移走了压在群众心头多年的穷山，搬来了产业山、致富山，让当地的群众朝着全面实现小康的目标发起冲刺。

扶自信，从改变思想观念帮

"扶贫先扶志"，从脱贫攻坚战开始以来，这句话就一直铭记在驻村帮扶干部心中。

守着甜蜜事业却还带着"贫困帽"的村民杨天龙本不该是贫困户。沁

贫困户发展养蜂项目

水县中小企业局派驻岭东村的工作队凭着多年与企业打交道的经验，想要打破这个怪圈。经过入户走访才知道，杨天龙因为养殖经验不足，效益一直不好，缩手缩脚不敢放开干。乡包片包村人员、村"两委"班子、驻村工作队多次入户讲经营策略、扶持政策，似乎还是提不起杨天龙的斗志，直到从县里为他领回免费蜂箱、叫来技术指导员，杨天龙的自信被点燃了："这样帮助我，我再不敢干真的是脸红。"短短两年内，杨天龙的蜂从20箱发展到70箱，养蜂年收入达1.2万元。

而没有其他技术和门路的贫困户柳杰军，看着别人搞玉米脱粒挺挣钱的，就想着弄台脱粒机，但又担忧怕赔钱。村"两委"和帮扶人员得知后没有直接鼓励他买，而是跑遍岭东周边村庄进行考察，把账算明白后才找柳杰军聊购机的事儿，让他如释重负豁然开朗，立马借钱买回了脱粒机，当年冬天就收回了成本。

一次次的入户走访、一遍遍的政策解读，就像打开一扇窗户，透过这扇窗户，技术、资金、政策、理念像阳光般扑面而来，"不敢""不能"的冰山慢慢消融，"我要脱贫"的渴望越来越强烈，事实证明，扶贫先扶志，身为弱鸟的贫困户也能在致富路上展翅翱翔。

扶增收，从发展产业项目帮

脱贫攻坚，产业先行。作为村里的能人，养鸡失败的岭东村党支部书记王月龙苦寻二次创业的方向，乡包村领导干部和驻村工作队为老王先行一步，村第一书记王斗林亲自和王月龙外出考察、测算成本、分析效益，帮助王月龙实现了养鸡亏损到养鹌鹑盈利的创业转型。到2017年初，小小的鹌鹑养殖产业共带动贫困户16户46人增收脱贫。

把大自然的好山好水变成人人夸的金山银山，也是村干部在脱贫道路上一直探索的问题——岭东村盛产谷子、高粱等小杂粮，很受市场青睐，村"两委"和帮扶干部组织种植户成立传名小杂粮种植专业合作社，争取扶贫资金10万元，合作社运行后带动成效显著，连续三年为9户贫困户每户每年分红700元。

山还是原来的山，水还是原来的水，当帮扶的智慧和脱贫的信念注入其中，一个奇妙的化学反应发生了——山能脱贫、水能致富。

扶人心，从真心真情办事帮

习近平总书记曾强调，人心是最大的政治。但人心的工作是最难做的，必须从一人一户抓起，从一点一滴做起。

小事显真情，大事见担当。岭东村地处历山喀斯特地貌区，地下水漏

岭东村谷子种植基地

水严重，村民生产生活只能取地表水，原来的截流和水窖已经不能满足百姓需要。2015年村"两委"和驻村工作队多次到沁水县水务局协调项目资金、办理手续，在枯水期到来之前，重新建起了截流、水窖和安全房。全新的蓄水池、输水管道，让岭东村村民安全饮水不再是梦，沿河砌起的全新护坝让村民摆脱了山洪的侵袭。整治乡村环境，完善环卫设施，让清洁靓丽的村容村貌展示了岭东人脱贫奔小康的新时代风貌。

"聚沙成塔，集腋成裘。"三年多来，岭东村"两委"干部真真切切体会了群众的疾苦，也实实在在化解了群众的愁容，同吃同住，同心同向，付出的是汗水，收获的是民心。

岭东村通过鹌鹑养殖项目带动贫困户增收

扶贫扶志又扶智　　多管齐下百业兴
——晋城市泽州县犁川镇八良掌村激发内生动力案例

八良掌村位于泽州县西南25公里处，全村耕地面积1008亩，林地123亩。2014年八良掌村共有149户404人，其中建档立卡贫困户69户169人，贫困发生率为41.83%。自打响脱贫攻坚战以来，在精准扶贫政策的帮扶下，八良掌村牢牢把握激发内生动力这条主线，充分提高贫困群众自主发展意识，实现了物质与精神的双丰收。该村从2016年集体经营性收入破零以来实现连年增收，现已形成谷子改良、光伏发电、规模养蜂、艾叶深加工为主的四大产业框架，村内人居环境有了翻天覆地的变化，村民的获得感、幸福感和自主发展动力得到显著提升。2016年实现整村脱贫。

激发内生动力　　全力扶志扶智

增加贫困群众的收入仅仅是解决了"输血"的问题，而解决"造血"的问题才是扶贫之根本。为治理八良掌村贫困之"本"，该村"两委"想尽办法激发群众自主发展的内生动力。

八良掌村第一书记播发"扶贫扶志小广播"

一是对标扶贫先进典型，提升干部群众素质。八良掌村组织村干部和贫困群众，先后到陵川、阳城、武乡、南阳等扶贫先进地区参观考察，交流学习新农村建设和产业项目发展经验，千方百计提升党员干部履职和群众自主发展能力。

二是大力营造发展氛围，强化自主发展意识。2015年，八良掌村提出了"勤劳创造生活、扶贫不养懒汉"的脱贫攻坚战斗口号，并在村主要街道和显要位置悬挂标语条幅，同时，建立了晋城市首家以习近平总书记扶贫重要论述学习、农业扶持政策讲解、红色歌曲传唱、自主发展优秀典型宣传等为主要内容的"扶贫扶志小广播"，让自主发展的意识入脑入心。

三是建立扶贫"爱心超市"，大力宣传正能量。为了破解贫困户"等、靠、要"的懒汉思想，八良掌村建起了泽州县第一家集积分兑换平台、农产品供销对接平台、农机具共享使用平台、物品零售平台为一体的扶贫"爱心超市"，着力宣扬"自力更生、丰衣足食"的正能量。

四是瞄准群众身边问题，解决群众后顾之忧。八良掌村从群众关注的问题诉求入手，制定了《接待办理群众来访登记制度》，细致登记群众诉求，限时办理解决群众的烦心事、紧要事，密切了党群干群关系。

瞄准贫困根本　共同破解困局

八良掌村结合村里实际情况，制定了《脱贫攻坚及经济社会发展总体规划》，主要内容为：瞄准基础促提升、瞄准产业促脱贫、瞄准技能促就业、瞄准金融促增收、瞄准政策促落实。同时采取多种措施，激发群众内生动力。

一是积极争取扶持资金，实施村庄提升工程。八良掌村争取到扶持资金20多万元，先后维修拓宽了塌方主干路段，建成1个老年活动中心、1个村民文化广场、3个公共厕所，安装1组健身器材、1个信号塔，加快推进田间道路、207国道至八良掌村新建路的建设。

二是壮大集体经济，发展特色种养业。全村大力发展规模养蜂、山核桃经济林，实现了2016年集体经济破零、2017年集体经济过万、2018年突破3万元的目标。对于贫困户，帮助有劳动力的介绍外出务工，在村人员则参与谷子改良、户建光伏、小额信贷等项目，促进增收。同时在犁川镇党委政府的引导下发展规模养蜂产业，入股国韵农光互补项目，2017年底贫困户人均分红331.58元。建立扶贫车间，上马艾草加工厂，加工艾草

八良掌村艾草衍生产品展销中心

八良掌村扶贫"爱心超市"

衍生产品,努力让群众实现在家门口"忙时务农、闲时务工"的梦想。

"幸福是奋斗出来的"。打赢脱贫攻坚战,不仅要靠政府和扶贫干部采取一系列帮扶措施,更为关键的是让贫困群众牢固树立"勤劳致富""科技致富""脱贫光荣"的理念,创新思维,多管齐下,用勤劳的双手创造更加美好的生活。

桃花红 产业兴 脱贫灵
——运城市垣曲县皋落乡岭回村激发内生动力案例

岭回村地处垣曲县城东南部，距县城4公里。全村面积6平方公里，其中耕地面积3131亩，林地面积350亩。主要种植作物有核桃、香菇、小麦、玉米等，养殖业以养牛羊为主。2014年岭回村共有518户1668人，其中建档立卡贫困户217户646人，贫困发生率38.72%。在脱贫攻坚中，岭回村采取"六大行动、六大同步"激发内生动力，即"党建保脱贫与'三基建设'同步、产业脱贫与现代农业同步、搬迁为脱贫与新村建设同步、旅游促脱贫与文化振兴同步、赡养帮脱贫与'一约五会'同步、爱心助脱贫与文明创建同步"。通过发展核桃、香菇等主导产业，加强技能培训、劳务输出、小额金融贷款、教育扶贫、乡村旅游等措施，2018年底实现整村脱贫。

用思想脱贫，变"要我脱贫"为"我要脱贫"

赵小霞一家4口人，曾经由于缺技术而导致家庭贫困。"以前我除了种田，没有其他想法。后来，党小组包户经常到我家做思想工作，帮助我到村香菇厂务工，月收入2000余元，让我一下子就脱贫了。"她这样跟

岭回村扶贫车间

给人讲。

岭回村党支部形成党建促增收合力：支部精准施策保村民增收；党小组创建园地促村民增收；党员以身示范带村民增收。党员结对帮扶示范出效应，哪里有党员，哪里就有产业，哪里有产业，哪里就有示范带动的良好局面。

有信心脱贫，变"懒惰失信"为"信心脱贫"

岭回村以"产业富民、产品强村、产销重任"的理念，采取各种措施把群众组织起来。创立了景致苗木、红豆杉基地、恒利种植合作社、薪生苑食用菌合作社、舜嘉源种植合作社等28家涉农企业，创建群众致富平台，通过创新惠农举措、培育富民产业、增强服务保障等方面入手，精准实施"信心脱贫"，着力破解贫困群众"懒惰失信"难题，让群众行动起来，坚定靠辛勤劳动改变贫困的决心和信心，引领和带动着500多名贫困人口脱贫增收。

立志气脱贫，变"不敢脱贫"为"志气脱贫"

岭回村党支部破解整自然庄易地搬迁脱贫难题，从宣传引导、励志教育、典型引路三个方面入手，实施"志气扶贫"，着力解决部分贫困群众目标不清、志气不足导致的"不敢脱贫"等突出问题，激发贫困户脱贫斗志。

村民任永才说："过了这么多年穷日子，从来不敢想能离开小河这穷沟沟住上新楼房。"他家4口人只拿出不到10000元就搬到了村统一建的中心村安置点"舜德小区"100平方米的单元楼里。村委以"搬得出、稳得住、能致富"的致富措施，安排他到村苗木基地务工，月工资1600多元；老婆到村香菇厂务工；又介绍其儿子到公司矿上上班。经过这一年多，他

岭回村文化广场

岭回村桃花节

家劳动收入多,一家人和和美美。

以兴商脱贫,变"不会经商"为"消费脱贫"

岭回村以山桃花为契机,让乡村旅游成为桥梁纽带,让岭回成为旅游胜地,让桃花成为旅游品牌,给游客一个乡村旅游观光平台,给农副产品一个推销广告平台,给村民建立一个经济增收平台。将生产、生态、生活融入乡村旅游,拓宽农民经济收入增收渠道,把桃花产业做大做强"让绿水青山,给老百姓赚更多的金山银山"。桃花节已连续举办3届,每年接待游客20万余人,村民经商摊点300多家,带动了消费扶贫,产生经济效益150万元左右,带动贫困户100余家,人均增收2000元以上。

真扶智脱贫,变"不会脱贫"为"精神脱贫"

岭回村在脱贫攻坚中,为做好扶智扶志脱贫,创办了"爱心超市","爱心超市"有效地整合社会爱心善举慈善资源;发挥更加人性化的帮贫济困,有益实现"精神扶贫"。

"爱心超市"的"积分改变习惯,勤劳充实生活",以积分量化兑换相对应价值的商品,赠予在生产生活中的"四好八净"、善孝义德、尊老爱幼、家庭和睦、创业创新、遵纪守法、公益奉献等现实表现好的贫困户及群众,有80多户受到了"爱心超市"的物质精神双帮扶,促进了贫困户实现向"扶智扶志"的转变。